我们一起解决问题

本教材受教育部产学合作协同育人项目（220606627142256）、新文科研究与改革实践项目（2021090020）、河北省高等教育教学改革研究与实践项目（2021GJJG015）资助

⊕ **数字经济管理系列教材**

数字经济管理理论与应用

杨国庆 史江兰 陈永昶◎主编

人民邮电出版社
北 京

图书在版编目（ＣＩＰ）数据

数字经济管理理论与应用 / 杨国庆，史江兰，陈永
昶主编. -- 北京：人民邮电出版社，2023.4
数字经济管理系列教材
ISBN 978-7-115-61387-5

Ⅰ. ①数… Ⅱ. ①杨… ②史… ③陈… Ⅲ. ①信息经
济－经济管理－中国－教材 Ⅳ. ①F492

中国国家版本馆CIP数据核字(2023)第048400号

内 容 提 要

本书共 11 章内容，系统地讲述了数字经济管理的相关知识。本书内容主要分成两个部分，第 1 章至第 4 章为第一部分，主要讲解了数字经济管理相关的基础理论、概念和数据管理相关方法等内容。第 1 章讲述了数字经济管理的概念、基本内容等；第 2 章以复杂系统管理和大数据决策范式为代表，说明了数字经济管理的研究范式的转变；第 3 章介绍了当前企业常用的商务智能系统等；第 4 章介绍了数据交易管理中的诸多问题。第 5 章至第 11 章为第二部分，结合具体的管理领域，阐述了数字经济时代下的管理问题，依次考虑了智慧物流与供应链管理、企业生产数字化转型、数字人力资源管理、数字财务管理、政府数字治理、智慧城市交通、智慧医疗管理等七个重要的管理领域，探讨了数字技术影响下的管理问题研究方向。

本书适合作为高等院校管理类专业、数字经济专业的数字经济前沿课程教材，同时也适合数字经济时代下对新管理问题感兴趣的读者自学使用。

◆ 主　　编　杨国庆　史江兰　陈永昶
　　责任编辑　贾淑艳
　　责任印制　彭志环
◆ 人民邮电出版社出版发行　　北京市丰台区成寿寺路 11 号
　　邮编 100164　电子邮件 315@ptpress.com.cn
　　网址 https://www.ptpress.com.cn
　　涿州市京南印刷厂印刷
◆ 开本：700×1000　1/16
　　印张：22　　　　　　　　　　　2023 年 4 月第 1 版
　　字数：328 千字　　　　　　　　2023 年 4 月河北第 1 次印刷

定　价：98.00 元

前　言

　　全球经济数字化已成为必然趋势，数字经济是我国"十四五"规划乃至中长期发展格局中的重要力量和国际竞争的新战场。数字经济时代已然到来，随着云计算、区块链、物联网、人工智能、大数据等新的数字技术的发展，人类处理大数据的数量、质量和速度不断提升，推动人类经济形态由工业经济向"信息经济—知识经济—智慧经济"转化，极大地降低了社会交易成本，提高了资源优化配置效率，有利于推动社会生产力的快速发展。数字经济已经从数据资源化利用阶段转向数据要素市场化配置与数据资源化利用相融合的新阶段。生产要素的变迁和演进不仅是技术—经济范式的变革，还是社会运行方式、管理范式的跃迁。因此，管理理论和管理实践也必须加快适应数字经济发展趋势，由传统管理模式走向数字经济管理模式，在人才培养等方面进行创新，在国家治理、文化引导、社会监督、行业自治等方面构建数字经济协同管理机制。这都需要大量的懂得数字经济规律和掌握新的数字技术，同时通晓管理理论的创新管理人才。

　　本书主要对数字经济时代背景下新的管理问题进行探讨，共包括 11 章内容，系统地讲述了数字经济管理的相关知识。本书内容主要分成两个部分，第 1 章至第 4 章为第一部分，主要讲解了数字经济管理相关的基础理论、概念和数据管理相关方法等内容。第 1 章讲述了数字经济管理的概念、基本内容等；第 2 章以复杂系统管理和大数据决策范式为代表，说明了数字经济管理的研究范式的转变；第 3 章介绍了当前企业常用的商务智能系统等；第 4 章介绍了数据交易管理中的诸多问题。第 5 章至第 11 章为第二部分，结合具体的管理领域，阐述了数字经济时代下的管理问题，依次考虑了智慧物流与供应链管理、企业生产数字化转型、数字人力资源管理、数字财务管理、政府数字治理、智慧城市交通、智慧医疗管理等七个重要的管理领域，探讨了数字技术影响下的管理问题研究方向。

本书适合作为高等院校管理类专业、数字经济专业的数字经济前沿课程教材，同时也适合数字经济时代下对新管理问题感兴趣的读者自学使用。

编者在编写本书的过程中，曾在河北大学研究生专业课程"数字经济管理前沿"对相关内容进行试讲，同时得到了河北大学数字经济管理专业王烁燚、张夕月、王迪、刘书杰等多名研究生的协助，在此表示由衷感谢！

本书注重学术前沿的相关研究成果，汇集了新的期刊论文、会议报告、行业研究报告，参考了大量的网络资料和相关教材，并通过查找相关管理类案例库，融入了丰富的案例，有选择地讲解了重要知识，希望学生能更好地理解数字经济管理前沿问题。

由于编者能力有限，书中难免有疏漏、不当之处，恳请读者批评指正，不胜感激。

杨国庆

2022 年 12 月于河北大学

| 目 录 |

第 1 章

绪论

1.1 数字经济简介

1.1.1 数字经济的概念

"数字经济"一词最早出现于 20 世纪 90 年代，因美国学者唐·塔普斯科特（Don Tapscott）于 1996 年出版的《数字经济：网络智能时代的前景与风险》一书而开始受到关注，该书描述了互联网将如何改变世界各类事务的运行模式并引发若干新的经济形式和活动。2002 年，美国学者金范秀（Beomsoo Kim）将数字经济定义为一种特殊的经济形态，其本质为"商品和服务以信息化形式进行交易"。可以看出，这个词早期主要用于描述互联网对商业行为所带来的影响。

2016 年 9 月，二十国集团领导人杭州峰会通过《二十国集团数字经济发展与合作倡议》，其中表明数字经济是指以使用数字化的知识和信息作为关键生产要素、以现代信息网络作为重要载体、以信息通信技术的有效使用作为效率提升和经济结构优化的重要推动力的一系列经济活动。具体而言，数字经济主要包括四个部分：数字产业化、产业数字化、数字化治理和数据价值化（见图 1-1）。数字产业化指信息技术产业的发展，包括电子信息制造业、软件和信息服务业、信息通信业等数字相关产业；产业数字化指以新一代信息技术为支撑，传统产业及其产业链上下游全要素的数字化改造，通过与信息技术的深度融合，实现赋值、赋能；数字化治理包括但不限于多元治理，以"数字技术 + 治理"为典型特征的技管结合，以及数字化公共服务等；数据价值化包括但不限于数据采集、数据标准、数据确权、数据标注、数据定价、数据交易、数据流转、数据保护等。

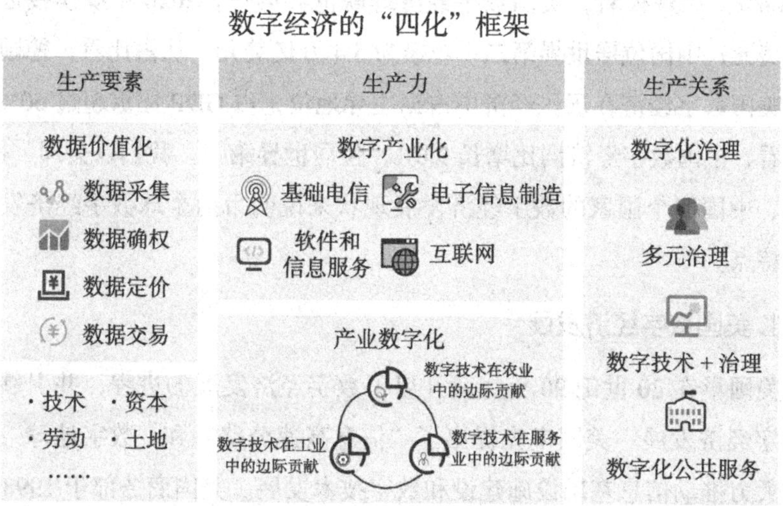

图 1-1 数字经济的"四化"框架说明

数字经济的"四化"框架

| 生产要素 | 生产力 | 生产关系 |

数据价值化
- 数据采集
- 数据确权
- 数据定价
- 数据交易

- 技术　·资本
- 劳动　·土地
……

数字产业化
- 基础电信
- 电子信息制造
- 软件和信息服务
- 互联网

产业数字化
- 数字技术在农业中的边际贡献
- 数字技术在工业中的边际贡献
- 数字技术在服务业中的边际贡献

数字化治理

多元治理

数字技术＋治理

数字化公共服务

资料来源：中国信息通信研究院。

图 1-1　数字经济的"四化"框架说明

数字经济呈现三个重要特征。一是信息化引领。信息技术深度渗入各个行业，促成其数字化并积累大量数据资源，进而通过网络平台实现共享和汇聚，通过挖掘数据、萃取知识和凝结智慧，行业变得更加智能。二是开放化融合。数据的开放、共享与流动，促进组织内各部门间、价值链上各企业间，甚至跨价值链、跨行业的不同组织间开展大规模协作和跨界融合，实现价值链的优化与重组。三是泛在化普惠。无处不在的信息基础设施，以及按需服务的云模式和各种商贸、金融等服务平台降低了参与经济活动的门槛，使得数字经济出现"人人参与、共建共享"的普惠格局。

1.1.2　数字经济发展现状及各国政策

据中国信息通信研究院数据，2020 年，全球 47 个国家数字经济增加值规模达到了 32.6 万亿美元，同比名义增长 3.0%，占国内生产总值（GDP）比重为 43.7%，产业数字化仍然是数字经济发展的主引擎，占数字经济比重为84.4%。从规模看，美国数字经济蝉联世界第一，2020年规模接近13.6万亿美元；中国位居世界第二，规模为5.4万亿美元。从占比看，德国、英国、美国数字经济在国民经济中占据主导地位，占GDP比重超过60%。从增速看，中国数字经济同比增长9.6%，位居世界第一。我们以美国、德国、英国、中国四个国家的数字经济发展现状来说明目前全球数字经济发展趋势和特点。

1. 美国数字经济发展

美国早在20世纪90年代就开启了数字经济发展的进程，并引领全球的数字经济发展。美国率先提出了"信息高速公路"和"数字地球"的概念，大力推动信息基础设施建设和数字技术发展。美国商务部于1998年发布了《浮现中的数字经济》报告，不仅对美国的经济增长趋势进行了解读和预测，还对全球由工业经济时代走向数字经济时代发展趋势和框架给出了预测和描述，就此拉开了数字经济的发展大幕。其后，美国相继出台系列政策和报告，布局云计算、大数据、工业互联网、先进制造、5G、量子通信等前沿技术领域。例如：《联邦云计算战略》（2011）、《先进制造业国家战略计划》（2012）、《国家制造创新网络计划年度报告与战略规划》（2012）、《数字政府战略》（2012）、《数字经济议程》（2015）、《先进无线通信研究计划》（2016）、《美国人工智能研发战略计划》（2019）、《5G安全国家战略》（2020）、《美国创新与竞争法案》（2021）等。

美国政府极其重视数字经济相关先进技术的研发投入，通过资金投入、立项、机构扶持等多种方式推进先进技术的研发，不断巩固其数字技术创新优势。2015—2020年，美国国防部共申请22.4亿美元预算用于人工智能技术研发活动，2021年预算中向人工智能、5G、微电子等关键技术领域投入70亿美元研究经费。2021年通过的《美国创新与竞争法案》承诺未来5年内投入约2500亿美元用于芯片、人工智能、量子计算、半导体等关键科技研究领域。在国家项目计划中，美国科学院基金项目中，截至2021年8月，包含重要数字技术关键词的已立项项目数目巨大，如机器学习（大于

3000 项）、人工智能（1665 项）、大数据（1286 项）、物联网（1112 项）等；还有针对新技术的专项计划，如 2018 年提出的"电子复兴计划"，旨在不断推进 6G 项目等。

美国政府首推的是先进制造，提出依托新一代信息技术加快发展技术密集型的先进制造业。早在 2012 年，美国便开始国家制造业创新网络计划，筹备组建了多个制造创新中心，覆盖了先进制造所涉及的芯片、柔性电子、生物制药、机器人等各个领域。另外，美国本土企业在政府呼吁下，开展数字化转型和先进制造业回流。例如，通用电气公司（GE）以工业数据为核心，将工厂设备数据与企业业务数据进行整合，不断构建出智能制造的数字化平台，以及从客户端到智能工厂生产一线，全方位的数字化生产体系。同时，美国政府推行多项政策，重振本土制造业，如鼓励企业在美国本土建厂，增加美国公司外国子公司所得税、增加当地就业补助等。2020 年，福特公司关闭多家亚洲工厂后，在美国本土建造最大的自动驾驶和电动汽车生产基地。

2. 德国数字经济发展

德国也是较早开展数字经济战略的国家，主要依靠其制造强国的地位，在机械制造、电子技术工业及化工领域积累形成生产优势。2020 年数据显示，德国数字经济规模位列世界第三，欧洲第一，数字经济占 GDP 比重超过 66.7%，位列世界第一。由此可以看出，德国对于数字经济的重视程度。

德国 2011 年 4 月首先提出了"工业 4.0"战略，希望利用数字化技术和工业 4.0 的巨大潜力来夯实德国制造的基石，从根本上推动了德国制造业数字化转型。工业 4.0 的核心是"智能 + 网络化"，基于网络物理系统（CPS）构建智能工厂，实现智能制造，在 CPS 技术及产品和智能制造技术上处于世界领先地位。随后，2014 年，德国政府提出了《数字议程（2014—2017）》，旨在短期内通过挖掘数字化创新潜力促进经济增长和就业，为工业 4.0 体系建设提供长久动力，也旨在打造一个数字化的未来社会，将德国建设成为数字强国。2016 年，德国经济与能源部发布《数字化战略2025》，进一步明确了德国制造业转型和构建未来数字社会的思路。

德国工业4.0侧重传统的制造领域，将互联网技术与传统工业制造相结合，提高生产效率。德国在制造业领域，尤其是精密仪器制造、模具设计、驱动系统制造、传输系统制造等核心领域具有雄厚的知识积淀和技术基础。数据显示，2018年，德国政府在研发领域投入约1050亿欧元，占GDP比重已达3.13%；2025年，科技投入占比将高达3.5%，德国技术密集型商品贸易占全球贸易份额的11.5%。另外，德国中小企业在数字机构及尖端技术领域的研发成果显著：在医药和信息通信技术领域的研发参与度均为59%，在测量及自动控制技术上的研发占比达到了79%。同时，德国高端制造发展成果显著，德国计算机、电子和光学产品制造业发达，50%的欧洲产的芯片来自德国东部，尤其是萨克森州的德累斯顿地区。

另外，德国依托高端制造基础，同时针对智能生产、智能制造，实现建设企业数字化运营的服务平台，对其提供各种智能服务支持。以思爱普（SAP）公司作为德国智能服务软件厂商代表，其重点发展数字服务平台SAP S/4 HANA，这是一个基于大数据和混合云计算的应用服务平台，充分体现了"数据—流程—平台"的集中和统一。作为全球最大的ERP软件公司，其通过不断收购新公司和扩大业务范畴，在大数据技术、移动平台技术、云平台技术，以及物联网技术等方面集成了智能服务软件平台。SAP公司的软件正在为更多的企业进行数字化转型提供软实力和智能管理的保障。

3. 英国数字经济发展

英国作为第一次工业革命的发源地，享有"现代工业摇篮"的美誉。在数字经济时代来临之时，其同样走在世界前列，积极打造世界数字之都，全面布局数字经济发展。早在2009年，金融危机之后，英国就提出了"数字英国"计划，力图通过提高英国的数字基础设施水平，促进数字技术的广泛应用；同时采取了提高个人隐私数据保护力度、政府公共服务数字化水平、电子政务水平等一系列措施，这标志着数字化、发展数字经济在英国第一次以国家顶层设计的形式开展。之后，英国先后出台了《数字经济法案》（2009）、《数字经济战略（2015—2018）》（2015）、《英国数字化战略》（2017）、《国家数据战略》（2020）等。另外，英国政府坚持发展与规范并重，从数据保护、网络与信息安全、数字服务税、竞争监管等多个方面出台了系列制度和法案，不断完善数字经济的政策布局。

作为数字经济领域的代表，英国是最早推进政府数字化的国家之一，早在 2012 年就推行了《政府数字战略》，并发布了系列措施，通过数据驱动政府转型与创新，应对数字政府建设中面临的基础设施、业务流程、人才招揽等问题，积极推动政府数据的开放共享，挖掘和释放数据潜在价值。2008—2020 年，英国税务局使用数字工具链接来自 30 个来源、超过 10 亿个数据项，额外增加 30 亿英镑的税收，同时将政府网站作为政府各部门信息和服务的统一入口，形成一体化的数字化政务平台，为个人、企业和政府部门提供便捷、高效的跨部门服务。

另外，英国的制造业数字技术采用率不断提高，增材制造采用率约为 28%，机器人采用率为 22%，工业物联网采用率约为 12%，增强现实和虚拟现实采用率为 7%，人工智能和机器学习采用率约为 5%。在其他产业中，英国网络零售持续发展，网络零售占总零售比重持续增加，倾向网上购物的英国消费者比重增加到了 46%。总体而言，英国着力完善数字经济整体布局，以数字政务建设引领各个领域的数字化发展。

4. 中国的数字经济发展

我国数字经济建设开始于 2015 年，以当年 7 月发布的《国务院关于积极推进"互联网 +"行动的指导意见》为开端。2016 年 11 月，国务院发布了《"十三五"国家战略性新兴产业发展规划》，新增了数字创意产业。2017 年，数字经济第一次出现在政府工作报告中，这意味着数字经济发展已经上升到国家战略高度。

我国数字经济早期发展得益于人口红利的先天优势，网民规模的高速增长助推互联网行业快速崛起。依托于完整的工业体系和丰富的应用场景，我国数字经济实现跨越式发展，规模稳步扩大，数字经济大国地位逐渐巩固。

目前，我国已建成门类齐全、独立完整的现代工业体系。自 2012 年以来，我国制造业增加值稳居世界第一，我国是全世界唯一拥有联合国产业分类中全部工业门类的国家。其中，钢铁、汽车、手机等 220 种以上制成品产量、进出口额连续多年位居世界第一。依托我国坚实的工业基础和庞大的市场需求，工业互联网蓬勃发展，已在 40 个国民经济大类行业落地应用。数字化研发、智能化制造、网络化协同、个性化定制、服务化延伸、精益化管理得到推广，数字基础设施建设提速，高质量外网已覆盖全国 374个地级行政区。

巨大的国内市场为数字经济发展创造了良好的条件。我国拥有 14 亿人口形成的强大内需市场，中等收入群体在 5 亿～7 亿人，网民规模巨大。另外，我国居民消费呈现明显的高端化、智能化、服务化、个性化、绿色化、健康化趋势，消费重点转向提高生活品质的健康食品、新型消费电子产品、智能家居等物质产品和教育、文化、健康、旅游等现代服务，消费层次不断提高。

党中央高度重视数字经济发展，将数字经济上升为国家战略。党的十九大提出要建设网络强国、交通强国、数字中国、智慧社会，加强数字经济顶层设计；"十四五"规划等国家战略明确提出发展数字经济的目标与任务；党的二十大报告提出"要加快发展数字经济，促进数字经济和实体经济深度融合，打造具有国际竞争力的数字产业集群"。我国先后出台了《国务院关于积极推进"互联网+"行动的指导意见》（2015）、《关于发展数字经济稳定并扩大就业的指导意见》（2018）、《数字乡村发展战略纲要》（2019）、《关于深化新一代信息技术与制造业融合发展的指导意见》（2020）、《"十四五"数字经济发展规划》（2022）等。各地政府持续推动数字经济战略政策的落地实施，目前，31 个省（区、市）出台了数字经济专项政策。国务院印发《促进大数据发展行动纲要》，国家发展改革委、工信部、中央网信办联合批复，同意在贵州、上海、京津冀、珠三角等 8 地启动建设大数据综合试验区。

目前，我国已经正式实施《中华人民共和国数据安全法》和《中华人民共和国个人信息保护法》，为数字经济发展提供了底线保障。为加快数据要素市场培育，还需进一步研究推进数据确权、交易流通、跨境流动等相关法规、制度的修订工作，厘清政府、行业、组织等多方在数据要素市场中的权责边界。另外，我国仍面临着大数据核心技术受制于人的困境，高端芯片、操作系统、工业设计软件等均是我国被"卡脖子"的短板，因此我国需要坚定不移走自主创新之路，加大力度解决自主可控问题，而这些也是我国未来数字经济发展重要的努力方向。

1.1.3　数字经济技术基础

人类目前经历了三次工业革命：第一次工业革命，是以瓦特蒸汽机应用为重要标志的"蒸汽机时代"；第二次工业革命，是以西门子的发电机和福特流水生产线为代表的"电气时代"；第三次工业革命，则是以编程逻辑控制器和互联网为代表的"信息时代"。被誉为第四次工业革命开始的"数字时代"，其发展最直接的驱动力是新的数字技术，其中包括了区块链、大数据、人工智能、物联网、3D 打印、云计算、5G 等。下面将简单介绍相关技术及其特点和应用场景。

1. 区块链

区块链是一种去中心化、不可篡改、可追溯、多方共同维护的分布式数据库，能够将传统单方维护的、仅涉及自己业务的多个孤立数据库整合在一起，分布式地存储在多方共同维护的多个节点上，任何一方都无法完全控制这些数据，只能按照严格的规则和共识进行更新，从而实现了可信的多方信息共享和监督，避免了烦琐的人工对账，提高了业务处理效率，降低了交易成本。同时，区块链技术结合了加密算法、共识机制、智能合约、演化博弈和分布式等技术，可以利用计算机语言实现，具有良好的扩展性。一个完整的区块链具备以下五大特征。

（1）去中心化。区块链技术不依赖额外的第三方管理机构或硬件设施，没有中心管制，除了自成一体的区块链本身，通过分布式核算和存储，各个节点实现了信息自我验证、传递和管理。去中心化是区块链最突出、最本质的特征。

（2）开放性。除了交易各方的私有信息被加密外，区块链的数据对所有人开放，任何人都可以通过公开的接口查询区块链数据和开发相关应用，因此整个系统信息高度透明。

（3）独立性。区块链中各节点平等独立，相互之间无法施加影响。

（4）不可篡改。区块链采用分布式技术记录数据，即每个节点都有一个数据库，只要超过半数的节点记录没被篡改，数据记录就能恢复，不良节点无法随意对整个系统进行操控，系统安全性高。

（5）匿名性。由于只需要依据固定的算法就能进行内部交易，系统可信任，各节点在参与交易时不需要公开自己的身份。

在数字经济时代，区块链快速发展并渗透到我国经济的各个领域，在我国数字经济发展中发挥了重要作用，主要体现在以下几个方面。

（1）区块链是奠定我国数字经济发展基础的关键技术。

区块链能够对数据进行确权，解决了物理世界中物品唯一性和数字世界中复制边际成本为零的矛盾，实现了物理世界物品到数字世界的唯一映射问题。基于此，数字经济价值得以顺利传递和转移。

（2）区块链是促进产业生态融合创新的重要纽带。

区块链为产业链上下游各类主体间进行生产协同、信息共享、资源整合、柔性管理提供保障，从而促成经济数字化转型中最大限度地合作与共创，逐步实现分布式的、无边界的资源配置模式和生产方式，带动经济发展降本增效，并极大促进跨界创新的产生。

（3）区块链是打造可信数字化商业模式的保障。

区块链技术可追溯、不可篡改的特征，能大大降低商业模式创新过程中产生的各类风险，消除居民数字化生活中存在的安全隐患；同时基于其信任体系保障，生活数字化转型的领域和场景才能不断扩大，为大众创造更多数字化生活福利。

由于当前区块链技术的应用成本相对较高，其主要还是应用在附加值较高的领域，如金融、数字货币、奢侈品、医药等领域。

2.大数据

大数据作为数字经济发展到一定阶段的产物，目前依然处于逐渐被认识、被挖掘和被应用的初始阶段，并且当前对于大数据仍未形成统一的定义。从数据资源角度来看，大数据被定义为一种超越常规工具收集和处理极限的巨量数据集；从数据技术应用角度来看，大数据的采集、处理和分析等均以云计算、人工智能等先进技术为支撑，因此大数据主要体现为一种对海量数据进行存储、处理和分析的新兴信息技术。

大数据的四个基本特征（4V）是容量（Volume）、种类（Variety）、速度（Velocity）和价值（Value）。容量和种类强调大数据规模之大，速度强调大数据交互速度之快，价值强调大数据价值密度之低。除以上四个基本特征外，大数据还具有可变性（Variability）、准确性（Veracity）、可视化（Visualization）等特征。

随着大数据及其技术的进步与发展，大数据在各领域、各行业的应用日趋普遍。在政务领域，利用大数据对所需的财政数据、管理数据等进行采集、分析和管理，可以提升行政管理能力、增强国家治理能力。在金融领域，运用大数据对金融数据进行采集、管理和分析，可以对资本的运营做出预测和决策。在营销领域，利用社交大数据来收集和分析用户数据，针对性地投放广告、推送促销信息等，更易于促成交易。在医疗领域，利用大数据来研究电子病例，诊断疾病、分析致病原因、优化治疗方案等。在交通领域，利用物联网和GPS等提供的大数据信息，预测路况拥堵状况，提前做好车辆分流，解决交通拥堵等问题。

当前，大数据的发展极大地推动了数字经济的繁荣，并使数字经济的未来发展呈现出四大趋势。一是以互联网为核心的新一代信息技术正逐步演化为人类社会经济活动的基础设施，通过深度信息化改造和软件定义等方式，与原有的物理基础设施进行融合，通过虚拟空间与实体结合，人类突破了沟通和协作的时空约束，推动平台经济、共享经济等新经济模式快速发展。二是工业互联网的构建将促进各种业态围绕信息化、数字化的主线深度协作、融合，在完成自身数字化变革的同时，不断催生新的业态，并使一些传统业态走向消亡。三是在信息化理念和政务大数据的支撑下，政府的综合管理服务能力和政务服务的便捷性持续提升，公众积极参与社会治理，形成共策共商共治的良好生态。四是信息技术体系将完成蜕变升华式的重构，释放出远超当前的技术能力，从而使蕴含在大数据中的巨大价值得以充分释放，带来数字经济的爆发式增长。

3. 人工智能

人工智能（Artificial Intelligence）是研究利用计算机模拟人类智能行为的一门学科，属于自然、社会和技术科学的三向交叉学科，涉及数学、计算机科学、仿生学等诸多学科。人工智能的核心技术包括计算机视觉、机器学习、自然语言处理、语音识别等，每一项核心技术都对应着众多的学科分支。

纵观人类社会技术进步的演进过程可以发现，技术研发、重组及应用需要经历较长时间，技术系统越复杂，涉及的子系统越复杂，潜在的重组影响越深远，取得技术突破则越困难。人工智能作为新一轮技术进步显著的技术创新，其涉及的子系统比任意一种传统技术创新都要复杂，同时也意味着其取得突破困难重重。经历几十年的发展演进，人工智能克服了诸多争论、困难与挑战，取得了巨大的突破，甚至在某些特定领域，其能力远超人类，尤其是在数据存储、调用、分析处理等方面表现出了强大能力，在特定危险情境下也表现出了极强的生存能力。

　　作为数字化技术中应用范围最广的一项技术，人工智能在数字经济的发展过程中起到了中流砥柱的作用。人工智能在供给侧能提升生产效率，开拓生产外沿；在需求侧能拉动消费意愿，激发消费活力，实现供给和需求的有效匹配，提升了经济运行和流通效率。在生产方面，人工智能能实现更加高效地配置生产要素，进而实现智能化生产、精准化排产、精细化分工、高效化管理。在消费方面，人工智能培育了新的消费习惯，满足了消费升级的需求，使消费潜力得以释放。在医疗领域，人工智能为解决医疗资源匮乏、医疗工作人员工作强度大等痛点，开发出能够自动识别、自主确认的智能医学影像信息系统。在交通领域，人工智能运用各类感知手段数字化重构产品使用、生产、维修等各个环节，能减少故障反应时间，甚至能避免事故发生。

4. 物联网

　　物联网结合利用了射频标签等可以标识物体的技术与无线传感网络技术，其目的是构建一个覆盖人与物、物与物的网络信息系统，实现物与人、物与物之间的信息交换。物联网上的每个"物"一般来说具有四种能力：标识能力、感知能力、通信能力、可控能力。标识能力是指可以对物联网中的"物"进行标识，给出物品定义、名称、方位等信息。感知能力是指物联网中各种传感器可以感知感兴趣的数据，从而实现数据采集。通信能力是指将物联网中感知到的数据传输到计算机，解决数据高速、稳定传输的问题。可控能力是指计算机根据用户设计的程序来分析传输过来的数据，通过固定方式实现特有目的，即解决"物"的可控问题。由此可以将物联网定义如下：物联网是一种具有可标识物体、全面感知、可靠传送、智能处理等特征的，连接世界万物的特殊网络，可以实现任何时间、任何地点、任何物体的连接。

　　物联网的应用领域涉及社会生活的方方面面，在医疗、交通、物流、安防等基础设施领域的应用，有效地推动了这些领域的智能化发展，使得有限的资源被更加合理地使用与分配，从而提高了行业效率、效益。

（1）智能医疗。

在智能医疗领域，新技术的应用必须以人为中心。而物联网技术是获取数据的主要途径，能有效地帮助医院实现对人和物的智能化管理。对人的智能化管理指的是通过传感器对人的生理状态（如心率、体力消耗、血压等）进行监测，通过医疗可穿戴设备，将获取的数据记录到电子健康档案中，方便医生查阅。除此之外，通过射频识别（RFID）技术能对医疗设备、物品进行监控与管理，实现医疗设备、物品可视化，还可以操控医疗机器人等自动化机器与设备，进行手术室消毒、医疗物资配送等。

（2）智能交通。

智能交通是物联网技术重要的应用场景，利用信息技术将人、车和路紧密结合起来，帮助交通管理部门进行整体调度和优化，有效改善交通运输环境、保障交通安全及提高道路资源利用率。物联网技术的具体应用领域，包括智能公交车、共享单车、车联网、充电桩监测、智能红绿灯及智慧停车等。

（3）智慧物流。

智慧物流是指以物联网、大数据、人工智能等信息技术为支撑，在物流的仓储、运输、配送等各个环节实现系统感知、全面分析及处理等功能。当前，物联网在智慧物流中的应用主要体现在三个方面：仓储检测、运输监测及快递终端。另外，逐渐兴起的"透明物流"，支持实时查看物品在物流中的位置，这也是物联网的重要应用。

（4）智能安防。

目前，智能安防最核心的部分在于智能安防系统，该系统支持对拍摄的图像进行传输与存储，并对其进行分析与处理。一个完整的智能安防系统主要包括三大部分——门禁、报警和监控，行业中以视频监控为主。目前，我国在智能安防产品和系统制造方面已经非常成熟，如生产摄像机的海康威视、大华等公司已走在世界的前列。

5. 3D 打印

3D 打印技术，又称添加制造技术，也称增材制造技术或增量制造技术。根据美国 3D 打印技术委员会（F42 委员会）公布的定义，3D 打印是一种与传统的材料加工方法截然相反，基于三维计算机辅助设计（CAD）模型数据，通过增加材料逐层制造的方式。3D 打印涉及 CAD 技术、计算机辅助制造（CAM）技术、计算机数控（CNC）技术、先进材料技术等多种技术。3D 打印应用的材料非常丰富，从尼龙、塑料到石膏、陶瓷再到金属、树脂，甚至还有活性生物材料。

与传统制造相比，3D 打印具有五个方面的优势。

（1）数字制造：不依赖于模具和机械式的加工，仅依靠 3D 数字模型就能制成器件。

（2）降维制造：把三维的结构分解成二维层状结构，然后逐层累加形成三维物品。因此，3D 打印可以制造出任何结构复杂的零件，这是传统制造技术难以实现的。

（3）堆积制造：3D 打印遵循"从下而上"的堆积方式，这对于制造非匀质材料、功能梯度材料很有优势。

（4）直接制造：不需要经过组装、拼接等复杂过程，3D 打印可将任何高性能、难成型的部件通过打印的方式一次性直接制造出来。

（5）快速制造：3D 打印制造流程短、全自动、可现场制造，制造速度更快、效率更高。

目前，3D 打印技术数字化应用发展迅速，应用场景不断丰富，已用于建筑设计、工程施工、产品设计、模具制造、汽车部件制造等，应用到了航空、航天、航海、教育文化、影视传媒、文化创意等领域，也应用到了骨科、牙科等医疗领域。随着 3D 打印技术进一步发展和成熟，其将应用到更多的领域，这对于加速推进我国数字化制造进程具有重要意义和深远影响。

6. 云计算

云计算属于分布式计算的一种，其最基本的概念是通过网络"云"将巨大的数据交给由多部服务器组成的大型系统进行搜寻、计算、处理与分析，最后将处理得到的结果返给用户。它的基本原理就是把一个个服务器或者计算机连接起来构成一个庞大的资源池，以获得超级计算机的性能，同时保证了成本较低。云计算的可贵之处在于高灵活性、可扩展性和高性价比等，与传统的网络应用模式相比，其具有以下优势与特点。

（1）大规模：分布式"云"一般具有相当的规模，依靠这些分布式的服务器构建起来的"云"能够为用户提供前所未有的计算能力。

（2）虚拟化技术：目前，云计算平台的显著特征在于借助软件或者各种协议，达成资源的全方位调度。用户借助虚拟平台，可在任意位置使用各种终端获取应用服务。

（3）高度安全和可靠：云计算中心在软硬件层面采用了诸如多副本容错、心跳检测和计算节点同构可互换等措施来保障服务的高度稳定性和安全性；此外，它还在设施层面上的能源、制冷和网络连接等方面采用了冗余设计来进一步确保服务的可靠性。

（4）自动按需服务："云"是一个庞大的资源池，用户可以支付不同的费用，以获得不同级别的服务等。服务的实现机制对用户透明，用户无须了解云计算的具体机制，就可以获得需要的服务。

（5）弹性扩展：云计算系统可以根据用户的需求进行调整和动态伸缩，以适应用户变化的需求；此外，云计算数据中心本身的超大规模能够有效地满足应用和用户大规模增长的需要。

（6）极其廉价："云"的通用性使资源的利用率较传统系统大幅提升，因此用户可以充分享受"云"的低成本优势，通常只要花费几百元、几天时间就能完成以前需要数万元、数月时间才能完成的任务。

云计算的发展有利于加快软件和信息技术服务业发展，深化供给侧结构性改革，推动互联网、大数据、人工智能和实体经济深度融合，加快现代化经济体系建设。目前，在政府积极引导和企业战略布局的推动下，经过社会各界共同努力，云计算已经成为我国数字经济发展的重要支撑，成为推动数字经济发展的重要驱动力。

7. 5G

第五代移动通信技术（5th generation mobile communication technology，5G）是新一代蜂窝移动通信技术。它拥有低时延、低耗能、泛在网、速度快、万物互联的特点，其关键性能指标包含使用者体验速率、端到端延时、连接数密度等。

根据国际电联无线电通信部门（ITU-R）的定义，5G 主要有三大应用场景，分别为增强型移动宽带、高可靠低时延连接及海量物联。增强型移动宽带有两个重要特点：一是将网络波及的区域扩大到更广泛的建筑体，二是提升了大量机器分析巨量数据的能力。这两个重要特点使得终端用户利用移动宽带应用程序的感觉更加一致，仿佛身临其境，具体应用场景如：扩大室内无线宽带辐射范围、增强现实 / 虚拟现实（AR/VR）、扩展移动计算等。在高可靠低时延场景下，5G 的连接时延达 1ms 级别，而且支持高速移动（500km/h）情况下的高可靠性（99.999%）连接。这一场景更多面向车联网、工业控制、远程医疗等特殊应用，这类应用在未来潜在的价值极高。对 5G 来说，海量物联代表一个潜在的巨大的增长领域，用来支持需要高可靠性、超低延迟连接、具有较强安全性和可用性的应用场景，如无人机、自动驾驶、工业自动化、远程医疗、智能电网等。

5G 时代的到来，不但有助于重新打造更加高速稳定的信息基础设施，而且可通过与人工智能、区块链等技术的结合，助力数字经济的发展。我国是世界人口大国，每天产生的数据信息是非常多的，5G 的应用，让我国的数字经济拥有了更大的发展空间。在大数据的背景下，5G 的出现，创造了更多的新技术，使人们在使用数字化的设备时拥有更多、更好的体验，并且 5G 可推动虚拟技术的发展，使虚拟的场景与现实更好地结合。除此之外，在 5G 的影响下，我国的教育体制不断改革，教学质量显著提升，培养出许多具有过硬专业知识技能的人才，而这些人才便是促进数字经济加快发展的重要推动力。随着时代的不断发展，我国为 5G 和数字经济等创造了

更大的生存发展空间，随着 5G 的不断更新、发展与应用，它将带来被世界
各国所认同的巨大效益。

1.2 数字经济对管理模式的影响

在数字经济环境下，人们很多的经济社会活动与行为轨迹都以数字化
的形式记录下来，形成了各式各样的数据资源，而这些数据中包含了众多
管理决策时所依赖的信息。数字经济的四个主要部分为：数字产业化、产
业数字化、数字化治理和数据价值化。数字化治理和数据价值化直接体现
了数字经济对管理模式的改变。

新的数字化技术应用产生了大量的数据资源，给企业带来了机遇和挑
战。例如，3D 打印技术，提升了企业的产品设计能力，缩短了原型设计到
投产的时间，同时也降低了企业满足消费者个性化需求的成本，使得企业
不断优化运营流程，提高生产效率。尤其是新冠肺炎疫情爆发后，传统医
疗设备、防护用品的制造商满负荷生产，仍远远无法满足当时的紧急需求，
而且交通运输受阻等问题使得关键医疗物资极其缺乏。而 3D 打印设计人员
上传设计数字文档后，多地区可立即生产打印，在关键时期制造出检测设
备、防护面罩、呼吸机分流管、隔离方舱等关键设备，3D 打印技术体现了
前所未有的价值，如图 1-2 所示。由此发现，企业从存储实物产品到存储产
品电子文档，所提供的服务发生了根本改变。这种变化为商业创新创造了
无尽可能，从根本上改变了传统的商业逻辑和管理思想，对现有的商业模
式提出了新的挑战。

3D打印的夏洛特阀门

3D打印的呼吸器

3D打印的可定制面罩

3D打印的鼻咽拭子

3D打印的医学人体模型

3D打印的隔离方舱

图1-2　3D打印技术在新冠肺炎疫情应急管理中的应用

📖 相关链接 1-1　企业的数字化转型

波士顿咨询的"数字化战略路线图"的内容为：以数字化驱动的业务战略为指引，制定与业务战略对应的数字化战略，从优先级关键举措入手，并以组织变革、数字资产、生态体系和业务管控为支撑。"数字化业务战略"和"业务化数字战略"的终极目标是迎接或创造对行业的数字化影响：产品、运营和业务模式。

企业的数字化转型可定义为：企业在产品、运营或业务模式上，以数字化为特征，发生实质性的形态变化。"转型"即必须发生形态的变化，就像化蛹为蝶一样，不只将数字化作为技术手段，不只将过去的业务变得电子化、自动化，"数字化转型"不等于"数字化"或者"自动化"。另外，数字化转型特指由数字化本身推动的转型，而非一般意义的企业转型。

企业从非数字化状态变成数字化状态的数字化转型有三种形式。

- **产品和服务的数字化转型**：以数字化的方式交付产品和服务，或者产品和服务本身数字化或包含数字化特性，其对应的就是数字产品和数字服务。例如，唱片公司，早期以售卖胶片和 CD 为重要的销售手段，而现在提供数字格式下载服务，线下商店变为线上网站。

- **运营的数字化转型**：企业的整体业务过程从物理现实转换到数字空间，实现实时线上化、数据智能化，这类转型意味着需要大规模重构企业运营的核心信息系统的架构。例如，制造企业的商务智能系统，将以前的多个系统（如供应链系统、ERP 系统、生产管理系统等）融合，通过大数据和数据挖掘技术，不断优化生产制造流程和细节，提高生产效率。

- **商业模式的数字化转型**：数字化重构行业价值链和价值网络，改变原有的收入和利润模式。例如，IT 服务行业全面云转型，重构行业传统的硬件、软件、服务的价值链，厂商从一次性收入模式变为年金收费模式。

数字经济对于管理模式的改变可以从以下几个维度来看。

（1）实体环境转向实虚结合。

传统的企业商务活动和管理活动均在实体环境中进行，其受到时间、空间、连接要素的影响，企业在特定的时间内，为特定范围内的某些消费者提供服务，由此产生的运营管理问题包括设备选址问题、布局分配问题、排班调度问题、生产计划问题。随着数字经济时代的到来，商业活动环境产生了巨大的变化，数据要素特性开始凸显，而且其重要程度日益增加。实体与虚拟环境需要不断融合，通过虚拟环境的数据和知识进行反馈，最后应用于实体生产和重要活动，产生价值。

从空间上看，数字技术的发展将实体店面拓展到了虚拟的网络空间，使用者不再受到地域空间限制，通过移动互联网技术，使用者可以在虚拟空间进行各种商业活动。从连接要素看，企业之间、产品之间、消费者之间，产品与消费者和企业之间的连接要素越来越丰富。更多的智能互联产品在连接上远远超出了现实存在，极大地改变了连接所带来的成本差异，虚拟空间的连接关系推动了以生态圈为代表的创新商业模式的涌现。

（2）主体行为发生变化。

作为商业主体的企业和政府等，面对数字经济时代下的环境变化，在运营过程中其行为也发生了变化。数字时代，不仅以用户和消费者的价值为重要目标，还考虑企业社会性等诸多因素，也就是目标的多元化，创造消费者和用户的多种价值，构造全方位的生态体系。竞争关系也不再是同行业的单个企业或组织间的竞争，而是沿着各个销售渠道拓展到整个供应链与供应链之间的竞争。组织之间通过网络连接，可以实现各组织间的协同生产和基于供应链的协同制造。

另外，用户和消费者向着移动化、社会化和个性化发展。据中国互联网络信息中心（CNNIC）的报告，截至 2021 年 12 月，我国网民规模达10.32 亿，使用手机上网比例为 99.7%，人均每周上网时长为 28.5 个小时。在线社交网络已经成为人们在互联网中互动、沟通的重要平台。用户很容易受到社交媒体和社会网络的影响，企业通过分析社会效应，发现商业机会，创造了新的商业模式。另外，消费者个性化需求越来越明显，在数字技术下，企业能够在较低成本下发现消费者的个性化需求，同时能够应用新的数字化生产技术，提供个性化的产品。

（3）由单一模式向复杂系统管理转变。

传统的管理研究，多对某个部门、渠道、过程或者单个产品等单一模式进行分析。例如，企业运营管理可以分为生产运作管理、物流与供应链管理、人力资源管理、财务管理、客户服务保障等多个方面，同时各个方面又有主要针对的部门。基于各部门和各类事物有多种相关系统，如供应链管理（SCM）系统、客户关系管理（CRM）系统、ERP 系统等，帮助完成相应的业务。随着数字化转型程度越来越高，整个组织内部运营数据均可以为企业获得，并从中挖掘重要信息进行应用。这样从整个组织考虑的智能化系统使得组织管理从单一的模式向着整体化复杂系统管理发展。跨部门、跨领域、跨供应链的数据把组织决策连接在一起，存放到统一的数据仓库，同时考虑多个主体间的相互作用，形成考虑管理活动中的各个部分、管理系统，以及管理对象之间的解释复杂系统的综合决策体系。

（4）决策由线性流程向非线性流程转变。

传统管理决策通常遵循线性的过程展开，按照目标制定、信息获取、提出方案、选择方案、评估方案等环节生成解决特定问题的决策结果。在决策理论发展历程中，对决策过程的划分不断细化。尽管在各个决策阶段的划分和名称上有所不同，但各理论都认为决策是线性、分阶段的过程，整体任务的完成情况可由各个阶段的完成状况线性组合而成。

在大数据环境下，线性流程的适用性和有效性显著降低。首先，大数据及其融合分析方法使全局刻画成为可能，现实情境常具有多维交互、全要素参与的特征，并且涉及的问题往往复杂多样，使实现多维整合并能针对不同决策环境进行情境映现和评估的非线性流程更为适用，如通过融合患者各方面健康信息，为其在疾病前、中、后期制定不同的健康管理方案。其次，大数据"流"的特性支持对现实场景中各要素间动态交互的刻画，有助于企业发现非线性、非单向的状态变化并对管理决策进行相应的动态调整。

相关链接1-2　数字化环境下企业运营管理的效率提升

企业运营管理决策的核心目标在于为消费者提供更有竞争力的产品。为实现这个目标，企业必须深刻理解消费者的需求，基于消费者需求进行有针对性的产品设计，继而对产品合理定价并制定与之适应的库存管理决策等一系列管理运营决策。本部分将从需求预测、产品设计、定价和库存管理、供应链管理等运营管理中的关键环节，来分析和探讨数字化环境下企业运营管理效率的提升。各关键环节的具体关系如图1-3所示。

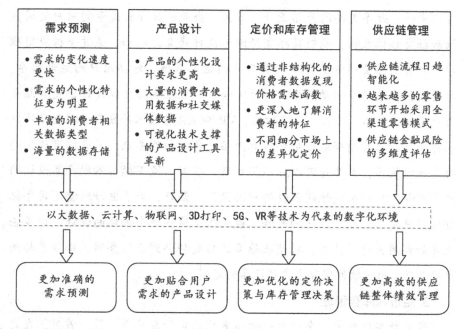

图 1-3 各关键环节的具体关系

1. 需求预测

需求预测是企业运营管理的基础。进入数字化时代，消费者需求具有快速多变、个性化等特征。通过数字化技术发展，企业可以获取的数据类型和数据量都远比过去丰富。以亚马逊公司为例，除交易数据以外，还可以将用户浏览、购买、使用、评价等数据都记录下来，包括搜索的关键词、页面的停留时间等。这些行为特征能够直接反映用户偏好及其个性化需求，通过数据挖掘和机器学习等技术，可以精准描绘出用户画像，并预测其需求，实行精准化营销措施，有效提高运营管理效率。在将基于数据的预测结果应用于促销、订货等运营管理决策时，还需注意决策变量对结果变量的影响，需要了解决策变量和结果变量之间的因果关系，才能有效地制定干预性的决策。

2. 产品设计

应用数字化技术，能够更细致地了解用户需求，同时获得反馈数据，帮助设计者模拟和计算出最佳的设计方式，最终实现更加贴合用户需求、性能更佳、效率更高的产品设计。首先，企业通过分析大量的用户使用数据和社交媒体数据，能够紧抓市场潮流设计产品。例如，通过手机应用程序，体育用品公司能更好地了解用户的运动习惯，包括用户的运动频率、时间及位置信息等运动数据，设计师和产品经理从而可以设计出更加贴合用户需求的产品。其次，数字仿真、VR和AR等技术的发展，推动数字技术作为设计工具精确地模拟和仿真产品的各种物理参数，并通过可视化的模式加以展示，尤其是可以在不同参数、不同环境下模拟不同产品设计的性能差异，从而形成性能最佳的产品设计。最后，为了更好地满足数字化时代用户需求日益个性化的趋势，最大限度地实现个性化的设计，许多企业开始利用云计算技术，将越来越多的功能转移到云服务器，增强了与用户的互动，通过软件实现客户端产品的定制。

3. 定价和库存管理

借助数字化技术，企业可以做出更优的定价和库存决策。首先，在定价决策方面，企业可以从数据中学习，优化定价策略，更好地实现收益管理。当历史数据或者需求分布信息有限时，企业可以通过数据采样进行动态定价。如今，消费者评论数据成为企业定价的重要信息，企业可以从消费者评论数据中了解关于其产品质量的信息。例如，销售更新较快、竞争激烈的智能手机等产品的企业可采用预售模式，这样可以了解市场信息，发现价格需求函数，从而更好地制定价格，增加利润。其次，企业可以进行不同销售渠道或不同细分市场上的差异化定价。例如，京东经常为某些商品设定 Plus 用户专享的价格。更多时候，为避免价格歧视，企业可以利用数字技术向不同细分市场推送不同优惠券来实现差异化定价。现金返还机制也是经常采用的方式，具有品牌劣势的企业倾向于使用该机制吸引价格敏感用户。最后，在某些服务行业，结合用户的行为数据，甚至可以做到"一人一价"。例如，过去车辆的保险价格是基于地区、车辆类型、用户类型等因素制定的；现在借助车辆上传感器传回的数据，保险公司可以实时收集用户的驾驶行为数据，从而深入地了解用户的驾驶习惯，更合理地制定"一人一价"的保险价格。

若涉及实物产品的需求，企业的库存管理决策与定价决策密切相关。一方面，动态的价格决策需要考虑剩余的库存数量，另一方面，库存补货决策受到消费者需求的影响，企业需要同时对两者进行优化。基于数字化技术，企业既可以了解实时的库存数据，又可以了解供应商的生产数据，这样可以在需求产生之前就做出相应的库存补货计划。例如，基于消费者的搜索数据，以及在商品页面的停留数据，通过深度学习算法，亚马逊公司能够在消费者的真实订单到达之前，就将货物准备好并运往相应的配送中心，降低了运输成本和库存成本。

4. 供应链管理

智慧化的供应链管理成为新的趋势，这既体现在流程日趋智能化上，又体现在供应链上下游之间的决策更多依赖于数据分析。制造业生产企业越来越多地使用传感器和无线技术来捕获生产环节中的各种数据，再传递给智能设备以指导生产，工厂由集中控制转变为采用分散式自适应的智能网络。例如，一台机器检测出流水线上可能存在的故障时，可以直接关闭其他可能受损的设备，并引导维修人员解决问题。数字化及相关技术彻底地改变了制造环节设备维护的模式，在降低成本的同时有效提高了设备的可靠性。类似地，数字化技术还可以用于监控和分析整个生产流程，及时发现能耗异常，从而在生产过程中实现实时优化。

供应链管理中的零售环节开始采用全渠道零售模式，即零售商通过线上及线下等多种渠道进行销售。线上的销售数据还可以帮助零售商解决线下零售中遇到的问题，如选品问题、货架库存问题及选址问题等，特别是通过全渠道收集的数据多于传统数据，指导操作更具参考性。在多渠道运营的企业不可避免地会遇到渠道与产品属性的匹配问题等。在互联网上售卖图书的亚马逊公司，也开始在线下开设实体书店，其重要作用就是收集线下书店中顾客的购买、阅读等行为信息，不断更新亚马逊推荐书单，同时增加线上和线下全渠道的销售业绩。

1.3　数字经济对管理学研究方法的影响

在数字经济时代，大数据、数据挖掘和人工智能等新技术的应用，给管理学的研究方法和研究范式带来重要影响，促使研究方法不断创新，推动管理学研究发生变化。

（1）从模型驱动到数据驱动的转变。

在数字经济时代，数据要素在整个管理环境和管理研究范式中都起着重要作用。传统的管理学研究方法，多从建模分析、调查研究、定量实证分析等入手；而在数字经济时代，数据的极大丰富，将会改变管理学研究的方法，尤其是模型假设部分。传统模型假设是因信息获取不充分而进行的重要补充，或者是在无法处理的情况下做出的简化举措。而当前在拥有更加丰富的数据的前提下，许多假设和参数可以由数据分析直接得到，尤其是一些机器学习算法，不用给出关系函数的具体形式，并直接获得相关关系，具有较大的灵活性，分析结果更接近真实状态。数据驱动的研究特点，将是管理学研究范式的重大改变之一。

（2）从低维建模到高维建模。

在传统的管理学研究方法中，尤其是在管理学模型中，变量维度较少，未知变量也少，更多保留主要的影响因素和重要变量。这样做的原因有两个：一是很多变量的数据无法获得，无法很好地估计，如果增加更多变量，可能会造成更大的误差；二是从可求解性角度看，高维建模会使得求解变得困难，出现"维度灾难"问题，而解决这一问题的重要方法就是进行降维处理。数字经济背景下的研究问题，随着可利用数据的量增加，我们可以假设更加真实的环境，相关参数可以由真实数据估计。另外，应用大数据分析技术和数据挖掘技术，可以更好地解决可求解性的问题，解决高维求解的困境，更加真实有效地求解问题。

（3）从结构化数据到非结构化数据。

在传统的研究方法中，更多依靠数值来刻画变量，并应用到模型中，数据以结构化数据为主，可能来自问卷调查、抽样调查、相关采集记录等。而在数字经济时代，获取数据的形式和内容多样，更多的非结构化数据包括文本、音频、图像、视频等，被应用到管理问题研究中。因为非结构化数据更容易刻画人的行为和经济活动，如行为变化、心理变化、企业文化等。而应用人工智能的图像识别技术、自然语言处理技术在处理上述非结构化数据时，可以更好地分析诸如社交网络评论、政府报告、公司年报等内容，可以更好地估计发展趋势和用户的情感、满意度、行为习惯等。而这些将是管理决策中重要的变量，在传统的研究范式中，是无法精准刻画的。用非结构化数据替代部分结构化数据，能够更好地还原现实场景，帮助企业做出精准决策。

（4）从人工分析到智能分析。

在传统管理学研究中，不论数据收集、采访调研等，还是最终的决策推理、政策制定等，都出自人工分析。但在数字时代，企业、政府等单位运营过程中的数据具有海量性和复杂性（多来源、异结构、噪声等），仅靠人工收集、存储、处理和分析，本身就具有极大的挑战性。人工智能，特别是机器学习将成为重要的分析工具。在企业中，商务智能系统的应用也将成为必然发展趋势。数据清洗、数据仓库存储、数据挖掘分析、可视化呈现、智能决策建议等一系列智能化过程由计算机和相关系统一并完成，并针对不同的业务进行相关的编程设计，最终完成所有的管理决策和智能分析过程。

📖 相关链接 1-3　国内外重要生产制造智能管理平台

国内外重要生产制造智能管理平台及说明如表 1-1 所示。

表 1-1　国内外重要生产制造智能管理平台及说明

平台／系统	公司	领域	宗旨	成功案例
Predix Platform	GE	汽车、航空、化工、制造、电信、电力	连接、优化和扩展您的数字工业应用	斯巴鲁在印第安纳工厂使用 GE 公司的 iFIX 工业自动化软件平台，来管理工厂的所有生产环节，从而成为美国生产速度最快的汽车制造商

（续表）

平台/系统	公司	领域	宗旨	成功案例
ThingWorx	美国参数技术（PTC）	制造、服务、工程技术	ThingWorx 是专门为解决您的业务挑战而建立的工业物联网（IIoT）平台，它能消除您的数字化转型障碍	作为世界上最大的服务机构之一的 Bell and Howell，通过端到端服务转型，削减了成本，提升了盈利能力，实现了可持续的竞争优势。其71%的服务电话现在被远程修复，服务技术人员实现了92%的首次修复率，故障排除时间减少了整整 1 小时，平均修复时间减少了 60%，维修频率和时间减少了 30%
ABB Ability	ABB	电气化、过程自动化、运动、机器人技术、离散型自动化	ABB Ability 解决方案将 ABB 深厚的专业领域知识与连接性和软件创新相结合，为更安全、更智能的运营提供实时的数据，最大限度地提高资源使用效率，为低碳的未来做出贡献	Fastned 庆祝了其使用 ABB Ability 电动汽车充电技术的第 100 个充电站的启用。自 2013 年推出试验站以来，Fastned 使用 ABB Terra 充电器和 ABB Ability 电动汽车充电技术，迅速扩大其在荷兰、德国、比利时和英国的网络，使其成为欧洲最大的电动汽车充电网络之一
Watson	IBM	制造、医疗保健、广告、金融、零售、安全	Watson 帮助企业预测未来的结果，使复杂的流程自动化，并优化员工的时间	Greenworks 采用了 IBM 供应链业务网络平台，让业务用户快速了解订单状态，节约了成本和时间。结果是节省了 40% 的 IT 成本，每周节省 160 小时的手动输入数据的时间。它帮助用户深入了解订单状态，在没有 IT 干预的情况下快速解决问题

（续表）

平台 / 系统	公司	领域	宗旨	成功案例
EcoStruxure	施耐德电气	建筑、IT、电网、制造、电力平台等	我们通过整合世界领先的工艺和能源技术来推动数字化转型，帮助您的企业充分提高效率和实现可持续发展	UST 是一家全球性的数字服务公司，其建设了依靠 EcoStruxure 的建筑。其预计在短短两年内就能节省 15% 的运营成本，并能保留 90% 以上的办公人员。该建筑已经获得了 LEED 和 IGBC 的金级认证
MindSphere	西门子	制造、建筑、能源、移动性	连接运行世界的所有事物	PT Indolakto 使用 MindSphere 的控制性能分析来分析 PID 控制。而工业 4.0 技术使 Indolakto 在两年内将其 Purwosari 工厂的产能提高了 25%，该工厂的灵活性和效率也提高了
Cumulocity IoT	Software AG	人工智能、物联网、能源、物流、制造工程	我们为企业提供即时查看、决定、行动和繁荣的能力	在干旱频发的澳大利亚，Telstra 正在利用 Cumulocity 物联网开发一个水管理解决方案加速器，以收集传感器数据，创建警报并发出泄露警告。这可使漏水率降低 20%，能源成本降低 15%，人均消费降低 10%～35%

1.4　案例说明

📖　案例 1-1　追求转型的大众汽车

作为汽车行业的领导者，大众汽车集团是非常成功的汽车制造商。为确保实现向大规模电动汽车生产线的过渡，大众汽车集团对盈利能力的关注程度很高，因此大众汽车萨克森公司被选中进行财务和生产的试点，如果大众汽车萨克森公司试点成功，便可以在整个大众汽车集团内推广。大众汽车萨克森公司追求向生产生态友好型电动车过渡，希望更好地把控制造利润，以帮助提升公司的效率，并且将对环境的影响降到最低。

为实现这一目标，大众汽车萨克森公司聘请 IBM 实施基于 SAP S/4 HANA（SAP Business Suite 4 SAP HANA，SAP 公司推出的一款智能 ERP 系统）的标准化财务流程，为大众汽车集团提供了全球化模板。

1.IBM 和 SAP——智能技术的领跑者

实现向云计算和智能技术的战略转变并不容易，这关乎企业如何创造卓越的客户体验、发现新的收入机会、优化投资并从根本上重塑业务运作方式。SAP 和 IBM 可以为企业提供与创新和行业相关的专业知识，进而帮助企业实现战略转变。SAP 提供了先进的智能应用程序和技术，可以使流程更加灵活，决策更加有力。IBM 帮助打造更智能的业务，是 SAP 转型领域的领导者。IBM 可以提供丰富的行业经验、高效的云技术及先进的智能技术等。

2.IBM 和 SAP 帮助大众汽车萨克森公司实现战略转型

向生产电动汽车的战略转变和业务转型需要深入的规划。IBM 服务部门帮助大众汽车萨克森公司在技术实施之前、期间和之后实现了一次成功的管理变革，并让员工参与其中。IBM 服务部门举办了一系列的研讨会，并制订了学习计划，使得员工从第一天起就有效使用新的 SAP S/4 HANA 解决方案。通过 IBM 服务部门提供的 SAP S/4 HANA，大众汽车萨克森公司改变了一系列核心业务流程：该公司对采用 SAP 应用程序的 2000 名员工的财务规划和控制操作进行了标准化、数字化和自动化。同时，大众汽车萨克森公司与 IBM 服务部门合作来降低公司财务核算的复杂程度，使得成本减少了 30%。此外，大众汽车萨克森公司还优化了组织流程：简化审批流程，将企业的层级从 13 层精简到 8 层，减少了约 40%，从而使信息能够更快传递，各层级决策的效率也更高。与此同时，使用 SAP S/4 HANA 使得大众汽车萨克森公司的信息透明度进一步提升，所有员工只需单击按钮即可实时访问最新信息，从而更清晰地了解各生产线的盈利能力。

在 IBM 服务部门的支持下，SAP S/4 HANA 在大众汽车萨克森公司成功实施，为大众汽车集团提供了全球化模板。通过使用这种模板，大众汽车集团可以显著降低软件成本和相关基础设施的建设成本，并减少维护费用。据估计，全球化模板中 80% 的功能源自大众汽车萨克森公司的实践，只有约 20% 的工作需要根据不同公司的具体情况进行本土化处理，这就为更精简、更智能的流程规划铺平了道路。

同时，与 IBM 服务部门的合作也促进大众汽车萨克森公司的团队致力于实现更灵活、更高效的管理实践。对管理团队来说，IBM 服务部门可以赋予其更多的责任，使其能够在各个层级中平等地工作。除此之外，培养团队精神可以促进员工实现其个人发展，并开发出更具创造性的解决方案。

在 IBM 服务部门的帮助下，大众汽车萨克森公司的运营效率有了明显提升，财务会计、采购和维护等方面的效率实现了约 20% 的提升。通过减少一般费用和管理费用，公司在行业内的盈利能力、流动性和财务稳定性方面获得了显著的竞争优势。

大众汽车萨克森公司总经理 Kai Siedlatzek 说："与 IBM 合作帮助我们更接近成为现代、透明和数字化企业的榜样的愿景。通过向 IBM 学习，我们成功地增强了创新潜力，并使我们的业务应用程序准备好将电动汽车投入生产，因此我们可以通过可持续的解决方案推动社会进步。"

📖 案例 1-2　IBM 的区块链技术在供应链中的应用

无论一个组织生产或销售什么类型的产品，可靠、可信的供应链网络对于确保客户满意和实现企业财务目标都至关重要。确保客户满意需要供应商、生产商、银行、监管机构、物流提供商和零售商在整个价值链上进行无缝协作和协调。但与此同时，各企业所面临的挑战也相当大，供应链的中断往往会导致企业的成本增加和收入损失。更严重的是，低效率的流程往往使用的是既不及时也不可靠的数据，这就使得供应链中断问题变得更加严重。因此，企业应致力于提升供应链的透明度、弹性和实时性。

区块链技术作为供应链技术的组成部分，能够提升所有利益相关者之间的信任度和透明度。IBM 的区块链服务通过将区块链技术应用于供应链网络中来提升供应链的透明性和弹性，实现从战略规划到全面生产、从采购制造到物流分销等各方面效率的提升。区块链技术能创建一个永久的、不可更改的实时数据记录，因此没有人可以更改或删除它。基于角色的访问意味着供应商只能看到他们需要看到的内容，无法看到其他供应商的信息。IBM 区块链技术服务网络应用如图 1-4 所示。

图 1-4　IBM 区块链技术服务网络应用

1. 全流程可视化

在汽车工业中，一旦车辆生产完成后，它就会进入被称为整车物流（FVL）的供应链。在从工厂运到经销商的过程中，新车可能会经过多个国内物流企业（LSP）及运输公司。IBM 区块链服务帮助一家欧洲物流企业联盟实现了供应链的全流程可视化，经销商可以实时了解车辆在运输过程中的状态，从而知道车辆何时送达。订购了车辆的客户也可以看到他们的车辆在供应链中的位置，获得更加满意的体验。由于供应链透明度的提升，汽车制造商预计可以将成本降低10%或更多。以家得宝（美国第二大零售商）为例，IBM区块链服务为其提供了信息实时可见的供应链，如果供应链产生问题，家得宝及其供应商都可以立即着手解决。

2. 高效解决企业间争议

当供应链中的两方发生争议时，两方都必须投入大量的时间和人力来解决。倘若将供应链运营水平提高3%，就可以减少高达600万美元的营运成本。区块链技术可以通过提升透明度，以及通过业务规则自动化来促进争议的解决。区块链技术提供了一种数据驱动的方法，可以在争议发生时识别和解决争议。该技术首先从每个参与者那里获取系统数据记录，并提供一个外部共识层，再根据商定好的行业规则来解决争议，以确保公正性。

3. 改善临时劳动力管理

近年来，全球各企业对临时员工的使用量逐渐增加，平均每家企业中大约有18%的员工是临时员工。对雇主来说，这意味着要花费大量的时间和人力对承包商的数据信息和供应商的发票进行核实。对劳动力供应商来说，主要的挑战在于发票对账过于缓慢及付款延迟问题等。而基于IBM区块链服务开发的临时劳动力管理程序简化了组织采购、管理的方式，为雇主和劳动力供应商提供了更加高效的审批工作流程，并为承包商提供唯一确定的数据信息真实来源。使用此程序，IBM将无效发票的数量从10%减少到了0.5%，并将每张发票的成本减少了30%～50%。

· 思考题 ·

1. 数字经济在美国、德国、英国和中国的发展特点是什么，有什么重要区别？
2. 数字经济的"四化"框架中，四个部分彼此的关系如何？
3. 如何理解企业数字化转型？
4. 数字经济对于管理学研究方法有哪些影响？
5. 数字经济对于管理模式有什么影响？

第 2 章

数字经济管理的
研究范式

以新一代信息技术为基础的数字经济已经成为国家经济增长和社会发展的"新引擎"。与传统经济相比,数字经济是信息技术革命产业化和市场化的表现,在提升信息传输速度、降低数据处理和交易成本、精确配置资源等方面具有独特优势。如何高效利用信息技术有效配置数字资源,实现数字经济赋能经济高质量变革,成为当前经济社会可持续发展的重要研究问题。而新的经济形势对于经济学和管理学的研究理论、研究思想和研究方法都带来了重要影响,催生了数字经济下管理问题研究范式的变革。一方面,先前的部分经济学与管理学理论在数字经济管理领域不再适用,需要从新的视角认识数字经济,并借由数字变革产生新的经济和管理理论或规则等;另一方面,以大数据、人工智能、区块链技术为主的数字技术革命改变了经济学与管理学的研究方法,经济学、管理学、数学、计算机科学等多学科交叉、跨领域应用研究也被进一步深化,并随之产生了新的研究方法。本章将重点关注数字经济下的新兴管理理论和研究方法,从复杂系统管理、大数据决策等方面阐述数字经济下管理决策问题的研究范式变革。

2.1 复杂系统管理

在数字经济时代,信息技术、交通技术快速发展,信息流、资金流、物流、人流将整个世界紧密、快速地连接起来,不仅从本质上提升了社会系统的复杂性,而且使社会系统运行管理变得更加困难。在数字技术的推动下,众多复杂的智能设备应运而生,其零件越来越多,生产流程越来越复杂,供应链也越来越庞大。例如,在智能手机生产过程中,有超过200家不同的企业作为供应商,如何管理这样的供应链是一个复杂系统管理问题。从系统科学的角度看,当前众多企业和政府的管理问题,就是典型的复杂系统管理问题,本节将聚焦复杂系统管理理论及其应用。

2.1.1　复杂系统管理理论

在复杂系统管理理论出现之前，通常采用还原论的方法来解决实际的复杂系统管理问题。还原论方法来源于物理学等自然科学研究，主要从问题进行分解，将主要问题划分为多个子问题，再将研究逐渐细化。该方法在处理关联或结构比较简单的问题时有优势。但在管理现实中，管理者经常会遇到更为复杂的问题，除了问题自身存在的各种客观复杂因素外，还往往受限于人们对问题的认知、分析或者解决问题的能力的缺失或不足。因此，在传统的管理活动中，分析和解决管理问题的经典路径是把一类问题分解成若干部分，将各部分分别剖析，进而解决整体问题；如果对部分的研究还不清楚，可以继续向下分解进行研究，直到每个部分都弄清楚为止，再由底层的各部分逐层向上，直至把问题整体分析清楚或者解决。

还原论源自伽利略、培根、笛卡儿和牛顿等人所做的研究或创建的理论基础，之后逐渐形成了以还原论为主导的科学研究范式。培根是近代科学的倡导者之一，他提出的实验方法和归纳逻辑是近代科学方法论的重要分支（包括由笛卡儿倡导的唯理论方法）。19 世纪，还原论物理主义的领袖亥姆霍兹认为，一切事物都拥有力，并且一切科学都可以归结到力学。在还原论者看来，事物就像一个钟表，要弄清楚钟表的构造和运行规律，就必须把它拆卸、分解，还原到它最基本的组成单元，才能把想知道的问题弄清楚，也就是"欲知森林，先剖树木"。

还原论最初产生于自然科学研究，后来扩展到几乎所有的领域。作为科学研究的方法论规范，还原论具有两大优点。第一，使用这种方法论建立起来的科学理论，不仅精确严密，而且具有强大的预言能力。无论哈雷彗星与海王星的发现，还是大爆炸学说的检验，直至遗传工程的诞生等，无不是还原论的成功应用。第二，当预言失败或理论计算与实验结果发生重大偏差时，人们能够根据逻辑相应地调整理论，从而做出新的预言，电磁理论、量子力学、相对论，以及分子生物学、大爆炸宇宙学与超弦理论等的创立就是明证。

随着自然科学研究的深入，物理学界也出现了众多用还原论无法解释的现象，如"自组织""从无序自行产生有序"等复杂的现象，地球气候变化、海岸线形状变化、生态环境变化等就属于这一现象。科学家把这类复杂现象统称为复杂性，并创立了许多"复杂性词汇"来描述或者揭示各种"复杂性"，如信息熵、分形维数、随机复杂性、复杂适应系统、混沌边缘等。随着这些研究的深入，有了更多复杂系统的相关理论，复杂适应系统理论就是其中之一。2021年，诺贝尔物理学奖被授予科学家真锅淑郎（Syukuro Manabe）、克劳斯·哈塞尔曼（Klaus Hasselmann）和乔治·帕里西（Giorgio Parisi），以表彰他们对"促进人们对复杂物理系统的理解"所做的开创性贡献。

2.1.2 复杂适应系统理论

复杂适应系统（Complex Adaptive System，CAS）理论认为系统演化的动力本质上来源于系统内部，微观主体的相互作用生成宏观的复杂现象。其采取"自下而上"的研究路线，着眼于系统内在要素的相互作用，研究深度不限于对客观事物的描述，而是更着重于揭示客观事物构成的原因及其演化的历程。

CAS理论是美国的霍兰教授于1994年正式提出的，为人们认识、理解、控制、管理复杂系统提供了新的思路。CAS理论包括微观和宏观两个方面。在微观方面，CAS理论最基本的概念是具有适应能力的、主动的个体，简称主体。主体在与环境的交互作用中遵循一般的刺激—反应模型，产生适应性是为了更好地在客观环境中生存，主体能够根据行为的反馈修正自己的行为规则。在宏观方面，由主体组成的系统，将在主体之间，以及主体与环境的相互作用中发展，并表现出宏观系统中的分化、涌现等种种复杂的演化过程。

复杂适应系统理论的核心思想就是：适应性造就了复杂性。主体在与环境及其他主体持续不断的交互作用过程中，不断地学习或积累经验，并且根据学到的经验改变自身的结构和行为方式。整个宏观系统的演变或进化，包括新层次的产生，分化和多样性的出现，新的、聚合而成的、更大的主体的出现等，都是在适应性原则基础上逐步派生出来的复杂性。

复杂适应系统理论的一般特征包括四个方面。

1. 基于适应性主体

适应性主体具有感知和效应的能力，自身有目的性、主动性和积极的"活性"，能够与环境及其他主体随机进行交互作用，自动调整自身状态以适应环境，或与其他主体进行合作或竞争，争取最大的生存空间并延续自身的利益。但它并非全知全能，并非永远能做出最优的选择，偶尔会做出错误的预期和判断，并可能导致自身消亡。正是主体的适应性造就了系统的复杂性。基于这样的原理，人们开发了 Swarm 软件平台，基于智能体的系统建模，用智能体描述的人工生命、人工社会等进行现实社会现象的模拟，极大地深化了对这类复杂现象的探索。

2. 共同演化

适应性主体从正反馈中既可以加强自身存在，也可以进一步变化，它可以从一种多样性统一形式转变为另一种多样性统一形式，这个过程就是主体的演化。但主体的演化不是个体的演化，而是系统的共同演化。共同演化产生了无数能够完美地相互适应并能够适应生存环境的主体。共同演化是任何复杂适应系统实现突变和自组织的强大力量。

3. 趋向混沌的边缘

复杂适应系统具有将秩序和混沌融入某种特殊的平衡的能力，平衡点就是混沌的边缘，即一个系统中的各种要素从来没有静止在某一种状态中，但也没有动荡到会解体的地步。一方面，适应性主体以最大化各自利益和存在为重要目的，同时与其他主体进行相互作用，也会根据其他主体的行动来调节自己，最终使得整体系统在共同演化中向着混沌的边缘发展；另一方面，混沌的边缘不是简单地介于完全有秩序的系统与完全无序的系统之间，而是自我发展，进入特殊区域，在这个区域中，系统会产生涌现现象。

4.产生涌现现象

涌现现象最为本质的特征是由小到大、由简入繁。复杂现象很多时候是从极其简单的元素群中涌现出来的。遵循简单规则的适应性主体，达到一定数量后，通过相互作用，就会产生涌现现象。主体间的相互作用是主体适应规则的表现，具有耦合性的前后关联，并且是非线性作用，会使得涌现的整体行为比各部分行为的总和更为复杂。在涌现生成过程中，规律本身不会改变，但规律所决定的事物会发生变化，因此会不断生成大量的结构和模式。这些结构和模式不仅具有动态性，还具有层次性。涌现能够在所生成的既有结构的基础上再生成具有更多组织层次的结构。也就是说，一种相对简单的涌现可以生成更高层次的涌现，涌现是复杂适应系统层级结构间宏观的动态现象。

与复杂适应系统理论思考问题的独特思路相对应，其研究问题的方法与传统方法也有不同之处——定性判断与定量计算相结合，微观分析与宏观综合相结合，还原论与整体论相结合，科学推理与哲学思辨相结合。

2.1.3　复杂社会系统

复杂社会系统不仅有复杂物理、生命系统的复杂性特征，而且自身有明显的复杂性特征。社会系统的基本主体是人，人是最智能的物种，也是最特别的适应性主体。首先，复杂物理、生命系统中主体之间的相互作用关系，主要是一些机械性作用关系，而社会系统中组元的相互作用关系是博弈关系，这使得社会系统中的关系极其复杂。其次，人类具有强大的学习能力，能够通过学习创造知识和技术，因此社会系统不断膨胀，并且在内容上不断创造着新的元素和连接关系。人们还通过学习，随时对事物的运行进行反馈、调整和改造，使得社会系统的演化呈现出一种加速变化的态势。再次，人们通过大脑思考对事物运行的反馈、调整和改造，掺杂着大量想象和信念。最后，人的智力、见识、对事物的判断力、性格品性、鼓动力、被其他人欺骗的容易程度等千差万别，人类大脑进化造就的思想多样性，也增大了社会系统的复杂性。

在复杂的社会系统中，对于管理问题的研究，更是充满了复杂性，可以认为是复杂的管理问题。而对于这样的问题，无法通过还原论来分析其相关原理，主要体现在以下方面。

（1）复杂的管理问题一般与管理环境之间有着紧密的联系。环境的变化会对问题产生深刻影响，即便只是局部影响，但由于各局部间的非线性关系，也会对问题产生重要的整体性影响。如果我们把问题局部孤立看待，就无法完整地认识和分析整个问题。

（2）复杂的管理问题源于管理原生态的管理活动与过程。任何具体的管理活动与过程都是由人、物、事和关联、因果、变化等关系，依时空顺序展开的相对独立又有连贯性与整体性的情景及情景流。越是复杂的问题，它的情景与情景流越复杂，并且相互之间有紧密的关联。我们需要在情景整体性、过程性与演化性中，通过自上而下和自下而上地分析和汇总才能看清、看准和解决问题，并且在这一过程中不能分解情景与情景流，使情景与情景流支离破碎，或者让问题与情景分离。这都反映了还原论在分析和解决这类复杂问题等方面的不足。

（3）复杂的管理问题一般会表现出多种复杂动态性，如突变、涌现、隐没、演化等。这些变化的机理非常复杂，究其原因，多是问题之间存在紧密、复杂的显性或隐性关联，并且在时间维度上会发生变化。问题的复杂形态正是这类复杂关联作用及传导机理造成的。无论在物理层面、系统层面，还是在管理层面，如果用还原论切断或者改变这些关联，就可能使问题的整体性形态受到极大的破坏或无法搞清楚问题复杂形态背后的机理。

（4）分析和解决复杂的管理问题一般都需要跨领域、跨学科、跨专业的技术、手段和方法。如果在研究和解决复杂管理问题过程中仅仅运用还原论，把整体问题分解细化为各个相互独立的部分，单独研究各个部分后再简单汇总叠加，是无法还原各部分的相互管理作用的，整个问题的关联机理也会被破坏。即使把每个部分都研究清楚了，运用还原论也无法解决整体性问题。

在系统科学体系下，关于复杂性问题，钱学森先生在 20 世纪 80 年代研究复杂系统方法论时就明确指出："凡不能用还原论方法处理的，或不宜用还原论方法处理的问题，而要用或宜用新的科学方法处理的问题，都是复杂性问题。"钱学森先生根据系统结构复杂性层次的不同，提出了系统新的分类，并在自主创建的系统科学体系中，将系统分为简单系统、简单巨系统、复杂系统、复杂巨系统和特殊复杂巨系统。如生物体系统、人体系统、人脑系统、社会系统、地理系统、星系系统等都是复杂巨系统，其中社会系统是最复杂的系统，又称作特殊复杂巨系统。下面我们主要针对社会系统内的管理问题进行分析。

2.1.4　管理的系统性和复杂性

1. 管理的系统性

管理通常是指在特定的环境条件下，以人为中心，通过计划、组织、指挥、协调、控制及创新等手段，对组织所拥有的人力、物力、财力、信息等资源进行有效的决策、领导、控制等，以期高效地达成既定组织目标的过程。管理的重要组成部分是人，正因为有人类的生产活动才会有管理可言。任何生产、造物活动都有特定的整体目的、整体结构，并且表现为一个完整的过程。因此，任何管理必然具有自身的整体性和过程的完整性。例如，任何管理都有一定的管理环境，特定的管理目标，明确的管理主体、管理对象、管理组织、管理资源、管理问题，以及相应的管理流程和方法等。这些是管理活动的组成要素，彼此关联，管理活动完整有序并释放出使生产、造物等实践活动有序或有效的功能。因此，整体性与功能性是管理活动两个最基本的属性。

系统是由相互作用和相互依赖的若干部分结合成的具有特定功能的有机整体。依据系统概念，任何管理都是一类人造系统。

对照系统与管理的基本概念，可以清楚地给出以下基于系统思维的管理的核心内涵：1）任何管理活动都由若干部分组成，如管理环境、管理主体、管理对象、管理目标、管理组织和管理问题等；2）这些部分在管理中缺一不可且相互作用、相互依赖；3）管理的全部意义在于它具有"使生产、造物等实践活动有序或有效"这一特定功能；4）任何管理活动既是一个有机的整体，又是一个完整的过程。这些管理的特定功能与整体性恰恰是系统的核心属性，这再一次说明了管理的系统性内涵。

复杂系统是指系统内部组元之间存在着非线性关系，使得系统运行表现出程度不同的不可预测性和不可控制性。例如，北京大兴国际机场工程、三门峡工程、港珠澳大桥工程等重大工程，都是典型的复杂系统工程。管理重大工程，需要整体的规划与论证，并且相关论证时间相当长，这也体现了要完成重大工程管理，需要考量其系统特性。

2. 管理的复杂性

研究管理属性从系统性到复杂性的演化趋势，最重要的意义是让管理者认识到无论进行管理学术研究，还是开展管理活动实践，都要有建立管理复杂性的思维意识。

管理的复杂性体现在以下方面。1）对于问题本身，管理主体直观感受到的一类难以表述清楚、分析透彻、预测准确，以致难以找出原因、做出决策、拿出办法、提出方案的现象。2）对于管理主体，随着问题复杂程度的提升，管理主体多为主体群，多主体在利益、偏好、价值观等方面具有异质性，管理主体行为的自适应性、自组织功能及各主体间的相互关系等，促成了复杂特性。3）对于管理活动，其要素之间具有非线性等复杂关系，管理环境具有不确定性、突变与演化等动态性，管理活动架构具有层次性，层次之间具有动态关联性。另外，管理过程中还充满不确定性，信息不对称和不完全、不确知等问题。

复杂管理系统包含对复杂性问题的认识、协调与执行三个功能，即复杂管理系统由三个子系统构成。1）复杂管理认识系统。它的主要功能是揭示和分析生产活动物理复杂性与系统复杂性，并由此对管理复杂性进行分析。2）复杂管理协调系统。它的主要功能是设计并通过管理组织的运行机制与流程，对管理问题的复杂性进行降解，实施适应性、多维度的一系列独特的管理技术。3）复杂管理执行系统。它的主要功能是在管理现场的各个阶段、各个层次，根据管理目标与协调原则确定相应策略并执行管理现场的多主体协调与多目标综合控制。复杂管理的基本结构如图 2-1 所示。

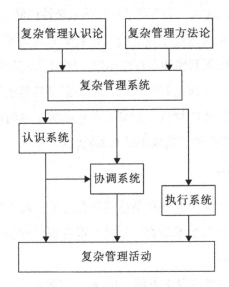

图 2-1　复杂管理的基本结构

2.1.5　复杂管理组织平台体系

在从事比较简单的管理活动时，人们只需要根据管理任务的需要，对管理组织进行岗位设计，并根据确定的岗位职能，制定相关运行机制，最后确立一个结构固化的管理组织。这样的"刚性"管理组织在开展管理活动中能够体现全部的管理能力。

当面对复杂管理问题时，上述的"刚性"管理组织是无法完成所有的相关任务的。这时，管理组织设计者需要根据复杂管理问题的内容，动态地调整和优化组织中的单元主体、重构管理组织结构与运行机制。这充分反映了复杂管理的组织功能并不是直接为解决复杂性问题提供具体的方案，而是以其柔性与自适应能力来提供形成解决方法与方案的环境与条件，然后再由相应的环境与条件涌现出不同的功能，这也是复杂管理组织平台的思想。

复杂管理组织平台，就是构建一个可以灵活提供管理问题解决方案的环境和条件，有了"平台"便可以支撑、扩展和重构新的功能。复杂管理的组织体系模式就是一种管理"平台"设计，具体地说，就是选择和优化平台主体要素、制定平台相应的机制与流程，以保证平台涌现出必要的能力。

2.1.6　复杂管理的方法论

研究人们对管理活动属性认知的演变，可以发现人们对管理这一人类实践属性认知的升华。根据认识论与方法论的辩证关系，这一升华必然导致人们在这一领域内的方法论变革，而基于不同的方法论又可以提炼出不同的管理模式。表 2-1 梳理了基于方法论的管理模式的发展。

表 2-1　基于方法论的管理模式的发展

管理模式	管理对象	关键管理技术	管理方法论
经验管理	个体	归纳	复制
科学管理	亚系统	共性提取	标准化
系统管理	系统	系统分析	系统原理
复杂性管理	复杂系统	复杂性分析	综合集成

2.1.7 复杂系统管理的中国特色

我们这里提到的复杂系统管理，重点强调以钱学森先生为代表的管理科学学者构建的复杂系统管理理论，其主要是对我国社会经济重大工程人造复杂系统中一类复杂整体性问题的回应，并且将我国的管理实践与理论发展结合，突出复杂系统管理的中国特色。

复杂系统管理源自复杂性概念，其多从物理学现象中发现。西方科学哲学强调实证主义，并以现象论观点为出发点，认为一切科学知识都建立在来自观察和实验的经验事实基础上，并通过现象归纳得到科学定律。因此，在 20 世纪 70—80 年代，西方科学家在物理实验基础上感知到本体的"复杂性"，并试图设计各种基于现象的定义，得到复杂性的科学定律。

中国文化中的本体更具理学精神，如儒家的"仁"、道家的"道"、佛家的"性"等都表达了人的思维精神与观念本体。这种本体不仅有物理、物质性，还有在此之外、之上的人的理性。钱学森先生从我国文化的本体内核出发，既看到物理、物质性本体，又看到人的"内为心性"的观念本体，在物理、物质、社会的一类"复杂系统"本体的认知基础上，总结出表达人的思维与观念的"复杂性"。作为复杂系统的本质属性，这一理念突破了还原论对复杂性思想的禁锢，并以一种理性思维的方法论来辨识复杂性，从而确立了一条自主性的认识复杂系统的路线，充分体现了复杂系统管理内涵中的中华民族文化精髓。

复杂系统管理在我国有着极其丰富的实践基础，并成为复杂系统管理思想、经验与理论的源泉。我国的航天工程与"两弹一星"实践成果体现了我国复杂系统管理实践与学术思想的紧密结合。其既包括复杂系统管理思想与理论等方面的原创性成果，也包括驾驭复杂系统管理实践方面的系统性贡献，取得的巨大成就充分彰显了复杂系统管理在我国的强大力量。

如今，复杂系统管理在我国已经是社会经济重大工程等各个领域普遍的重要实践形态。我国迎来新发展阶段，需要贯彻新发展理念，构建新发展格局，要解决的问题会越来越多样，越来越复杂，进一步全面深化改革同样是一项复杂的系统工程。系统工程是组织管理的技术，我国全面深化改革实践既是实践的复杂系统，也是复杂系统管理的实践，这样的认识为我国全面深化改革指明了复杂系统管理的思维原则，也为今后复杂系统管理理论发展贡献中国特色。

2.2　大数据决策范式

数字经济时代背景下，管理决策面临着巨大的转变，总体上来说是由以模型驱动为主的研究范式向着数据驱动的新型研究范式（大数据决策范式）的转变。下面我们将从管理决策理论出发，介绍这一以数据驱动为主的重要研究范式。

2.2.1　管理决策理论

从概念上来说，决策是指为了达成一定目标或解决某个问题，设计并选择方案的过程。根据西蒙的定义，决策科学是建立在现代自然科学和社会科学基础上的，研究决策原理、决策过程和决策方法的一门综合性学科。从这种意义上讲，管理决策范式是领域中普遍认同并采用的、个人和组织开展管理决策时所共享的理念和方法论。一般而言，管理决策范式中包含信息情境、决策主体、理论假设、方法流程等要素。

决策主体是管理者，因为决策是管理的一项职能。管理者既可以单独做出决策，这样的决策称为个体决策；也可以和其他管理者共同做出决策，这样的决策称为群体决策。决策的本质是一个过程，这一过程由多个步骤组成，主要包括：1）诊断问题（识别机会）；2）明确目标；3）拟定方案；4）筛选方案；5）执行方案；6）评估效果。决策的目的是解决问题或利用机会，也就是说，决策不仅仅是为了解决问题，有时也是为了利用机会。

决策遵循的是满意原则，而不是最优原则。对决策者来说，要想使决策达到最优，必须具备以下条件，缺一不可：1）获得与决策有关的全部信息；2）了解全部信息的价值所在，并据此拟定所有可能的方案；3）准确预测每种方案在未来的执行结果。

由上可知，管理者在决策时离不开信息，同时信息的数量和质量也将直接影响决策水平。管理者在决策之前，以及决策过程中希望尽可能地通过多种渠道收集信息，将其作为决策的依据。管理者在决定收集什么样的信息、收集多少信息及从何处收集信息等问题时，要进行成本—收益分析。只有在信息所带来的收益（因决策水平提高而给组织带来的利益）超过为此而付出的成本时，才收集该信息。因此，适量的信息是决策的依据，信息量过大固然有助于决策水平的提高，但对组织而言可能是不经济的，而信息量过少则使管理者无从决策或导致决策达不到应有的效果。

在大数据时代，信息的获得成本降低，将从某种程度上提升决策时利用信息的可能性。利用好收集起来的数据，并从这些数据中挖掘出有用的知识来支持决策是关键，要做到这一点，就需要用到智能决策的关键技术——数据挖掘。与数据挖掘相关的内容我们在下一章中会详细介绍，从管理决策条件逻辑分析大数据时代下的决策范式变化是本章的重点。

管理决策理论从古典决策理论发展而来。古典决策理论是基于"经济人"假设提出的，主要盛行于20世纪50年代以前。古典决策理论认为，应该从经济的角度来看待决策问题，即决策的目的在于为组织获取最大的经济利益。在该理论假设中，决策者是完全理性的，决策者在充分了解有关信息情报和有关备选方案的情况下，完全可以做出以实现本组织获取最大经济利益为目标的最佳决策。

行为决策理论始于20世纪50年代。对古典决策理论的"经济人"假设，西蒙提出理性的和经济的标准都无法确切地说明管理的决策过程，进而提出"有限理性"标准和"满意度"原则。其他学者对决策者行为做出了进一步的研究，并发现影响决策的不仅有经济因素，还有决策者的心理与行为特征，如态度、情感、经验和动机等。

行为决策理论的主要内容有以下几个方面。

（1）人的理性介于完全理性和非理性之间，即人是有限理性的。这是因为在高度不确定和极其复杂的现实决策环境中，人的知识、想象力和计算力是有限的。

（2）决策者在识别和发现问题中容易受直觉上的偏差的影响，而在对未来的状况做出判断时，直觉的运用往往多于逻辑分析方法的运用。

（3）由于受决策时间和可利用资源的限制，决策者即使充分了解和掌握有关决策环境的信息，也无法做到全部了解所有可能性，决策者选择的理性是相对的。

（4）在风险型决策中，与对经济利益的考虑相比，决策者对待风险的态度对决策起着更为重要的作用。

（5）决策者在决策中往往只求满意的结果，而不愿费力寻求最佳方案。

林德布洛姆提出"渐进决策"模式，其认为决策过程应是一个渐进过程，而不应大起大落，否则会危及社会稳定，给组织带来组织结构、心理倾向和习惯等的震荡和资金困难，也使决策者不可能了解和思考全部方案并弄清每种方案的结果。这表明，决策不能只遵守一种固定的程序，而应根据组织外部环境与内部条件的变化进行适时的调整和补充。

另外，有些学者提出动态决策理论，使用统计决策函数作为工具来研究序贯决策，强调个体需要不断地从环境中收集新的信息来做出一系列决策。在动态决策过程中考虑个体的社会联系，分析个人偏好和集体选择之间的关系，形成了以群决策、博弈论、社会选择为核心的社会决策理论。

总体而言，管理决策范式经历了由静态决策到动态决策、由完全理性决策到有限理性决策、由单目标决策到多目标决策的演化发展历程，并不断吸收统计学、计算机科学、心理学、社会学等相关学科的知识，既强调科学的理论和方法，也重视决策主体的积极作用。在大数据环境下，管理决策的理论与实践正在经历着一系列极为深刻的变化，管理决策范式开启了新一轮的转变。

2.2.2 大数据决策范式转变

在大数据环境下，管理决策正在从关注传统流程变为以数据为中心，各参与方的角色和信息流向趋于多元和交互，使新型管理决策范式呈现出大数据驱动的全景式特点，在信息情境、决策主体、理论假设、方法流程等决策要素上发生了深刻的转变，如图 2-2 所示。

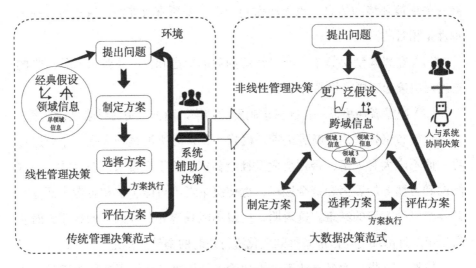

图 2-2　大数据范式的转变

1. 信息情境的跨域转变

通过决策理论发展演化过程可知，数字时代下建立决策模型需要考虑的信息越来越丰富。先前的古典决策理论忽略了人的个体差异及环境因素，而之后的行为决策理论增加了对个体行为信息的分析，对环境信息的采集也逐渐受到动态决策理论的重视，而决策支持系统的提出则进一步融合了决策者与外部信息环境的交互作用。但是传统的管理决策更多聚焦在与研究问题直接相关的领域情景，并通过信息分析得到管理决策的输出。当领域内信息的获得相对困难，或者数据类型、数据量相对多时，传统的决策方法基于主要因素和重要参数，将问题尽量简化的主要目的是使得模型能够求解。数据量增大，参数增多，并不能够帮助提高决策效率，反而使模型求解困难，这就是传统决策理论关注重要变量和数据，而忽略其他因素的原因。

在数字经济时代，大数据技术的发展对于处理量大的数据，不再局限于可表示的变量间的相互关系。更多管理决策问题从领域内部扩展至跨域环境，公众及其他决策相关者的信息同样可以被有效应用。相关跨域信息的补充使决策要素的测量更完善可靠，进而提升管理决策的准确性。领域外大数据与领域内传统信息的结合，使得在经典管理决策模型中添加新的信息要素成为可能，对于不能完全用领域内信息刻画和解释的现实问题，大数据融合分析可以有效地突破领域边界。在管理决策实际问题时，行为与情感分析大数据环境下的决策研究与实践逐渐形成了立足于跨域信息环境的决策范式，相关决策支撑信息从单领域延伸至多领域交叉融合。

2. 决策主体转变

在传统决策理论中，决策主体不论由个人决策、组织决策、群体决策（如群决策、博弈论、社会选择理论），还是由决策支持系统辅助决策者决策等，都以人为决策主体，并且决策主体多为管理执行者。而在大数据环境下，决策主体发生了重要变化。首先，由于数据环境发展和更新，部分决策受众变成了决策主体。例如，DIY 产品的消费者已经能够参与到产品的设计和生产过程中，同时智能机器构建的智能系统已经主动参与到决策过程中，在有些智能生产车间内，智能系统和计算机算法直接做出生产决策，无人仓库、无人车间也实行了智慧化管理。所以，决策主体不再是单一的组织或个人，而是人、组织与人工智能的结合。在未来具体的管理决策问题中，人与智能机器人 / 智能系统进行分工合作，共同对决策目标、方案和信息进行分析和判断，从而形成有效的决策。在某些情形下，甚至通常由智能机器做出主要决策，而只在特殊情况下需要人的参与。

上述的主体转变可以将数字化、智能化的技术拓展应用到管理决策整个过程，包括制定方案、执行决策、评估与反馈等多项关键环节。以西蒙的"有限理性"为代表的传统决策理论中，决策者无法在决策之前获得全部的信息并给出所有的备选方案。在数字时代，新技术的应用使得数据的获得相对变得简单，但是还需要更为强大的数据处理和分析能力。一方面，海量数据的获得使得更多的决策要素加入决策方案制定过程中，能够极大地提高决策的智能程度，在一定程度上使得决策过程更加透明；另一方面，通过机器学习和数据挖掘，可以根据所获得数据进行智能化的分析，并得到智能建议，能够在一定程度上避免决策者的主观理解和解释偏差。最后，随着人机协同理论与应用的进一步发展，新型管理决策范式以人与智能机器人／智能系统共同作为决策主体，逐渐趋向于管理决策全过程的主体智能化。

3. 理论假设转变

传统的管理决策是模型驱动的，而构建模型时需要遵循领域内的经典理论假设，才能保证模型的可求解性。例如，在理解消费者行为时，假设消费者的行为决策完全理性，以及消费者对商家营销的反馈遵循归因理论；在分析金融市场环境时，假设各资产收益间线性相关、价格变动遵循有效市场假说、市场主体依据效用函数进行博弈；在管理产品库存时，假设供给稳定、需求连续发生且服从某种先验分布等。上述假设随着决策理论演化过程中求解技术的更新而变化，例如，期望效用理论中的客观概率逐渐被替代为主观概率，传统理性决策中效用最大化的假设被替代为有限理性假设。但就本质而言，这些都是基于强假设范式构建的决策模型，都是基于决策理论中的可求解形式给出的。

在数字经济时代，在大数据、人工智能等技术强大的求解能力支持下，管理决策对于理论假设的依赖性大幅减弱。一方面，人们在提出新的决策理论模型时，已经意识到相关假设的局限性，并且明白模型无法代替真实的情形，或者因为有更多的重要因素无法刻画和衡量，所以采用了简化方式。例如，对情感和态度等行为因素的分析，运用传统方法和手段是无法对这些变量进行精准刻画的，但是通过大数据技术、自然语言处理等方法可以打破这样的局限性，能够刻画更多的重要信息，并将其引入决策模型中。另一方面，运用大数据和人工智能技术，可以有效识别假设模型与现实的差别。例如，经典假设中的不确定性变量均服从某些可求解的经典分布，如均匀分布、正态分布等，但实际的分布情形可能很不规则，甚至极其复杂，利用大数据技术可以精准描述并拟合出变量的真实复杂分布情况，使管理决策更加精准有效。

4.流程转变

传统管理决策过程按照目标制定、信息获取、提出方案、选择方案、评估方案等环节，遵循线性流程原则开展，并生成最终的决策。在决策理论发展过程中，决策的制定流程也在不断细化。在最初的决策过程中，根据决策问题特点进行了扩充和修正，并不断产生新的决策阶段和阶段划分方法。但是这些决策模型都普遍认为决策是线性的、分阶段的过程。例如，在分析消费者行为时通常采用的"营销漏斗"理论，通过定义销售管线要素（如阶段划分、阶段升迁标志、阶段升迁率、平均阶段耗时、阶段任务等），形成销售管线管理模型，具体根据行为数据判断消费者所处购物阶段，然后根据各个阶段特点实施精准营销；在实现健康管理时，结合患者入院后的临床记录和面对面交流内容及各项检查结果，依次对其进行疾病诊断和治疗，再基于诊疗效果提供院外护理建议。

在大数据环境下，复杂的非线性全局决策流程逐渐成为可能。一方面，大数据和人工智能技术，能够基于多维交互、全要素参与的现实复杂问题情境，实现多维数据整合，并依据不同决策环境的评价结果，提出非线性决策流程。如通过融合包括患者历史就诊数据在内的各方面健康信息，为疾病前、中、后期制定不同的健康管理方案。另一方面，大数据"流"的特性支持对各个现实场景要素间动态交互的刻画，能精准发现非线性、非单向的状态变化并对管理决策过程进行及时的动态调整。数据的实时收集和分析使得新型范式更及时有效，如根据突发事件现场的实时数据监测和措施反馈动态生成应急疏散路线等。为提升管理决策范式在新情境下的效力，出现了面向连续、实时、全局决策且允许信息反馈的非线性流程转变。例如，在营销领域中，相较于传统的"营销漏斗"理论，在大数据和人工智能技术支持下，可以构建以消费者为中心的消费市场大数据体系，对其线上购物行为进行全景式洞察，形成面向消费者全生命周期、非线性的市场响应型营销管理决策新模式。

数字经济时代正以新的数字方式重构着个人、组织、社会与政府的管理决策，催生出大数据驱动的新型决策范式。然而，上述的转变并非对于所有的管理决策问题都适用，因此不得不考虑数据获得的可能性、成本、时间，以及人们对于大量数据的接收和消化能力。在某些环境下，还需要考虑"大数据中的小数据"，再进行决策。决策信息的不对称性，使得提出"大数据—小数据"问题以用小数据更好地反映大数据语义，对科学决策来讲变得尤为关键。从代表性、一致性、多样性的视角出发，研究小数据反映大数据语义的形式和问题求解路径，呈现大数据—小数据问题的多种应用场景和方法创新。

上述的范式转变是当前技术支撑下正在发生的，但随着信息量增多、智能技术更新、环境演变和人的深度融合，这些数字经济时代的重要发展对管理决策研究和实践造成持续性冲击，因此需要构建科学完整的管理决策新理论和新模型，并构建应用于实践的新规范和新标准。

📖 复杂系统管理案例

案例 1

北京大兴国际机场工程进度管理

北京大兴国际机场（以下简称"大兴机场"）横跨北京、河北两地，总计划投资达 4500 亿元，包括四条跑道、世界最大规模航站楼单体建筑等，具有航空、高铁、地铁、公共交通等综合交通功能，其设计目标为年均客流量达 7200 万人次，是我国迄今为止一次性建成的规模最大的空地一体化交通枢纽。该工程从 2014 年 12 月开工，构建了一个由政府、行业，以及 20 多家投资建设主体相互协作、跨区域顶层协商的工程实施系统，有效地克服了工程要素和子系统紧密关联、运作环境多元动态等系统复杂性挑战，有力地推动了工程顺利实施，实现了工程前三年建设的里程碑节点。而 2018 年 4 月所确定的机场工程通航进度目标给当时的工程管理模式带来了巨大的复杂整体性挑战，需要在较短的时间内对包括工作计划、组织架构、资源保障、现场控制及风险防范等在内的工程管理模式进行整体性重构和变革。对此，政府部门和主要投资建设单位积极应对，与同济大学专职攻关小组一起，在工程冲刺阶段推动了整个工程管理思维范式的艰难转变，实现了从复杂项目管理到复杂系统管理的管理模式转型变革，克服了工程复杂整体性挑战所带来的种种不利影响，通过一年半的时间实现了大兴机场的开航目标，创造了世界同类工程建设史上的奇迹。

大兴机场在 2014 年 12 月开工以后，主要从计划、组织和流程三方面构建了一种面向工程现场的进度管理模式。

在计划管理方面，根据一般项目管理的基本原则，通过对整个工程项目工作进行层次分解和细化梳理，初步形成大兴机场工程整体工作分解体系。大兴机场工程可以分为机场主体工程、民航配套工程及外围配套工程三大类，以及不同层次和专业的 3 万多项现场作业。在综合考虑大兴机场工程的工作分解体系和投资要求的情况下，最终落实了首都机场集团等 20 多家单位作为大兴机场的直接投资主体。各责任投资单位组建建设单位，承担相关工程的具体计划和实施工作。按照参建单位层级及其在计划中的管理分工，大兴机场构建了由投资主体总体进度目标、各投资主体总进度计划、承建单位实施性进度计划、施工单位操作性工作计划所构成的自上而下的进度目标计划体系，整个工程最初考虑将于 2019 年年中完工，年底实现通航。

在组织管理方面，除了建立多层次的目标责任实施组织体系以外，还非常注重顶层设计和协调。早在 2013 年 2 月，就成立了"北京新机场（大兴机场）建设领导小组"，主要负责决策并解决跨部门、跨行业、跨地域的全局性管理统筹协调问题。同时，各机构主要通过多方（联席）会议等方式，协助推进大兴机场工程进度及其他关联目标的实现。为加强投资主体之间的横向协作，还建立了指挥长联席会议、信息沟通机制等，重点解决界面冲突、管理技术标准等综合管理问题。

在流程管理方面，设计了自下而上的计划信息上报流程，依靠各投资主体对现场信息定期进行搜集、汇总和分析。每月，施工单位会以简报的形式向各投资主体汇报工程进度，由其汇总成进度报告。各投资主体建设指挥部将各工程实际进度进行汇总，检查月度计划执行情况，分析偏差对年度计划和总体计划的影响，特别是对关键线路上控制性工程的进度影响，研究制定并落实纠偏方案。对于各类参建单位之间的资源冲突问题，按照归属的层次，由相关的主管机构或单位协商解决。

自 2014 年 12 月工程开工到 2018 年 4 月，大兴机场通过构建上述的复杂项目管理模式，顺利实现了航站区工程、空管工程、廊涿城际铁路机场段、综合换乘中心等系列开工里程碑节点，按期完成了市政交通工程出场路高架桥主体结构贯通、航站楼工程实现功能性封顶等建设里程碑节点，达到了原总进度计划的总体要求。

2018 年 4 月，综合工程进展和各方面的情况，工程总进度目标最终确定为"2019 年 6 月 30 日竣工，9 月 30 日开航"。这个目标能否完成？如何完成？针对项目冲刺阶段才暴露出来的大量突出问题和日益涌现出的尖锐矛盾，在这个关键时刻，领导层充分认识到问题的复杂性、任务的不确定性和实现目标面临的巨大风险。

研究发现前期做过的大量计划可以分为两大类，一类是建设工作计划，另一类是运营筹备工作计划。如果按照传统思路，分别对原有计划进行调整和修改，虽然可以明确各项工作的分目标，但是仍然回答不了总体目标能否实现的问题。对此，专职小组提出要从整体性出发，重新梳理和分析开航前所需要进行的工作，以整体性目标要求为切入点，对工程整体计划和实施工作进行系统分析和诊断。

根据初步得出的总进度关键节点控制计划，通过类比分析和专家论证，分析现有各建设单位承担的工程建设工作发现：现有建设工作计划几乎没有考虑与后续运营筹备工作的衔接，同时有 3000 多项建设及验收移交等工作出现滞后，占到了工作活动总量的一半左右。建设与运营筹备组织的分离、工作过程的分离和职责的分离，是目标分离、计划分离、管控效果分离的关键原因。

大兴机场工程工期重大变更引发了工作计划、组织架构、资源保障、现场控制及风险防范的复杂性，体现为"工程复杂性（工作计划）—系统复杂性（组织和资源保障）—管理复杂性（现场和风险管控）"在整体层面的纠缠与耦合，呈现出"复杂整体性"特征。这表明，大兴机场工程复杂性此时进入深水区，要求在原有的复杂项目管理模式的经验和资源的基础上，进行管理思维范式的转变和管理模式的变革。

在对问题进行诊断和分析的基础上，民航局与专职小组重新厘清思路，对未完建设、验收及运营筹备工作制订了一个全面的整体性计划。最终确定的总进度计划提取了工程建设、验收移交及运营筹备等三类工作关键性控制节点共 366 个，进一步建立以关键性控制节点为核心的包含计划、组织及信息化工具等在内的现场进度总控平台，以保障适应性整体计划的贯彻落实和协调到位。第一，组织整体性控制功能提升。第二，运营筹备组织实施系统的建设。第三，过程总体集成管理流程和措施实施。第四，总体集成决策管理信息平台应用。

在重构后的整体计划实施过程中，对关键节点控制、关键资源保障及深度不确定性风险防范进行相机管控，保障整体计划的顺利执行和适应调整。

基于有限空间资源的关键资源分配和保障控制，主要措施包括：第一，重新梳理交叉作业和收尾验收同步作业并编制专项计划；第二，对专项作业关键资源计划进行分析研究和点评；第三，建立双周报告管控措施系统。

基于旅客满意度的不确定风险整体性控制，主要措施包括：第一，提前做好综合演练工作的计划和组织工作；第二，做好综合演练工作的组织和前期筹备工作；第三，建立综合演练事前推演和事后问题整改流程；第四，进行旅客满意度的第三方评估反馈；第五，为了落实相关演练工作反馈的整改，2019 年 7—8 月开始实行周报制，要求责任单位在每周一上报上周的关键性控制节点完成情况及综合演练反馈的整改落实情况。

重要的管理启示

与复杂项目管理相比，复杂系统管理对象主要是复杂整体性问题，它的数量可能不多，占整个工程复杂性问题总量的10%～20%，但是在重大工程管理中，这一类问题不仅涉及各种具体的复杂性内容，还有着多种复杂性融合交互而造成复杂整体性的丰富内涵。

对大多数重大工程而言，其复杂整体性通常在决策规划阶段集中暴露。只有在它基本得到解决以后，工程才会进入现场实施阶段，此时的工程整体复杂性往往已经降解到可以依靠复杂项目管理进行管理，其管理模式应当是从复杂系统管理转向复杂项目管理，这一现象可概括为复杂整体性演化"单峰"理论。以大兴机场为例，该工程从提出建设议案到最终立项决策历经了16年的选址工作、3年的立项评估工作及2年的全面可行性论证工作，而其建设期仅历时4年9个月，这说明在工程规划决策阶段的管理复杂性挑战更为巨大，面临复杂整体性问题的概率更大。

随着工程进入实施建设阶段，其管理复杂性仍保有相当的各种复杂性内容，但主要是"可加合"复杂性，可以通过任务、组织、责任分配等复杂性降解手段予以降低。需要注意的是，复杂项目管理理论对大多数只会经历"单峰"复杂整体性的重大工程而言，仍具有相当的实践价值，它对于一般系统复杂性具有消解和抑制作用，同时，它也是实现复杂系统管理转型的一个重要基础。

对大兴机场这类工程来说，不仅在前期决策阶段遇到了复杂整体性问题，还在实施过程中由于工程工期重大变更，再一次面临了来自复杂整体性问题的挑战，这一现象可概括为复杂整体性演化"双峰"理论。在大兴机场案例中，其工程管理模式出现了从决策规划阶段的复杂系统管理，到工程实施前期的复杂项目管理，再到工程实施后期的复杂系统管理的变化。尤其是实施阶段中从相对简单的复杂项目管理到复杂系统管理的这个过程，是一个从易到难的过程，虽然仅是重大工程管理中的一个特例，但同时也是一个难能可贵的成功范例，具有重要的理论启迪意义。此时的工程管理复杂性产生了整体层次上的跃迁，需要通过一个艰难的管理范式转变和整体性变革来改造已有的复杂项目管理模式。重大工程复杂整体性演化"单峰"和"双峰"理论示意如图 2-3 所示。

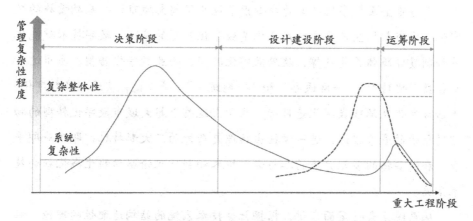

图 2-3　重大工程复杂整体性演化"单峰"和"双峰"理论示意

案例 2

上海市数字化转型中的复杂整体性问题的新特征

上海市于 2021 年正式启动了全面推进数字化转型的战略性重大工程，按照"整体性转变、全方位赋能、革命性重塑"的要求，立足城市生命体、有机体的全局视角，统筹推进城市经济、生活、治理全面数字化转型，率先探索符合时代特征的、上海特色的城市数字化转型的新路子和新经验，加快建设具有世界影响力的社会主义现代化国际大都市。上海市是一座国际化的超大城市，其数字化转型是一项典型的具有独特的复杂整体性属性的管理实践活动，按照复杂系统的"物理复杂性—系统复杂性—管理复杂性"这一基本范式，总结了超大城市数字化转型中的复杂整体性问题的新特征，为研究中国特色复杂系统管理提供启示。

对上海市全面推进数字化转型的背景、战略目标、重点领域和重大工程特征进行分析，可以看到超大城市数字化转型工程不仅是一般意义上的社会经济系统、社会政治系统、社会意识系统这三类开放的复杂巨系统，在数字化背景下，其本质是一类生态化社会技术复杂系统。进一步分析发现，数字技术的计算性与超连通性、参与主体的变革型适应，以及社会系统—数字系统—物理系统的纠缠演化是这类系统复杂整体性问题的新来源。这三种新的因素存在于生态化社会技术系统的各个层次中。

上海市全面数字化转型的核心框架说明了超大城市运行基础设施的数字化、城市数据生产要素的产业化是数字化转型的基础，数字技术赋能体系和制度保障体系是支撑，政府数字化转型、企业数字化转型、城市运行服务数字化转型（"一网通办"和"一网统管"）是关键，实现经济数字化、生活数字化及治理数字化是目标。基于上述关于超大城市数字化转型的物理复杂性的表象描述，进一步提出物理复杂性的三大新特征，即政府即平台、和谐共振的多元异质的参与者、技术和制度双轮驱动的生态化社会技术系统。

从系统复杂性层面来讲，根据社会技术系统的结构适配性的理论，社会结构是行动者在跨越空间和时间的互动情景下利用的规则和资源，借助规则和资源，行动者在空间和时间中维持和再生了结构。数字化技术的使用形成了众多内嵌的社会结构，用户与先进技术交互过程中涌现出众多内嵌的深层社会技术结构。而基于对实践的观察和分析，发现超大城市数字化转型工程在社会与技术各类因素的共同作用下，在内嵌的组织结构及社会—技术—物理系统共同演化等方面出现了新的涌现特征。

（1）在超大城市数字化转型工程系统中，除了在物理复杂性中描述的参与者类别以外，还存在一种介于单个组织和个体与整个系统之间的群体组织。在管理学的研究中，有人提出了"元组织"的概念。元组织是指由不受基于雇佣关系的权威约束，但以系统级目标为特征的企业组成的网络组织，通俗来讲是指组织的组织。在城市数字化转型中，这类内嵌的元组织确实存在。比如，承担数据化底座作用的上海数据交易所等平台型企业组织、汽车等行业中通过某种合约关系形成的供应链组织企业、技术合作联盟等。同时，随着社会—技术—物理系统的纠缠演化，出现了一类在系统运行中因功能需要或某种标签符号的作用而聚集起来的新组织，如上海市基层治理中的网格化组织、"一网通办"中的"一键式办理"或"一门式办理"均围绕着某项特定的或不定的任务，将若干政府部门聚集起来，为市民提供各类服务，或解决某个区域内所有基层运行中的问题。借用介科学中的介尺度概念，能够发现介组织这一新的内嵌结构的存在。所谓介组织，是指在系统运行中根据任务目标、预设规则而组织起来的跨层级、跨部门、跨所有制、跨技术系统的组织，这类组织只会在系统运行中表现出来，成了生态化社会技术系统中最吸引人的涌现现象。如果说元组织中存在"平台组织""链式组织"（供应链），那么介组织中存在"块组织"（网格组织）和"锥形组织"（"一网通办"）。可将元组织和介组织这类内嵌的结构称为"超组织"。

（2）基于上述内嵌的社会组织新形态的出现，除了单点与单点之间的关系形成的各种结构以外，还存在着多点对多点的跨层次的高阶连接，构成了复杂系统内部的超连接与超结构。比如，上海市基于公共数据开放的普惠金融项目中，存在至少 4 个组织群体，包括由 8 个政府部门组成的数据供应组织、由 5 个政府部门组成的政府机构组织的创新业务推进机构、由 30 多家数据和信息技术公司组成的服务团队，以及由 35 家金融机构组成的公共数据使用组织，这些参与者形成了一个群体对另一群体的超连接和超结构。正是这种超连接和超结构，使许多创新和机构（如大数据中心、创业公司）得以涌现。

（3）除了一般性的模块化和通用互补关系以外，系统中还存在着复杂生态系统中的新的超模块化的互补关系。比如，可流通的数据生产要素是城市数字化转型数字底座，数据要素的来源或提供单位越多，使用数据的企业（如 AI 企业）就成长得越快。这种关系可以用超模块化的互补关系来描述，即提供数据要素的 A 企业越多，那么对使用数据的 B 企业而言就越有价值。

从管理复杂性来讲，不难发现，上海市全面数字化转型工程系统在决策主体及组织、决策目标设定、制度和规则的设计及执行等方面存在不同于一般复杂系统的新特征。

（1）在决策主体及组织方面，不仅有市委和市政府各级政府部门、企业及事业单位、市民个体等一般决策主体，还存在着大量 AI 嵌入的智能体及决策支持系统。比如，"一网统管"中含有 30 多种基于智能体参与的决策支持应用场景，在特大暴雨、特殊节日时超大人流疏散等方面取得了有效的作用。

（2）在决策目标设定方面，数字化转型的基本要义是解决政府和企业的低效率问题与满足市民不断增长的需求之间的矛盾，实现治理体系和治理能力的现代化。如此宏大的目标经过层层分解，落实到各个机构可执行的决策问题上。每一个层面的目标达成意味着新系统的确立。比如，在"一网通办"和"一网统管"支持下的基层治理模式和治理机制的确立，在市政府、区政府和街道管理层面均存在标准化和多样化、控制为主还是自治为主的矛盾取舍，还要兼顾历史、市民认知、制度安排、资源安排及各方利益等众多因素（甚至冲突）。在数字化转型中，各级政府在"两网"的支持下寻求平衡，尤其是"效率"与"温度"的平衡。一旦某个低阶目标达成，在高阶目标方面追求新的再平衡。这种从矛盾到平衡，到再平衡的决策目标的动态演化，系统追求的不是局部最优，而是整体的平衡，这是解决复杂整体性问题的关键。

（3）上海市数字化转型的三个目标之一是"革命性重塑"，即立足城市生命体、有机体的全局视角，系统谋划流程再造、规则重构，带动城市生产、生活、服务、管理等各方面的效率提升。可见城市数字化转型需要在制度和规则设计方面进行革命性的创新。然而，无论规则重构还是流程再造，均需要数字技术和信息系统的赋能。根据社会技术理论的观点，只有通过社会系统与技术系统的同时不断优化，才能达到整个系统的最优化。因此，任何创新的管理规则和制度设计只能实现部分设计，做不到长远的理想方案的整体设计。应以部分设计作为系统演化的起点，开展试验性的实践和学习（示范项目），在实践中不断进行制度设计的迭代和技术赋能系统的迭代，实现上海市数字化转型的"技术和制度"双轮驱动的演化迭代执行过程。

总之，在阐述超大城市数字化转型工程的物理复杂性、系统复杂性和管理复杂性基础上，可以进一步总结该系统的复杂整体性问题的三大新特征。

（1）数字技术的计算性和超连通性引发的社会系统—技术系统—物理系统的演化，多元异构参与者主体及其群体之间跨层次的超连接，是产生超大城市数字化转型工程复杂系统的超结构的原因。

（2）在参与者协同变革性适应演化中涌现出了内嵌元组织、具有介组织属性的超组织，以及超模块互补的群体之间的关系。

（3）技术和制度双轮驱动的多目标平衡决策模式，以及部分设计启动的快速循环迭代的执行过程是管理复杂性的新特征。

·思考题·

1. 如何理解管理的系统性和复杂性？

2. 复杂系统管理的应用场景有哪些？

3. 复杂适应系统理论的特征包括哪些？

4. 从大兴机场的工程管理案例中，我们能得到怎样的管理启示？

5. 为什么说钱学森先生的复杂系统管理理论是中国特色复杂系统管理理论？

6. 大数据决策与传统管理决策相比有哪些重要转变？

7. "数字时代下，所有管理决策都可以应用大数据决策范式进行"这样的表述是否正确，为什么？

8. 举例说明大数据决策范式的应用场景。

第 3 章

商务智能系统

在信息化和经济全球化时代，数据存储成本不断下降，企业数据急剧增长，利用好这些数据提取重要信息，帮助企业做决策，挖掘出背后的商业价值，对企业智能化的要求越来越高。商务智能系统可以帮助企业整合数据，把数据转化成有用的信息，从信息中获得知识，提升企业管理和决策能力。当前众多企业开始应用商务智能系统进行运营管理，在数字经济时代，数据要素的地位越来越重要，会推动商务智能系统的发展，更加精细化、智能化和自动化的商务智能系统将在企业活动中起着重要作用。

3.1　商务智能概况

商务智能的发展可以追溯到决策支持系统（Decision Support System，DSS）的发展。20世纪60年代数据库管理系统出现，其具有重要的数据存储和管理新特点：能够实现数据共享，数据可以被多个用户、多种应用、多种语言共同使用；由于数据统一组织、共同使用，因此易于避免数据重复、减少和控制数据冗余；数据独立性强，数据的组织和存储方法与应用程序相互独立，减少了应用程序的设计和维护工作量；所有数据由数据库管理系统统一管理和控制，提供了数据安全性控制、数据完整性控制和数据恢复等功能。自此，面向数据应用的管理系统和管理理念产生。

1996年，Gartner集团公司将商务智能定义为："商务智能描述了一系列的概念和方法，通过应用基于事实的支持系统来辅助商业决策的制定。商务智能技术提供使企业迅速分析数据的技术和方法，包括收集、管理和分析数据，将这些数据转化为有用的信息，提高企业的决策质量。"之后，商务智能概念逐渐深入，商务智能供应商、工具、技术逐渐成型，批处理报告成为市场主流。

随着互联网时代的到来，万维网成为流行的在线服务平台。几年后，移动数据业务开始出现，并加速发展，数据收集和处理形式也越发多样。众多的商务管理软件，如ERP等，集成多个应用程序并拓展到管理和自动化业务方面。进入 21 世纪，商务智能的力量集中在微软、甲骨文、IBM 和 SAP 等大公司手中，它们能够在各自的平台整合不同的应用程序。人工智能、机器学习等技术支撑下的数据分析方法，也应用到了企业需求预测等方面。而基于云技术和基于互联网的软件成为实时系统，新出现的可视化技术改变了数据的浏览方式。电子商务和社交网络随着淘宝、微博、微信等的火爆，也成为商务智能数据发展的新渠道。

在数字时代，商务智能软件成为跨国企业到中小企业的标配。商务智能已经可以跨多个设备，并可以完成可交互式的分析推理。自助服务产品更加强调易于使用和导向型操作，用户个性化设计界面更友好，数据可视化程度也越来越高，智能化决策帮助企业创造更多的价值。

随着机器学习和数据挖掘等技术相对成熟，很多企业业务管理软件中也嵌入了智能数据分析模块，但其主要还是从业务本身入手，与真正的商务智能系统仍有明显区别。而新的商务智能系统，却向着平台化发展，其中可以包含或者连接 ERP、SCM、CRM 等众多管理系统。未来的商务智能的创新将使系统更易于访问、更加协调、更便于自定义、更智能化。

3.1.1　商务智能定义与特点

商务智能（Business Intelligence，BI），又称商业智慧或商业智能，多指用现代数据仓库技术、线上分析处理技术、数据挖掘和数据展现技术进行数据分析以实现商业价值。

1. 商务智能的定义

可从不同的角度为商务智能赋予不同的定义，企业界多倾向于从技术、应用的角度定义商务智能。

（1）企业层面。

不同企业提出了不同的商务智能的定义。

SAP：商务智能是一种基于大量数据的信息提炼过程，这个过程与知识共享和知识创造密切结合，完成了从信息到知识的转变，最终为商家创造更多的利润。

IBM：商务智能是一系列技术支持的简化信息收集、分析的策略的集合。

微软：商务智能是任何尝试获取、分析企业数据以便更清楚地了解市场和消费者，改变企业流程，更有效地参与企业竞争的过程。

IDC：商务智能是下列软件工具的集合——终端用户查询和报告工具、联机分析处理（OLAP）工具、数据挖掘软件、数据集市、数据仓库产品和主管信息系统。

（2）学术层面。

学术界则与企业界不同，更多从功能和结构上分析商务智能。部分学者认为商务智能是企业利用现代信息技术收集、管理和分析结构化和非结构化的商务数据，创造和积累商务知识和见解，提高商务决策水平，采取有效的商务行动，完善各种商务流程，提升各方面商务绩效，增强综合竞争力的智慧和能力。

2. 商务智能的特点

商务智能主要具有五个方面的特点。

（1）支持企业战略。商务智能通过机器学习、数据挖掘等技术，分析企业内外部数据，帮助企业进行整体规划，支持企业战略管理。

（2）提升企业绩效。商务智能在解决管理问题时，从历史数据中挖掘有效信息以辅助决策者管理决策，为企业创造价值，提升绩效。

（3）深度提炼数据。商务智能系统有别于已有的数据管理软件，其不是简单地生成报表和统计汇总信息，而是深度挖掘数据中有价值的信息和知识，帮助企业精准决策。

（4）多技术融合。商务智能从不同的数据源系统的接口收集数据，通过数据仓库、OLAP、数据挖掘等技术支持企业的决策、考核、分析等工作，在可视化呈现、文本分析、智能化、自动化管理等方面也大有帮助。

（5）服务对象多样。商务智能服务于各类企业的决策者，其用户包括业务人员、管理者、消费者及商业伙伴等，服务对象具有多样性。

3.1.2　商务智能系统框架

商务智能系统利用多种数据处理技术，挖掘重要的信息，应用于企业决策，解决企业运营过程中的业务问题。从数据处理角度看，商务智能系统将销售系统、生产系统、采购系统等产生的内部数据，与外部数据汇集在一起，对数据进行处理（包括数据获取、数据管理、数据分析、数据展现四个重要环节），最终呈现给用户，用户包括决策人员、管理人员、分析人员、业务人员等。商务智能系统中包含数据处理的重要部分——数据仓库系统、数据挖掘技术、可视化呈现等，它们构成了商务智能系统的基本数据流程。图 3-1展示了商务智能系统框架，本章后续将详细介绍部分内容的重要作用。

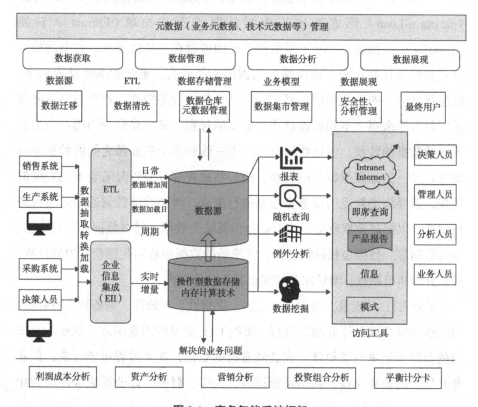

图 3-1　商务智能系统框架

3.2 数据仓库系统

3.2.1 数据源与数据处理

数据是数字经济的核心要素，也是商务智能系统的重要基础。商务智能系统中的数据可以来自企业内部的各个系统，如销售系统、生产系统、ERP 系统、供应链管理系统、财务系统等；也可以来自企业外部数据，包括有关市场数据、行业信息、竞争对手数据等。这些数据可以是结构化数据，如各种电子报表、系统内数据库的相关文件等；也可以是非结构化数据，如设计文件、图像、视频、音频等多媒体数据。

数据在存放到数据仓库之前，要先经过处理，通常采用 ETL（Extract-Transform-Load）形式描述将数据从源端经过抽取（Extract）、转换（Transform）、加载（Load）至数据仓库内的过程。具体来看，数据的抽取过程包括确认数据源、确定抽取数据的文件或表、更新数据库抽取频率、确定数据输出的目的和输出格式，以及异常处理等操作。数据转换是处理不同数据库来源、不同数据格式的数据的过程，其主要分为两类：一类是不一致数据的转换，包括数据内部的不一致和多个数据源之间的数据不一致等；另一类是数据粒度的转换，进行数据查询、分析时需要不同粒度的数据，需要将细粒度的事务型数据进行聚合。转换后的数据通常还会再进行清洗，以提高数据质量。问题数据包括缺失数据、错误数据、重复数据、冲突数据等。数据加载是将转换、清洗后的数据加载到数据仓库中的过程，可以分为初始加载、增量加载和完全刷新三种方式。

检查 ETL 的质量，可以从正确性、完整性、一致性、完备性、有效性、时效性和可获取性等方面来进行。影响 ETL 质量的因素很多，如业务系统内的数据模型进行了更新，或者随着时间变化，业务过程可能改变，新业务开展，旧业务淘汰，新旧系统运营、人事、财务、办公系统等模块的相关信息会出现不一致等。

3.2.2　数据仓库的构建

数据仓库（Data Warehouse）是商务智能系统中最为重要的一个组成部分，它让商务智能系统区别于其他管理系统。数据仓库是面向主题的、集成的、稳定的、时变的数据集合，用于支持经营者管理中的决策制定过程。数据仓库不是可以买到的产品，而是一种面向分析的数据存储方案。

与传统数据库面向应用不同，数据仓库是面向主题的。这里的主题是在一个较高层次将数据归类的标准，每个主题对应企业决策所包含的分析对象。数据仓库的集成性是指数据进入数据仓库之前，由于来自不同的操作型系统，所以需要对其进行数据加工和集成，保证数据仓库数据的一致性和同主题特性。数据仓库的稳定性是指数据仓库内保存的是历史数据，并不是日常事务的实时数据，而是相隔一定时间将数据经过加工和集成后放入数据仓库，且基本不再进行修改。数据仓库的数据还具有时变性，即数据需要根据业务的变化进行定时的更新，并且按照时间顺序进行追加，从而具有一定的时间属性。

数据仓库的数据并不是实时的、专有的，而是来源于其他操作型数据库。数据仓库建立在较全面和完善的信息应用的基础上，用来支持管理决策分析。数据仓库是一种解决方案，对各个系统内产生的业务数据进行ETL 操作，从而将其转换成新的数据并进行存储，用户通过分析此类数据，提取出有用的信息，帮助企业管理者进行决策。因此，通常把数据仓库系统称为决策支持系统，其针对各个业务部门的用户和有关管理决策人员。

数据仓库中的数据主要包括两部分：一部分是经过 ETL 处理的业务数据，另一部分是元数据。元数据可以称为关于数据的数据。元数据是描述数据仓库内数据的结构和建立方法的数据，可以有效帮助数据仓库管理人员、开发人员和最终用户方便地找到特定数据。元数据可按照用途的不同分为技术元数据和业务元数据。技术元数据是存储关于数据仓库系统开发、管理、维护等技术细节的数据，主要包括数据仓库的结构描述，业务系统、数据仓库和数据集市的体系结构和模式，汇总算法等。业务元数据从业务角度描述了数据仓库中的数据，它提供了介于管理层、业务分析人员和实际系统之间的语义层，使得不懂计算机技术的业务人员也能够读懂数据仓库中的数据。业务元数据主要包括使用者的业务术语所表达的数据模型、对象名和属性名，访问数据的原则和数据的来源，系统提供的分析方法及公式和报表信息等。

元数据在数据仓库的实现过程中起到了承上启下的作用：通过元数据可以构建起整个数据仓库所有数据的框架体系；元数据描述了哪些数据的具体信息在数据仓库中；元数据有利于用户理解、管理和使用数据仓库的数据；元数据可以记录、监测系统数据的一致性和执行情况；通过元数据可以保证和评价数据质量；元数据有助于管理人员增加新的业务数据到主题中，并提高数据使用效率；元数据管理系统帮助管理者从技术的角度梳理所有的信息系统。

3.2.3　数据仓库的体系结构

数据仓库的数据来源于不同的业务数据库系统，但又独立于业务数据库系统。数据仓库不是简单地将多个业务数据库系统中的数据直接存储，而是对数据进行处理、集成、分析及再组织。数据仓库的体系结构包括三个独立的数据层次：信息获取层、信息存储层和信息传递层。其中，信息获取层主要负责从内部业务系统和外部数据源中获取数据，完成数据的收集、提取、净化和聚合；信息存储层主要完成数据的保存操作，同时可以在信息存储层完成提取数据的操作；信息传递层通过数据分析技术、数据挖掘算法等生成报表和查询来提供数据需求，该层是最终用户与数据仓库交流的层次，最终用户在该层完成数据的可视化呈现等操作。图 3-2 所示是数据仓库体系结构。

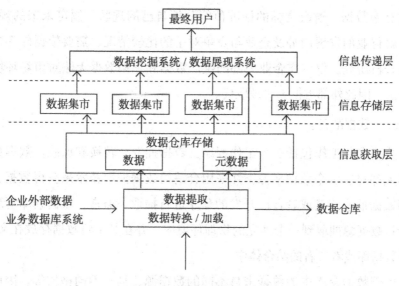

图 3-2　数据仓库体系结构

（1）源数据部分。

　　数据仓库中的源数据包括生产数据、内部数据、存档数据和外部数据四种类别。生产数据来自企业生产过程中的各种管理操作系统，这些数据来自不同应用程序，具有不同的数据格式，同时支持这些数据的数据库系统和操作系统也不一样。这些来自不同生产系统的数据需要标准化，清洗、转换、集成为数据仓库可以存储和使用的数据。内部数据通常来自不同的管理系统，如库存系统、客户管理系统、财务系统等，包含组织内用户所属的电子表格、文档、客户信息等，也包括一些私人资料。存档数据是指各个操作系统中定期进行存档的旧数据。对于旧数据，多采用分阶段存档方式：第一阶段，新的数据通过在线的方式存档到一个单独的存档数据库中；第二阶段，将旧一点的数据存入磁盘中的平面文件；第三阶段，将最旧的数据存入磁带或胶片等，甚至不再支持在线服务。存档数据属于历史数据，这些数据可以帮助商家分析顾客的消费模式和趋势，尤其是从时间维度分析管理问题时。由于企业生存不仅涉及自己发展的问题，还涉及市场环境和竞争对手，因此企业需要利用本行业的统计数据、竞争对手的市场占有率数据、财政指标的标准值等分析自己的现状，制定未来的规划。要了解行业的发展趋势及企业与竞争对手的比较情况，需要依据外部数据进行分析研究。仅依靠企业内部的生产数据和存档数据无法对市场环境进行分析，因此外部数据无法被取代。

（2）数据准备。

数据准备工作包括三个工作程序：数据抽取、转换和加载。数据抽取工作大都对应多个数据来源，并采用合适的数据抽取技术来获得数据，可应用数据抽取工具或者自己开发的程序进行抽取。通常，数据仓库管理人员会将数据源抽取到一个独立的物理环境内，并在其中将数据存放在文件、关系数据库或者二者的结合体中。

由于数据仓库中的数据来自不同的数据源，具有不同格式等，因此数据转换工作尤为重要。数据转换包括数据清洗和数据标准化。数据清洗的过程中可以更正错误的拼写、去除重复数据、检查多个数据源之间编码或者压缩格式的矛盾、补齐缺失值等。数据标准化不仅包括对数据类型的标准化，还包括不同数据源的相同数据元素长度标准化，以及异形同义和同音异义的语义标准化等。通过数据转换工作可以得到经过清洗、标准化和汇总后的完整数据，之后将数据加载到数据仓库中。

（3）数据存储。

数据仓库中的数据存储是一个独立的部分。为了更好地应用、分析存储的数据，数据仓库通常将转换好的数据按照数据模型进行存储。数据仓库中的数据模型就像仓储中的货架，数据模型的设计决定了数据存储和提取的形式。常见的数据模型包括概念模型、逻辑模型和物理模型。在模型构建和设计过程中，数据粒度起到了一定的作用。在数据仓库中，粒度越小，数据越细，查询范围就越广泛。相反，粒度越大，表示细节程度越低，查询范围就越小。粒度直接影响数据仓库中的数据量及查询质量。而不同的数据模型决定按照什么样的逻辑或者放置方式组织、存储数据。

当针对具体的管理问题或者应用范围时，需要从数据仓库中独立出一部分数据来分析，这部分数据称为数据集市，也称为部门数据或者主题数据。在数据仓库的实施过程中，可以从一个部门的数据集市着手，后期综合分析几个数据集市。通常进行数据分析时，是无法做到一次分析数据仓库中所有的数据的，更多的是以数据集市形式进行分析。

（4）信息传递。

数据仓库的重要作用就是处理和分析数据，将数据转化成高价值的信息，并将信息传递给数据仓库使用者或者管理人员。传递方式有很多种：可以设计 OLAP 模型，提供报表和特别查询功能；也可以由业务人员定制需求，提供复杂查询、多维分析和统计分析等功能，将数据导入执行信息系统供高级经理和管理者使用；还可以应用在线机制向管理者定期发送相关报表、重要的可视化结果和数据报告等。信息传递需要相关的前端工具，主要包括各种报表工具、查询工具、数据分析工具、数据挖掘工具，以及各种基于数据仓库或数据集市的应用开发工具等。

📖 相关链接　数据湖和数据中台

针对数据仓库的不足，有厂商在 2011 年提出了一种集中式数据存储技术——数据湖。数据湖是不断演进、可扩展的大数据存储、处理、分析的基础设施，它可以存储、处理、分析半结构化数据和非结构化数据。这些数据包括更多的移动互联数据、物联网数据、日志文件、社交媒体数据等。与数据仓库相比，数据湖只需较低的成本，可以存储任意规模的原始数据，不需要预定义模型或结构化处理各种数据。数据湖将数据存储在单一环境中，其模型不需要在数据仓库设计时就确定，而是在分析时再根据需要确定。数据湖由多个数据池构成，其属性包括了数据更新频率、数据来源、数据量、数据选择标准、数据关系等。用户可以在较短时间内获得较多的数据源，并利用多种类型的数据辅助决策。数据湖也可以直接应用智能算法进行分析，更加适合大数据架构下的机器学习等操作。但是如果数据湖没有被治理好，就会变成数据沼泽。数据湖更像是一种架构指导，需要更多的技术和一系列周边工具的支持才能实现。随着云计算技术的发展，会形成更加适合构建数据湖的场景，数据湖将成为未来企业商务智能系统的新方向。

数据中台是 2016 年由阿里巴巴率先提出的，建立数据中台主要是为了数据的重复计算，通过数据服务化，提升数据的共享能力，数据中台本质上是一种用于数据共享的企业级系统，处于企业前台与后台之间的中间层。与数据仓库不同，数据中台是企业级的逻辑概念，体现企业数据项业务价值转化的能力，其距离业务更近，能够更快速地响应业务需求。

3.3　决策支持工具

商务智能中的决策支持工具通常由即席查询、报表，OLAP 和数据挖掘等部分组成。即席查询、报表可以使用户方便地获取需要的数据并按照一定的方式展示出来，也就是用户根据自己的需求，灵活选择查询条件，系统能根据用户的选择生成对应的统计报表。可利用表格、二维图形、三维图形（仪表盘、柱状图、饼状图等）等报表对象动态形象地展现数据，对企业业务进行汇总、分析，真实地反映企业业务运营状况。报表软件一般提供封装各种数据集的功能，支持在报表绘制过程中灵活定义结构化查询语言（SQL）检索、存储过程、复杂 SQL、TEX 文件、XML 文件，以及自定义不同类型的数据集。成熟的报表具有先进的前段展现功能，可无缝输出至 PDF、XLS 等文件中。常见的报表软件包括 Excel、Business Objects（SAP）的水晶报表及 Cognos（IBM）等。

3.3.1　OLAP

还有一种决策支持工具是 OLAP，其可以支持用户多角度、多层次分析，获得业务的趋势信息。在 OLAP 出现之前，企业大多利用关系数据库来存储和管理业务数据，在多个数据库之间，可以建立相应的应用系统，主要支持日常的业务运作，并称之为联机事务处理（OLTP）。OLTP 处理的是数据库中的操作数据或者业务数据，但随着各个数据库中的业务数据不断增加，并达到了海量数据规模，进一步处理和分析数据具有一定的难度，OLTP 已经不能满足用户对数据库查询分析的需求。管理者希望对关系数据库进行大量的计算后，得到能够支持管理决策的有效信息，基于此，科德（Codd）提出了多维数据库和多维分析的概念，即 OLAP。OLAP 支持复杂的多维分析操作，最终以一种直观易懂的方式把查询结果返回给分析人员，其侧重于对中高层管理人员的决策支持。OLAP 具有共享多维信息的快速分析特征（Fast Analysis of Shared Multi-dimensional Information，FASMI），其中：F（Fast）是快速性，指用户对于系统的快速响应有很高的要求；A（Analysis）是可分析性，指用户无须编程就可以定义新的专业计算，并将其作为分析的一部分，以用户所希望的方式给出报告、电子数据表等；S（Shared）指多个用户使用分时方式来对信息体进行只读的利用；M（Multi-dimensional）指用户能够从多个维度、多个数据粒度查看数据，并提供多维视图和分析；I（Information）指能及时获得信息，并且管理大容量信息，可实现数据的共享。

OLAP 能够从多角度向用户展示数据分析结果，起到关键作用的就是为用户组建的多维数据模型。这里的"维"的概念用于描述与业务主题相关的一组属性，其中单个属性或属性集合成为一个维。例如，汽车制造企业对销售数据的分析，时间周期、产品类别、4S 店的分布、客户类型等方面均可看作一个维，并将数据根据各自的维存储。构建一个多维数据模型后，用户可以快速地从各个视角分析数据，获得相关数据汇总和分析结果，并能够从多个角度灵活转换，同时进行多维数据分析。OLAP 常见的多维分析操作包括切片、切块、钻取和旋转等。切片和切块是对一部分维做数据分割操作，关注度量数据在剩余维上的分布，通常剩余的维只有两个或以下，如果有三个或以上，则是切块。钻取是改变维的层次，改变分析数据的粒度，帮助用户获得更多的细节数据，主要包括向上钻取和向下钻取。向上钻取是在某一维上将低层次的细节数据概括到高层次的汇报数据，或者减少维数；向下钻取则相反，它从汇总数据深入细节数据进行观察或增加新维。旋转是改变维的方向，即在表格中重新安排维的位置，是一种视图操作。图 3-3 所示为 OLAP 基本多维分析操作。

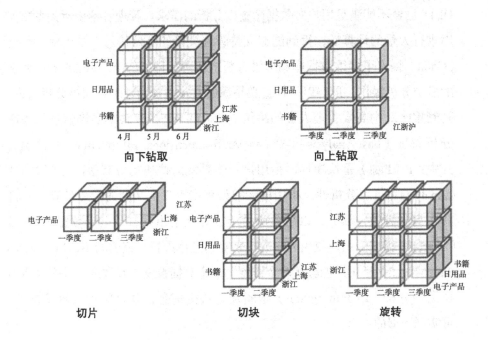

图 3-3 OLAP 基本多维分析操作

3.3.2 数据挖掘

数据挖掘（Data Mining，DM）就是从大量数据（包括文本、图像、音频、视频等）中挖掘出隐含的、未知的、对决策有潜在价值的关系、模式及趋势，并运用这些内容建立用于决策的支持模型，得出预测性决策的支持方法、工具及过程；也是利用各种分析技术在海量数据中发现模型和数据之间关系的过程。数据挖掘获得的模型及关系可以被企业用于分析风险，进行预测，从而提升企业竞争力。

数据挖掘是一门涉及领域广泛的交叉学科，其综合应用统计学、信息学、人工智能和数学等学科知识，从大量数据中识别有价值的信息和知识。挖掘得到的信息和知识，其表现形式多样，可以是商业规则、相似性、关联性、趋势或者预测模型。

数据挖掘的目的是运用企业的历史数据，使企业预见未来的发展状况，从而使企业做出相应决策，创造商业价值。综合而言，数据挖掘在商务智能中的作用有三个方面。

（1）数据挖掘给企业带来投资收益。

在数据挖掘中经常要分析变量之间的关系，分析者能够依据历史数据学习到相关企业、行业或者某种产品的规律，从而能够预测未来的发展趋势，帮助企业正确预测商务问题，带来经济效益。例如，分析者可以通过历史销售数据，预测未来一定时间内的销售量，从而可以提早做出补货决策，控制好库存成本等，进而增加企业的投资收益。

（2）数据挖掘可从本质上提升商务智能平台的价值。

数据挖掘功能是现有商务智能平台的核心功能，也是商务智能平台重要的智能支撑。商务智能平台将企业运营数据汇总到数据仓库，通过数据挖掘提取有价值的信息和知识，最终辅助企业决策，在这一过程中，商务智能平台的价值真正得以体现。而在不断的运行过程中，商务智能平台结合企业问题进行优化更新，从而有效提升企业的价值。

（3）数据挖掘让商务智能平台形成闭环。

数据挖掘在商务智能平台中处于对决策支持的重要环节。整个与数据相关的商务智能流程，从数据收集开始，经过了业务系统、数据集成、数据仓库、业务报表/OLAP、数据挖掘、优化六个环节，这六个环节是一个闭环系统，如图 3-4 所示。应用数据挖掘能够帮助企业发现新的问题，并进一步优化，使此闭环系统良性循环。

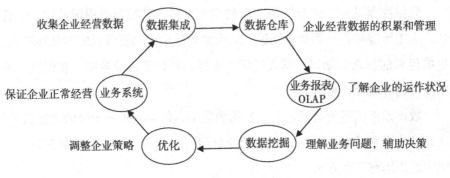

图 3-4　商务智能流程的闭环

3.3.3　数据挖掘流程

数据挖掘通常遵循一个通用的流程，跨行业数据挖掘标准流程（CRISP-DM）是应用最为广泛的一种标准化数据挖掘流程。图 3-5 简述了该流程中六个主要步骤：业务理解、数据理解、数据准备、模型构建、测试和评估、部署等。这个流程从深入理解业务、发现问题开始，到得出解决方案为止。理论上，六个步骤依顺序进行，但实际应用中会存在回溯，不断进行反馈，并进一步调整前面的分析等情况。同时，很多解决方案需要根据实际状况和分析者的经验实时动态调整，整个数据挖掘流程可能经历多次迭代。下面具体介绍六个主要步骤。

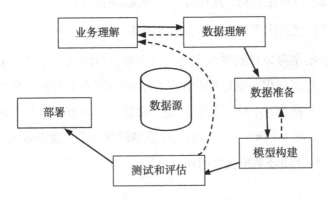

图 3-5　CRISP-DM 中的六个主要步骤

（1）业务理解。

针对具体的数据挖掘应用需求，需要明确数据挖掘的目的，同时意识到数据挖掘的操作不是为了简单地处理数据，更重要的是研究实际企业业务和遇到的问题。明确分析的目标，把握业务分析问题，才能最终确定需要收集的数据类型，以及数据挖掘的分析过程等。

（2）数据理解。

确定业务问题后，就要根据业务内容进行数据收集工作，也就进入了数据理解阶段。数据理解工作具体包括收集原始数据、描绘数据、探索数据和检验数据质量。收集原始数据工作从业务问题出发，收集业务问题相关数据库中所需要的项目数据。数据挖掘需要大量的数据，需要确定收集哪些数据、收集多少数据、如何平衡各数据的量等。描绘数据工作用于描绘所得数据的数据格式、数据性质，例如，每一个数据表格中记录的条数和变量的数目、变量的特征及其他关于数据的表面特征。探索数据工作将处理数据挖掘的问题，其既可以以质疑的方式被提出，也可以以一些简单的问题或者以报告的形式加以陈述，主要包括关键变量的区分、配对变量或几个变量之间的关系、简单聚合的结果、重要的潜在人群的特征、简单的统计分析等。这些分析将直接涉及数据挖掘的目标，同时也将有助于进一步完善数据描述，改进报告质量，并为进一步的数据分析提供转换好的数据和其他数据准备。检验数据质量工作用于检验数据的质量，包括数据完整性、数据正确性、数据错误类型、原因分析等方面。

（3）数据准备。

数据准备是指对数据预处理，以得到高质量、易于处理的数据集，其会在后期的建模和其他分析工作中使用。数据准备工作包括选择数据、清理数据、构造数据、整合数据、格式化数据等。选择数据用于确定分析使用的源数据，选择的标准包括与业务分析目标的相关性、数据质量及技术限制等。清理数据能将数据质量提高到相应的水平，包括处理缺失数据、错误数据、冲突数据等，最终生成干净的数据子集等。构造数据是建设性的数据准备工作，如衍生变量的产生、全新记录的产生或者已存变量的转换值。整合数据主要是指根据业务要求将多个数据表格或数据记录中的数据进行汇总，进而产生新记录或者新值。格式化数据是指在不改变数据原意的基础上，利用建模工具对数据进行句法的改变。

（4）模型构建。

得到准备好的数据集后，应运用一定的建模工具完成模型的构建，具体工作包括建模技术的选择、制作检验设计、建立模型、评估模型。模型构建的第一步是选择合适的建模技术，从分类、聚类、关联、预测或者序列等多类数据挖掘算法中选择具体模型，如选择 C4.5 的决策树还是利用反向传播的神经网络。在正式建立模型之前，需要制作一个程序或者机制来检验模型的质量及有效性，即制作检验设计。例如，在监控数据挖掘任务中，如分类预测，通常采用错误率检验模型质量；在聚类方法中，通常采用 CH 指标或者簇的凝聚度等检验模型质量。比较有代表性的做法是把数据集分为训练集和测试集，通过训练集建立模型，通过测试集评估模型的质量。建立模型属于核心步骤，该项工作利用建模工具建立一个或多个模型。尤其是当前数据环境越发复杂，通常需要使用多种方法同时建模，选择最优的方法，还会出现一些集成方法和嵌套方法等。最后，数据挖掘工程师根据专业领域的知识、数据挖掘成功标准及需要的检验设计来解释模型，完成对模型的评估。此时的模型评估工作主要分析模型准确度、有效性等因素。

（5）测试和评估。

本阶段主要评估模型在多大程度上符合商业目标，寻找并确定模型不完善的原因。评估阶段的另一项可选的任务就是在时间和经费允许的条件下，将模型置于实践中加以检验。此外，评估阶段也要评估数据挖掘结果。数据挖掘结果既包括与原来商业目标有必然联系的模型，同时也包括其他发现。这些发现可能与原来的商业目标没有必然的联系，但有可能揭示其他有用信息。而这时候，相关业务人员需要共同讨论商业环境下的数据挖掘结果，因为数据挖掘最后的管理价值和业务分析才是最重要的。

（6）部署。

数据挖掘真正的价值体现就是把分析出来的有价值的结果转化为真正的企业决策，并能够将其应用到企业运营管理中。这时候，需要确定部署过程和相关新数据的产生等问题。如果已经确定了一个创造相关模型的全面程序，应将此程序记录以备后面的部署之用，具体包括制定部署运用方案、制定监控和维护方案、书写最终报告、回顾项目等。

3.4　数据挖掘算法

数据挖掘算法主要包括聚类算法、分类算法、关联分析、推荐算法等，它们针对不同的数据类型和问题类型进行挖掘。在商业活动中，对客户进行分类、对市场进行划分、确定产品相关性等，都可以运用数据挖掘。下面详细介绍常见的数据挖掘算法。

3.4.1　聚类算法

常说"物以类聚，人以群分"，聚类分析在重点客户识别等方面具有重要作用。聚类分析过程是将数据集中的样本划分为若干通常不相交的子集，每个子集成为一个"簇"（Cluster）。这样的划分可能对应着一些潜在的概念（类别），如高消费客户、低消费客户、打折倾向客户、一次性购买客户等，而这些类别，不是在执行算法之前确定的，而是在聚类完成后自动形成的，每类客户的名字通常是分析其主要数据特征后确定的。

聚类分析是典型的"无监督学习"，也就是在机器学习过程中，训练样本的标记信息是未知的，目标是通过对无标记训练样本的学习来揭示数据的内在性质及规律。与之相对应的就是"监督学习"，如分类算法，其训练样本的标记信息中包含了类别的划分，也就是按照历史数据表记录的类别信息和特征进行学习，然后进行分类。尤其是对新数据的预测和判断，这时候适用的是分类算法。

在进行聚类划分的时候，通常有一些衡量标准。对于已有的数据，划分不同类别后，通常相同类别的数据彼此关系紧密，而不同类别的数据差距较大，这是一种易于理解的、好的聚类划分衡量标准的表述方式。关键的一个标准就是数据间的距离，这也是衡量聚类效果，以及聚类算法实施过程中的重要指标。这里的距离与现实生活中的距离有着很大不同。这里介绍几类常用的计算样本点距离的公式。

（1）欧氏距离。

欧式距离是常见的距离计算方法，其计算公式为：

$$\text{dis}_{\text{E}}\left(\boldsymbol{x}_i, \boldsymbol{x}_j\right) = \sqrt{\sum_{k=1}^{n}\left(x_{ik} - x_{jk}\right)^2} \tag{3-1}$$

（2）曼哈顿距离。

曼哈顿距离源自纽约市曼哈顿区。曼哈顿区是美国最繁华的地区之一，是纽约的中央商务区。在曼哈顿区，从一个路口到另一个路口的城市街区距离的计算公式为：

$$\text{dis}_{\text{M}}\left(\boldsymbol{x}_i, \boldsymbol{x}_j\right) = \sum_{k=1}^{n}\left|x_{ik} - x_{jk}\right| \tag{3-2}$$

（3）切比雪夫距离。

切比雪夫距离是各坐标数值差绝对值的最大值，其计算公式为：

$$\text{dis}_{\text{C}}\left(\boldsymbol{x}_i, \boldsymbol{x}_j\right) = \max_{k}\left|x_{ik} - x_{jk}\right| \tag{3-3}$$

（4）闵可夫斯基距离。

闵可夫斯基距离可以表示一组或者一类距离，其计算公式为：

$$\text{dis}_{\text{Mink}}\left(\boldsymbol{x}_i, \boldsymbol{x}_j\right) = \sqrt[p]{\sum_{k=1}^{n} |x_{ik} - x_{jk}|^p} \qquad (3\text{-}4)$$

注意，闵可夫斯基距离中 p 取不同值的时候，可以表示前面三种距离：曼哈顿距离（$p=1$）、欧氏距离（$p=2$）、切比雪夫距离（$p=\infty$）。

在聚类算法中，关注的是两个数据的相似度，决定是否可以将其分到同一个类别中，这时候，可以基于某种形式的距离来定义"相似度"，距离越小，相似度越大。聚类算法可以包括基于划分的方法、基于层次的方法、基于密度的方法等。其中，最典型的聚类算法就是 k-means 聚类算法。k-means 聚类算法容易理解，设计简单，对于凸型分布数据的聚类效率较高，是基于划分的一类聚类算法。

首先，给定样本集 $S = \{x_1, x_2, \cdots, x_n\}$，$k$-means 聚类算法就是要找到 k 个划分 $\{C_1, C_2, \cdots, C_k\}$，使得划分类别后的每个数据对象与所属类别中心距离的平方误差和最小，其计算公式为：

$$\text{SSE} = \sum_{i=1}^{k} \sum_{x \in C_i} d\left(x, m_i\right)^2 \qquad (3\text{-}5)$$

其中，$m_i = \dfrac{1}{|C_i|} \sum_{x \in C_i} x$ 是划分 C_i 的均值向量，也就是簇的中心位置。而上式在一定程度上刻画了样本围绕均值向量的紧密程度。直接最小化式（3-5）仍不易求解，找到它的最优划分是一个 NP 难问题（NP-hard problem）。因此 k-means 聚类算法采用了贪心策略，先选择划分类别个数 k，然后通过迭代的方法来寻找最优划分方法。

首先随机选取 k 个数据对象作为初始的 k 个聚类中心，然后对剩余的每个对象，根据其与各个质心的距离，将它赋给最近的类，而后重新计算每个类的质心；不断重复整个过程，直至满足终止条件。

k-means 聚类算法的具体步骤可表示如下。

（1）给定数据集 $S = \{x_1, x_2, \cdots, x_n\}$，令 $t = 0$，从中随机选取 k 个对象作

为初始均值向量 $\{m_1, m_2, \cdots, m_k\}$。

（2）初始聚类划分集设置为空集 $C_j = \varnothing$，$j = 1, 2, \cdots, k$。

（3）计算每个数据对象 x_i 与均值向量 m_j 的距离 $D_{ij} = d\left(x_i, m_j\right)^2$。

（4）找出与 x_i 最近的均值向量，确定所属聚类划分 $C_{j'}$，其中 $j' = \arg\min_{j \in \{1,2,\cdots,k\}} D_{ij}$。

（5）将样本 x_i 划入相应的聚类划分中，$C_{j'}(t) = C_{j'}(t) \cup \{x_i\}$。

（6）计算 k 个新的聚类划分：取聚类中所有元素各自维度的算术平均数 $m'_j = \dfrac{1}{|C_j|} \sum_{x \in C_j} x$。

（7）判断：若 $m'_j \neq m_j$，则将当前的均值向量 m_j 更新为 m'_j，j=1，2，3，$\cdots$，k。

（8）若当前均值向量发生更新，返回步骤（2），否则算法结束，输出当前划分为最优划分 $C_{\text{best}} = \{C_1, C_2, \cdots, C_k\}$。

k-means 聚类算法适合处理凸型分布的连续型数据的聚类，并且对于异常点比较敏感，因此少数异常点会影响聚类中心的计算。在应用算法之前，一定要做好异常点的数据清洗。另外，*k*-means 聚类算法中的类别数量 k 值是重要输入参数，k 值的选择也会影响最终聚类结果。那么，到底如何选择合适的 k 值呢？在运行算法前，通常我们是无从得知的，只有不断地尝试运行，按照聚类目标中的两个目标评价标准，即组间偏差和组内偏差，来判断哪个 k 值更合适。通常对应的 k 值在不断遍历过程中，其图像会出现类似手肘的部分，肘部对应的 k 值就是我们选择的最优值。不同 k 值下的组间偏差和组内偏差如图 3-6 所示。

与聚类算法相对应的是分类算法，其是典型的"监督学习"，对于已有的数据和类别信息，按照已有的类别，将数据映射到相应的群或者类中。分类算法的核心就是利用已有数据，挖掘相关的特征信息，并以此来刻画当前历史数据的划分标准，这样的标准对应的有精确度或者准确度，并可判断新的信息属于哪个类别。常见的分类算法包括支持向量机、神经网络等。

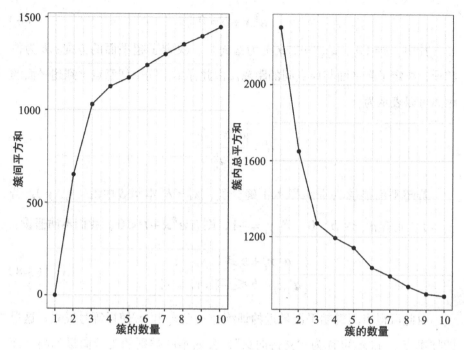

图 3-6　不同 k 值下的组间偏差与组内偏差

3.4.2　支持向量机

支持向量机是经典的"二分类"方法，也就是分的类别通常只有两种，而这一分类标准在我们生活中十分常见，通常判断"是或否"，也是最终决策的标准。例如，在众多医学检测中，结果都以"阴性"和"阳性"来划分；在潜在客户发掘中，也主要关心客户是否是重点客户；判断求解问题对错等。

支持向量机算法主要是基于训练集在样本空间找到一个划分的超平面，将不同类别的样本分开，而这样的超平面其实有很多，关键是如何确定一个划分超平面的分类更合理，或者找到一个最好的划分标准。

在给定样本空间中的样本集 S 中，(x_i, y_i) 表示某一个数据特征 x_i 对应到类别 y_i，假设有这样的线性方程来描述一个可以划分的超平面：

$$a^T x + b = 0 \tag{3-6}$$

其中，$a=(a_1, a_2, \cdots, a_n)$ 为法向量，决定了超平面的方向；b 为位移项，决定了超平面与原点间的距离。由此样本空间中任意点 x 到超平面的距离可以表示为：

$$d = \frac{\left| a^T x + b \right|}{\|a\|} \tag{3-7}$$

若超平面能够将训练样本正确分类，对于样本集 S 中的 (x_i, y_i)，若 $y_i = 1$，则有 $a^T x + b > 0$，若 $y_i = -1$，则有 $a^T x + b < 0$。我们不妨假设：

$$\begin{cases} a^T x_i + b \geqslant 1, y_i = 1 \\ a^T x_i + b \leqslant -1, y_i = -1 \end{cases} \tag{3-8}$$

由此可得出距离超平面最近的训练样本点 x_c 和 x_d 使得等号成立，这里的样本点 x_c 和 x_d 可称为"支持向量"，分属不同类别的支持向量到超平面的距离和可表示为：

$$\gamma = \frac{2}{\|a\|} \tag{3-9}$$

划分两类的超平面如图 3-7 所示，分别为：

$$\begin{cases} H_1: \ a^T x_i + b = 1 \\ H_0: \ a^T x_i + b = 0 \\ H_2: \ a^T x_i + b = -1 \end{cases}$$

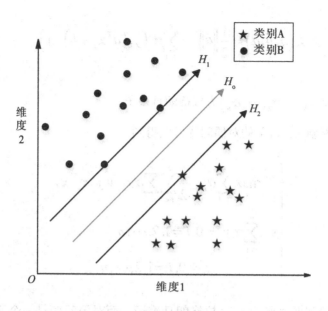

图 3-7　线性可分的超平面

为了得到最大间隔距离的划分超平面，要用 n 个样本数据集来确定参数 $\boldsymbol{a}$ 和 b，使得 γ 最大，等价于求解如下最优化问题：

$$
\begin{cases}
\max\limits_{a,b} \dfrac{2}{\|\boldsymbol{a}\|} \\
\text{s.t.} \, y_i\left(\boldsymbol{a}^T \boldsymbol{x}_i + b\right) \geqslant 1, i = 1, 2, \cdots, n
\end{cases}
\tag{3-10}
$$

模型中目标是最大化 γ，也就等价于最小化 $\|\boldsymbol{a}\|^2$，则模型（3-10）可以转化为如下形式：

$$
\begin{cases}
\min\limits_{a,b} \dfrac{1}{2}\|\boldsymbol{a}\|^2 \\
\text{s.t.} \, y_i\left(\boldsymbol{a}^T \boldsymbol{x}_i + b\right) \geqslant 1, i = 1, 2, \cdots, n
\end{cases}
\tag{3-11}
$$

最优化模型（3-11）是一个凸二次规划问题，用相关算法进行求解，发现有一个特殊的约束条件，可以通过拉格朗日对偶方法将约束条件转化到目标中，再得到最优解。

根据拉格朗日函数：

$$L(\boldsymbol{a}, b, \boldsymbol{\alpha}) = \frac{1}{2}\|\boldsymbol{a}\|^2 - \sum_{i=1}^{n}\alpha_i\left(y_i\left(\boldsymbol{a}^T\boldsymbol{x}_i + b\right) - 1\right) \tag{3-12}$$

其中 $\boldsymbol{\alpha} = (\alpha_1, \alpha_2, \cdots, \alpha_n)$ 为拉格朗日乘子。

优化模型（3-11）的对偶问题可以得到：

$$\begin{cases} \max_{\boldsymbol{\alpha}} \sum_{i=1}^{n}\alpha_i - \frac{1}{2}\sum_{i=1}^{n}\sum_{j=1}^{n}\alpha_i\alpha_j y_i y_j \boldsymbol{x}_i^T \boldsymbol{x}_j \\ \text{s.t.} \sum_{i=1}^{n}\alpha_i y_i = 0, i = 1, 2, \cdots, n \\ \alpha_i \geqslant 0, i = 1, 2, \cdots, n \end{cases} \tag{3-13}$$

从对偶问题中解出 α_i 是拉格朗日乘子，而对偶问题是一个不等式约束条件下的二次函数寻优问题，存在唯一解 $\boldsymbol{\alpha}^*$。由拉格朗日函数最优性可知：

$$\boldsymbol{\alpha}^* = \sum_{i=1}^{n}y_i\alpha_i^* \boldsymbol{x}_i \tag{3-14}$$

对于偏移项 b^*，所有的支持向量均满足：

$$y_s\left(\sum\alpha_i y_i \boldsymbol{x}_i^T \boldsymbol{x}_s + b\right) = 1 \tag{3-15}$$

因此可以选取任意支持向量并通过求解上式得到 b^*，计算 b^* 需要一定的技巧，这里不再过多介绍，得到最优的超平面（$\boldsymbol{\alpha}^*$, b^*）。

注意：$\boldsymbol{\alpha}^*$ 的每一个分量 α_i^* 都与一个训练点相对应，而超平面仅仅依赖于 α_i^* 不为 0 的训练点，而与为 0 的训练点无关。我们将这些不为 0 的训练点称为支持向量。最终在求得超平面以后，检验样本可以通过如下式子进行分类：

$$f(\boldsymbol{x}_j) = \text{sign}\left(\sum\alpha_i y_i \boldsymbol{x}_i^T \boldsymbol{x}_j + b\right) \tag{3-16}$$

其中，sign（）为指示函数，指示样本所属类别。

由上述的构造过程我们可以知道，支持向量机算法对于处理线性可分问题效果很好，但当我们找不到一个线性可分的结构时，如图 3-8 中所示，标准的支持向量机算法就无法实施了。此时，我们可以通过特征空间变换，应用核函数将样本原来的空间映射到一个更高维的特征空间，使得样本在这个特征空间内线性可分。

常用的核函数有如下形式：

（1）线性核函数 $K(X_1, X_2) = \langle X_1, X_2 \rangle$；

（2）多项式核函数 $K(X_1, X_2) = (\langle X_1, X_2 \rangle + 1)^r$，$r \in R^+$；

（3）RBF 核函数 $K(X_1, X_2) = \exp\left\{ -\dfrac{\| X_1 - X_2 \|}{\sigma^2} \right\}$；

（4）Sigmoid 核函数 $K(X_1, X_2) = \tanh\left(\upsilon(\langle X_1, X_2 \rangle) + c \right)$。

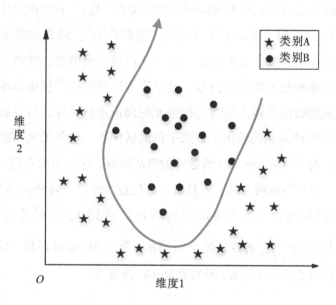

图 3-8　非线性可分情形

支持向量机算法建立在统计学理论基础上，根据有限的样本信息在模型的复杂性（对特定训练样本的学习精度）和学习能力（无错误地识别任意样本的能力）之间寻求最佳折中，从而达到在统计样本量较少的情况下，也能获得良好统计规律的目的。其在解决小样本、非线性及高维模式识别问题中表现出许多特有的优势，并能够用于解决函数拟合等其他机器学习问题。

3.4.3　神经网络

神经网络最初是用来通过计算机模拟人的大脑神经的机理而构造的数学模型，其广泛应用于人工智能的众多领域，也是当前应用效果非常好的技术之一。数据挖掘主要应用神经网络算法实现分类学习。

被广泛采用的神经网络的定义是科霍嫩于 1988 年给出的："神经网络是由具有适应性的简单单元组成的广泛并行互连的网络，它的组织能够模拟生物神经系统对真实世界物体所做出的交互反应。"神经网络中最基本的成分是神经元模型，也就是定义中的"简单单元"。经典的简单模型就是 M-P 神经元模型，如图 3-9 所示。在 M-P 神经元模型中，神经元连接收到来自 n 个其他神经元传递的信号，这些输入信号通过带权重的连接进行传递，神经元接收的总输入值将与神经元的阈值进行比较，然后通过激活函数处理以产生神经元的输出。理想中的激活函数一般将输入值映射成"0"或者"1"。而实际将 Sigmoid 函数作为激活函数，这是因为 0 到 1 变化的阶跃函数在 0 点是不可微分的，不具备良好的数学性质，而 Sigmoid 函数具有较好的光滑程度，并且在 0 附近区间可以达到 0 到 1 的变化。典型的 $\text{Sigmoid}(x) = \dfrac{1}{1+e^{-x}}$ 函数如图 3-10 所示。除了 Sigmoid 函数，常见的激活函数还包括双曲正切（tanh）函数和 ReLU 函数等。

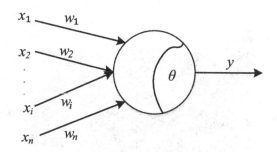

图 3-9　M-P 神经元模型

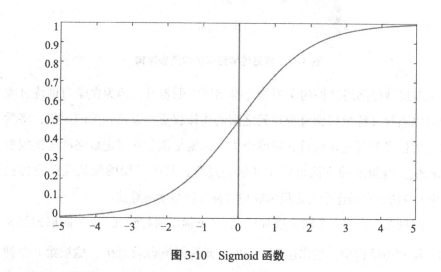

图 3-10　Sigmoid 函数

　　将上述的多个神经元按照一定的层次结构连接起来，就得到了神经网络。一般的多层神经网络结构包括输入层、隐层和输出层。输入层接收外界输入信号，输出层产生最终的学习结果。在输出层和输入层之间还存在一层神经元，被称为隐层或者隐含层，隐层和输出层神经元都是拥有激活函数的功能神经元。常见的神经网络的层级结构如图 3-11 所示，每层神经元与下一层神经元互连，神经元之间不存在同层相连或跨层相连。其运行原理为输入层神经元接收外界输入，隐层和输出层神经元对信号进行加工，最终结果由输出层神经元输出。输入层仅接收外界输入信号，不进行函数处理，隐层和输出层包含功能神经元。

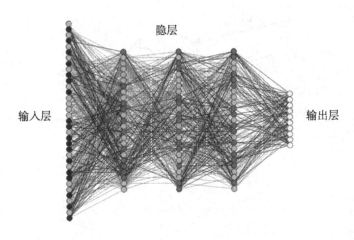

隐层

输入层

输出层

图 3-11　常见的神经网络的层级结构

多层神经网络结构的学习能力得到很大的提升，因为在学习训练过程中可以通过训练数据调整神经元之间的连接权重，以及相关的阈值，将学习到的信息放到连接权重和阈值中去，也就是调节并确定最终的连接权重和阈值。有很多种方法可以实现这一过程，其中常用的就是误差逆传播（BP）算法，它是迄今为止最为成功的神经网络学习算法。

假设在一个有 s 个输入层神经元、l 个输出层神经元、q 个隐层神经元的多层网络结构中，输出层第 j 个神经元的阈值表示为 θ_j，隐层第 h 个神经元的阈值用 γ_h 表示。输入层第 i 个神经元与隐层第 h 个神经元之间的连接权重为 v_{ih}，隐层第 h 个神经元与输出层第 j 个神经元之间的连接权重为 w_{hj}。记隐层第 h 个神经元接收的输入为 $\alpha_h = \sum_{i=1}^{s} v_{ih}x_i$，输出层第 j 个神经元接收的输入为 $\beta_j = \sum_{h=1}^{q} w_{hj}b_h$，其中 b_h 为隐层第 h 个神经元的输出。假设隐层和输出层神经元都使用 Sigmoid 函数。

对于训练数据 $(\boldsymbol{x}_k, \boldsymbol{y}_k)$，假设神经网络的输出为 $\hat{\boldsymbol{y}}_k = \left(\hat{y}_1^k, \hat{y}_2^k, \cdots, \hat{y}_l^k \right)$，即：

$$\hat{y}_j^k = f\left(\beta_j - \theta_j \right) \tag{3-17}$$

则神经网络中的均方误差为：

$$E_k = \frac{1}{2}\sum_{j=1}^{l}\left(\hat{y}_j^k - y_j^k\right)^2 \tag{3-18}$$

BP 算法是一个迭代学习算法，其主要思路是：给定样本后，向前计算网络中所有的激活值，包括最后的输出值；然后，计算出每个节点的残差值，该残差表明该节点对最终输出值的影响程度。对于最终的输出层节点，也可以计算出神经网络输出值与实际值的差距，根据隐层神经元的误差来对连接权重和阈值进行调整，在不断迭代过程中，提升学习效果。

在迭代的每一轮中采用广义的感知机学习规则对参数进行更新估计，对任意参数 v 的更新估计式为：

$$v \leftarrow v + \triangle v \tag{3-19}$$

BP 算法基于梯度下降的策略，以目标的负梯度方向对参数进行调整。给定学习率 η，由隐层到输出层的连接权重 w_{hj} 的重新估计可表示为：

$$\Delta w_{hj} = -\eta\frac{\partial E_k}{\partial w_{hj}} \tag{3-20}$$

w_{hj} 先影响第 j 个输出层的神经元的输入值 β_j，再影响其输出值 $\hat{y}_j^k$，然后影响 E_k：

$$\frac{\partial E_k}{\partial w_{hj}} = \frac{\partial E_k}{\partial \hat{y}_j^k} \cdot \frac{\partial \hat{y}_j^k}{\partial \beta_j} \cdot \frac{\partial \beta_j}{\partial w_{hj}} \tag{3-21}$$

根据 β_j 的定义，有：

$$\frac{\partial \beta_j}{\partial w_{hj}} = b_h \tag{3-22}$$

而 Sigmoid 函数有一个很好的性质：

$$f'(x) = f(x)\left(1 - f(x)\right) \tag{3-23}$$

根据式（3-18）则有：

$$g_i = \frac{\partial E_k}{\partial \hat{y}_j^k} \cdot \frac{\partial \hat{y}_j^k}{\partial \beta_j}$$

$$= -\left(\hat{y}_j^k - y_j^k\right) f'\left(\beta_j - \theta_j\right) \qquad (3\text{-}24)$$

$$= \hat{y}_j^k \left(1 - \hat{y}_j^k\right)\left(y_j^k - \hat{y}_j^k\right)$$

得到 BP 算法中关于 w_{hj} 的更新公式：

$$\Delta w_{hj} = -\eta g_i b_h \qquad (3\text{-}25)$$

最终得到阈值 γ_h 的更新公式：

$$\Delta \gamma_h = -\eta b_h \left(1 - b_h\right) \sum_{j=1}^{l} w_{hj} g_j \qquad (3\text{-}26)$$

公式表明隐层的阈值梯度取决于隐层神经元输出、输出层阈值梯度和隐层与输出层的连接权重。在多层前向网络中，在阈值调整过程中，当前层的阈值梯度取决于下一层的阈值梯度，而这就是 BP 算法的精髓。只要知道上一层神经元阈值梯度，就可以计算出当前层神经元阈值梯度和连接权重梯度，从而可以计算出输出层神经元阈值梯度，最后得到整个网络的神经元阈值和连接权重梯度，从而达到训练网络的目的。

另外，在计算出各层的误差项后，需要找到合适的学习率。保持合适的学习率，可避免陷入局部最小的情况。学习率控制每次更新参数的幅度，学习率太小，会导致参数更新太慢，使网络学习速度慢；而学习率太大，可能使学习过程振荡。学习率通常在网络训练的初期设置得大一些，随着训练误差的减小，逐渐接近最优，学习率可逐渐变小。

3.4.4　深度学习

学习人工神经网络后，我们知道参数越多的模型越复杂，节点和层数越多模型也会越复杂。参数多的模型复杂程度高，而复杂模型的训练效率低，易导致过拟合现象，因此早期的人工神经网络的复杂模型并未得到人们的青睐。而随着云计算、大数据时代的到来，计算机的计算能力大幅提升，图像计算和矩阵计算能力也大幅提升，这为复杂的网络模型计算提供了可行条件，有效提高了网络计算效率，降低了过拟合的风险。深度学习基于人工神经网络的拓展形态，是一个复杂的神经网络模型，逐渐受到人们的关注。

典型的深度学习模型，从字面上理解为层数"很深的"神经网络。在神经网络模型中，增加隐层的数目，能够有效提高模型的容量，隐层多，对应的神经元连接权重、阈值等参数也会增加，模型复杂度的增加也可以通过只增加隐层数目来实现。隐层较少的多层神经网络已经具有较强的学习能力，增加隐层的数目显然比增加隐层神经网络数目更加有效。然而，多隐层神经网络难以直接用经典的算法（如标准的 BP 算法）进行训练，因为误差在多隐层内逆传播时，往往会发散而不能收敛，无法达到稳定状态。

无监督逐层训练是多隐层网络训练的有效手段，其基本思想是每次训练一层隐节点，训练时将上一层隐节点的输出作为输入，而本层隐节点的输出作为下一层隐节点的输入，这称为"预训练"；在预训练全部完成后，再对整个网络进行"微调"训练。这样的"预训练 + 微调"的做法可以视为将大量参数分组，对每组先找到局部看来较优的设置，然后再基于局部较优的结果进行全局寻优。这样就在利用了模型大量参数所提供的自由度的同时，有效地节省了训练开销。这样的策略应用的重要代表是深度信念网络（Deep Belief Network，DBN）。

另一种节省训练开销的策略是"权共享"（Weight Sharing），即让一组神经元使用相同的连接权重。这种策略在卷积神经网络（CNN）中发挥了重要作用。卷积神经网络是一类包含卷积计算且具有深度结构的前馈神经网络。卷积神经网络是基于生物学上感受野（Receptive Field）的机制而提出的。卷积神经网络专门用来处理具有类似网格结构的数据的神经网络。

与常规神经网络不同，卷积神经网络各层中的神经元是三维排列的：宽度、高度和深度。卷积神经网络中的深度指的是激活数据体的第三个维度，而不是整个网络的深度（也就是网络的层数）。层中的神经元将只与前一层中的一小块区域连接，而不会采取全连接方式。卷积神经网络主要分层一般包括输入层、卷积层、ReLU 层、池化（Pooling）层和全连接层（全连接层和常规神经网络中的一样）。将这些层叠加起来，就可以构建一个完整的卷积神经网络。其中，卷积层是构建卷积神经网络的核心层，它产生了网络中大部分的计算量。

卷积是数学分析中的一种积分变换的方法，简单来讲，卷积就是一种数学运算，在图像处理中采用的是卷积的离散形式。卷积层的参数是由一些可学习的滤波器集合构成的。网络会让滤波器学会当它看到某些类型的特殊特征时就激活。由于共用滤波器，神经元只观察输入数据中的一小部分，并且和空间上左右两边的所有神经元共享参数。正是因为"权共享"，所以可以减少参数数量，从而减少计算量，防止参数过多造成过拟合现象，进而使复杂人工神经网络得以计算。

不论深度信念网络还是卷积神经网络，对于隐层堆叠及每层对上一层的输出进行处理的机制，可看作对输入信号进行逐层加工，从而把初始的、与输出目标联系不太密切的输入表示，转化成与输出目标联系更密切的表示，使得原来仅基于最后一层输出映射难以完成的任务有完成的可能。换言之，通过多层处理，逐渐将初始的"低层"特征表示转化为"高层"特征表示后，用简单模型即可完成复杂的分类等学习任务。由此可将深度学习理解为特征学习或者表示学习。

2019 年 3 月 27 日，国际计算机学会（ACM）宣布，三位"深度学习之父"约书亚·本希奥（Yoshua Bengio）、杰弗里·欣顿（Geoffrey Hinton）和杨立昆（Yann LeCun）共同获得了 2018 年图灵奖。在 ACM 的公告中这样写道：

"虽然在 20 世纪 80 年代引入了人工神经网络作为帮助计算机识别模式和模拟人类智能的工具，但到了 21 世纪初，立昆、欣顿和本希奥仍然是坚持这种方法的小团体。虽然他们重新点燃人工智能社区对神经网络兴趣的努力在最初曾遭到怀疑，但他们的想法引发了巨大的技术进步，其方法现在已成为该领域的主导范例。"

3.4.5　数据挖掘的新方向

数字经济时代下，数据的大规模、多来源、异结构、类型多样、产生快速等特点使得对数据挖掘算法性能的要求越来越高。算法越来越多，针对的问题和场景越来越多，挖掘方式也越来越多。

文本挖掘与 Web 挖掘、互联网平台、数字化社交平台等成为应用广泛的交流工具。针对 Web 的内容挖掘、结构挖掘和使用挖掘已经有了巨大进步。而对于文本信息的挖掘是未来发展的重点。文本分析广泛应用于商业活动的年报分析、信用等级评估、供应链安全分析、顾客需求分析等诸多方面。其中，自然语言处理能力应用在商务活动中，旨在解读大量的商务活动文件及其相互关系。

针对移动数据和 RFID 数据的挖掘，也是未来商务智能系统中重要的发展方向。随着传感器网络、手机、GPS，以及其他可移动设备和 RFID 技术的广泛应用，企业管理中出现了诸多移动数据，包括实践、速度、位置等重要信息。如何利用这些移动数据构建数据仓库，挖掘数据中的重要商业价值呢？例如，利用运输数据可以有效提高库存管理效率，准确预测补货信息等，还可以根据相关数据预测顾客需求，同时提高库存管理效率和缩短运输时间，减少大量的运营成本，实现智能化库存管理。

时空与多媒体数据挖掘也是重要的趋势。在当前的社会生活中，借助互联网工具进行交流和传递信息成为普遍趋势，而音频、视频、图片等多媒体数据也蕴含了巨大商业价值，挖掘其中的重要商业信息，并辅助分析其他重要信息，对数据挖掘而言是十分重要的一个方面。

在线数据分析与在线决策结合是数据挖掘新趋势。OLAP 作为商务智能系统中的重要功能，如果能够结合相关的在线智能决策方法，在很多企业的在线平台运营管理中，将发挥重要的作用。尤其是对于突发状况和特殊情形，其在企业安全运营和供应链韧性等方面具有重要意义。在线数据的处理需要快速、及时，这样虽然不一定能做出最优决策，但能较好地避免损失。

3.5 案例说明

本部分数据来源于数据比赛网站的真实数据集——理想客户画像分析（Customer Personality Analysis）。本部分参考数据比赛网站的多种最优求解方案，介绍如何应用数据挖掘技术进行相应的数据分析和可视化展示，以获得企业所需的相关信息和知识。本部分的图、表、计算结果及相关算法，全部应用 python 中的函数实现。

客户个性分析是对一家企业的理想客户的详细分析。它帮助企业更好地了解客户，使其更容易根据不同类型客户的具体需求、行为和关注点来完善产品。例如，与其花钱向企业数据库中的每位客户推销新产品，不如分析哪个客户群最有可能购买该产品，然后只在这个特定的客户群中推销产品。

理想客户画像分析数据集记录的是一家杂货公司客户的数据，其中包括会员客户的重要信息，包括年龄、学历、婚姻状况、收入、职业、性别、购买频次、购买产品类别等诸多信息。通过数据挖掘方法，帮助杂货公司对客户进行详细分析，以针对不同类型客户，提出个性化的营销策略。

首先可以根据各特征之间的相互关系（见图 3-12），得到各自的分布程度。

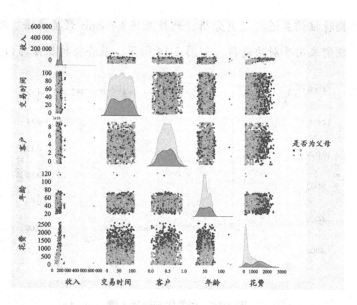

图 3-12 各特征之间的相互关系

在这个问题中，有许多因素，这些因素基本上是属性或特征，特征的数量越多，处理起来就越困难。这些特征中有许多是相关的，因此可能有部分数据多余，我们可以把选定的特征通过分类器对其进行降维。降维是通过获得一组主变量来减少所考虑的随机变量数量的过程。这里我们可以使用主成分分析法（PCA）。使用 PCA 提取主成分，为了方便可视化，提取三个主成分。主成分降维后的 3D 图如图 3-13 所示。

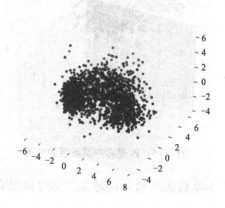

图 3-13 主成分降维后的 3D 图

再根据特征信息进行聚类分析，此处应用 k-means 聚类算法。对于 k 值的选择，我们采用手肘法进行，如图 3-14 所示，最终将特征分为四类。

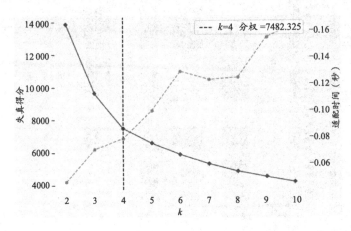

图 3-14　用手肘法选择 k 值

最终的四类客户聚类后的效果如图 3-15 所示

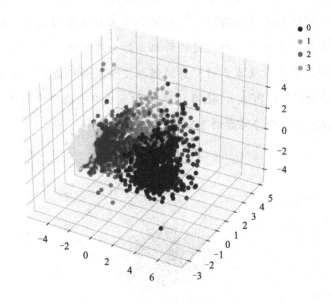

图 3-15　四类客户聚类后的效果

我们可以研究各类别客户的一些特点，如可以研究花费特征和不同类别客户的关系，如图 3-16 所示。

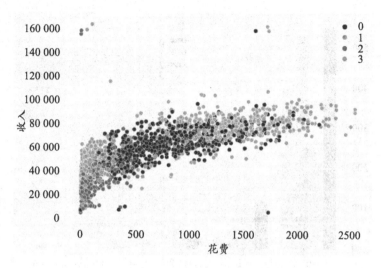

图 3-16　根据花费与收入展开的四类客户分布状况

对比收入与花费的聚类分析，如图 3-17 至图 3-20 所示。

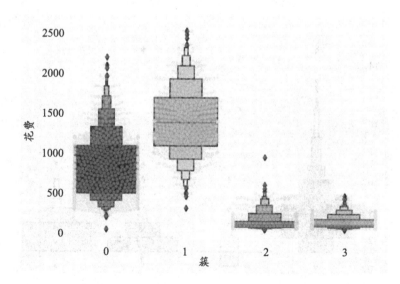

图 3-17　四类客户的花费分布状态

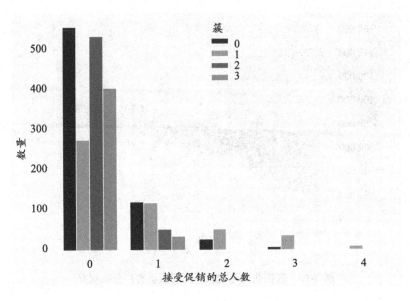

图 3-18　四类客户促销接受度的分布

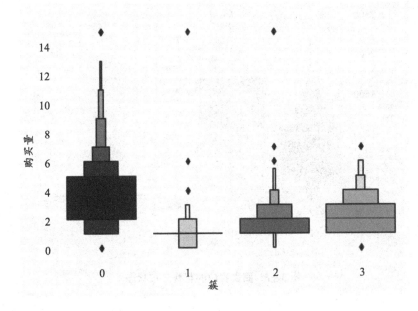

图 3-19　四类客户的购买量分布

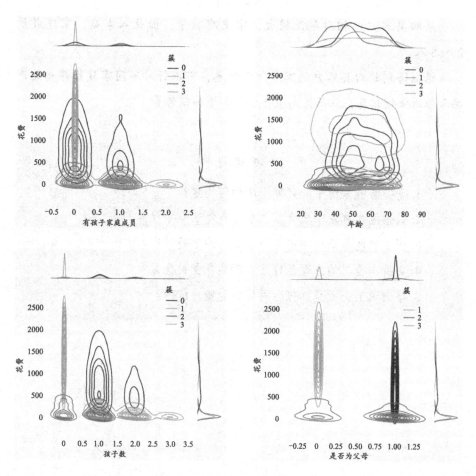

图 3-20　四类客户重要特征的分布

现在，我们已经形成了四类集群，并分析了他们的购买习惯。下面将对形成的集群进行分析，并得出结论：谁是重要的客户，谁需要零售店的营销团队给予更多的关注。根据客户所处的集群，绘制表明客户个人特质的特征。在这些结果的基础上，将会得出结论。

最终得到的四类客户的重要特征如下。

第一类客户：相对年纪较大，家里有孩子，家庭成员 2～4 人。

第二类客户：高收入家庭，家里没有孩子，家庭成员 1～2 人。

第三类客户：相对年轻，大部分是父母，只有 1 个孩子，家庭成员最多 3 人。

第四类客户：相对年纪较大，家里有孩子，低收入家庭，家庭成员2～5人。

根据得到的四类客户的家庭组成信息，可以针对不同家庭推荐相关产品和推送促销信息，从而提高服务水平和增加销售量。

· 思考题 ·

1. 商务智能系统中的数据仓库如何构建？

2. 数据挖掘算法中聚类算法与分类算法有哪些异同？

3. 商务智能系统框架中各部分起的作用是什么？

4. 支持向量机的原理是什么？哪些是支持向量？

5. 举例说明企业是如何应用商务智能系统的。

第 4 章

数据交易管理

数据是数字经济的核心生产要素和创新动力源泉。要充分发挥数据的基础资源作用和创新引擎作用，加快形成以创新为主要引领和支撑的数字经济。数据作为生产要素具有特殊的属性，数据产品需要数据交易平台和市场。数据要素市场的各类数据交易管理问题，如数据产生、数据定价、数据交易流程、数据共享、数据安全等问题，是研究数字经济管理的重要问题。当前，我国的数据要素市场还处在发展的初级阶段，针对上述问题的研究，有助于数据交易的顺利进行。

4.1　数据生产要素

生产要素是指进行社会生产经营活动时的一切必备资源和环境条件，相应的具体形态与主次序列随着经济发展而不断变迁。传统的经济学将资源和劳动作为最基本的生产要素，其中资源是土地、能源等"物"的要素，劳动则是"人"的要素。人类利用不断开发、不断进步的技术将"地球的馈赠"转化为供人类使用的商品和服务，因此过去的生产要素市场包括土地、劳动力、资本、技术市场。

在数字经济时代，物联网、云计算、大数据、区块链和人工智能等新兴技术涌现，数据对生产的贡献越来越突出，同时也显著提高了其他生产要素在生产中的利用效率，数据成为具有多重价值的生产资料。这一新兴生产要素正在与其他要素一同参与经济价值创造过程，是构建更加完善的要素市场化配置的重要部分。数据要素涉及数据生产、采集、存储、加工、分析、服务等多个环节，对价值创造和生产力发展有广泛影响，是驱动数字经济发展的"助燃剂"。数据要素作为数字经济的微观基础，具有战略性地位和创新引擎的作用。

我国政府高度重视数字经济发展，明确提出数字中国战略，围绕数据要素进行了一系列的顶层设计。早在 2015 年，党的十八届五中全会就已经提出实施"国家大数据战略"。2019 年，党的十九届四中全会首次将"数据"确认为生产要素之一，并提出数据要素"由市场评价贡献、按贡献决定报酬"。2020 年 4 月，中共中央、国务院发布《关于构建更加完善的要素市场化配置体制机制的意见》，将数据与土地、劳动力、资本、技术并称为五种生产要素，提出"加快培育数据要素市场"，数据要素市场化配置上升为国家战略。2022 年 6 月，中央全面深化改革委员会第二十六次会议审议通过了《关于构建数据基础制度更好发挥数据要素作用的意见》，首次明确要建立数据产权制度、数据要素流通和交易制度，以及数据要素收益分配制度等三方面数据基础制度。从一系列顶层设计可以发现，数据要素相关政策不断具体化、制度化，从确立数据为一种新型生产要素，到提出培育数据要素市场，再到明晰数据要素市场建设所需要的基础制度建设，越来越强调数据安全、数据产权、数据要素市场三方面内容。同时，各省（区、市）也加快推进数据要素制度建设，截至 2022 年 6 月，已有 18 个省（区、市）公布了相关数据条例（含草案），关注数据要素。数据要素的国家层面相关政策文件见表 4-1。

表 4-1 数据要素的国家层面相关政策文件

时间	政策文件	涉及数据要素流通的重点内容
2019 年 10 月	《中共中央关于坚持和完善中国特色社会主义制度推进国家治理体系和治理能力现代化若干重大问题的决定》	首次确认数据为生产要素之一；提出"健全劳动、资本、土地、知识、技术、管理、数据等生产要素由市场评价贡献、按贡献决定报酬的机制"
2020 年 4 月	《中共中央 国务院关于构建更加完善的要素市场化配置体制机制的意见》	将数据与土地、劳动力、资本、技术并列为五大生产要素；提出"加快培育数据要素市场"，包括"推进政府数据开放共享""提升社会数据资源价值""加强数据资源整合和安全保护"等
2021 年 3 月	《中华人民共和国国民经济和社会发展第十四个五年规划和 2035 年远景目标纲要》	提出"加快建立数据资源产权、交易流通、跨境传输和安全保护等基础制度和标准规范"

（续表）

时间	政策文件	涉及数据要素流通的重点内容
2022 年 1 月	《"十四五"数字经济发展规划》	提出"加快构建数据要素市场规则，培育市场主体、完善治理体系，促进数据要素市场流通"，提出"数据要素市场培育试点工程"，其中包括"开展数据确权及定价服务试验""推动数字技术在数据流通中的应用""培育发展数据交易平台"三方面任务
2022 年 1 月	《要素市场化配置综合改革试点总体方案》	提出"探索'原始数据不出域、数据可用不可见'的交易范式，在保护个人隐私和确保数据安全的前提下，分级分类、分步有序推动部分领域数据流通应用。探索建立数据用途和用量控制制度，实现数据使用'可控可计量'"
2022 年 3 月	《中共中央国务院关于加快建设全国统一大市场的意见》	提出"加快培育数据要素市场，建立健全数据安全、权利保护、跨境传输管理、交易流通、开放共享、安全认证等基础制度和标准规范，深入开展数据资源调查，推动数据资源开发利用"
2022 年 6 月	《关于构建数据基础制度更好发挥数据要素作用的意见》（中央全面深化改革委员会第二十六次会议审议通过）	强调"数据基础制度建设事关国家发展和安全大局"，提出要建立数据产权制度、数据要素流通和交易制度、数据要素收益分配制度

数据生产要素的主要特征包括七个方面。

（1）虚拟性。数据生产要素首先是一种虚拟的、存在于数据库与互联网空间中的资源。虚拟性是数据的一项核心特征，是数据与其他传统生产要素（如劳动力、资本和土地）的主要差异，也是知识、技术、管理和数据等新生产要素的主要特点。对数据等虚拟生产要素的依赖，是数字经济的主要特点之一，也是数字经济与传统经济的主要区别。

（2）非竞争性。非竞争性一般指一位使用者对某一物品的消费并不减少它对其他使用者的供应。数据一旦产生，可以同时被多个人（或企业）

使用，每个人的使用效用都不会由于更多人使用而减少，同时数据总量也不受影响。对数据的额外使用的边际成本为 0，这是数据与其他生产要素的一个主要差异。由于非竞争性的存在，任何数量的企业、个人或机器学习算法都可以同时使用同一组数据，而又不会减少其他人可用的数据量，这就决定了数据的高使用效率与巨大的潜在经济价值。

（3）排他性。排他性主要体现在企业不会轻易分享自己拥有的数据。尤其当数据的规模足够庞大、内容足够复杂和广泛时，数据生产要素就表现出高度的排他性，拥有数据的企业和机构会选择珍藏而非分享数据。在现实中，大多数私营机构都不会随意公开自己产生、收集和拥有的各项数据，即使公开这些数据能够创造巨大的经济社会价值。数据的排他性还体现在：其他虚拟生产要素（如知识和技术）会随着人事变动或劳动力迁移而公开或扩散，但数据的复杂性和广泛性使其无法被包含在人力资本当中。以人工智能的数据挖掘算法为例，数据挖掘学习产生的知识是公开的，而输入机器学习算法的数据却是保密的——每一家企业都在收集自己的数据，形成训练集之后交由人工智能进行训练、学习。虽然有一些企业将自己的训练集公之于众以鼓励研发，但是大多数企业都将数据视为自己的一项核心竞争力而极少公开。

（4）规模报酬递增。由于数据生产要素具有非竞争性，因此极广泛的数据使用者可以参与到数据分析中，进一步产生了规模报酬递增的效应。从企业的角度看，其所拥有的数据可以被每一名员工使用，因此数据规模越大、种类越丰富，产生的信息和知识就越多，进而呈现出规模报酬递增的特点。如果数据对于整个行业乃至经济体的参与者开放，数据规模扩大带来的经济价值就将更为可观。

（5）正外部性。数据的正外部性首先体现在数据收集型企业生产效率的提升上。例如，使用搜索引擎的用户，其搜索数据显著改进了该引擎的搜索质量，进而产生了很强的正外部性。

另外，用户使用搜索引擎的时间越长，搜索引擎的学习速度就越快，这就强化了用户数量增多所带来的正外部性。数据生产要素可以明显减少市场的信息不对称，从而促进更多生产要素的优化组合，增加收益。数据生产要素还能通过改善运营、促进创新和优化资源配置等，在提高企业组织效率和改善用户体验上实现正外部性。另外，政务数据具有极强的外部性，政务数据与市场治理、社会治理、企业治理都具有极强的相关性。

（6）产权模糊性。数据生产要素在产权归属上存在一定的模糊性，其所有权和各项产出在企业和消费者之间的分配尚不清晰。消费者在使用互联网企业提供的各项信息通信技术（ICT）产品和服务的过程中会产生大量数据，这些数据往往由企业直接收集和整理，消费者在客观上没有处置和使用这些数据的机会。当前，对于数据产权的研究还在继续，各项法律法规也在逐渐体现保护个人隐私和商业安全等。

（7）衍生性。根据数据内容的产生方式，数据可以分为原生数据和衍生数据。原生数据是指不依赖于现有数据而产生的数据，衍生数据是指原生数据被记录、存储后，经过算法加工、计算、聚合而成的系统的可读取、有使用价值的数据。各类经济活动的参与者在生产、销售和消费产品和服务的过程中，很早就开始记录各种交易、市场与用户数据，这些是原生数据。这些经济活动产生的数据会被金融市场的参与者深入分析，从而影响金融市场投资，进而影响实体经济，数据生产要素的衍生性便体现出来。

数据作为新型生产要素，具有劳动对象和劳动工具的双重属性。首先，数据作为劳动对象，经过采集、加工、存储、流通、分析环节，具备了价值和使用价值；其次，数据作为劳动工具，通过融合应用能够提升生产效能，促进生产力发展。

4.2　数据产品

数据产品是信息整合的表现形式和组织结果，数据信息是数据产品蕴含的信息内容。数据产品存储在计算机、云盘等数据载体上，数据信息则包括个人信息和非个人信息，个人信息又可分为敏感和非敏感的个人信息。

数据产品和数据信息构成广义上的"数据"。因此，个人信息和数据产品并不等同，二者的权属界定形式、交易方式也有所不同。个人信息属于数据主体的权利，数据产品则属于数据产品生产者／持有者的权利。

数据权属界定不清晰已成为数据要素化的最大制度障碍之一。数据的权属界定和交易需要平衡数据市场发展和个人权利保护。对于数据市场发展，需要结合具体的情景、参与者、数据特点、流通原则，以及场景中各方的合理预期综合看待，如果新的信息流不违背该场景下传统的民主公平规范或者能更好地实现该场景的价值，那么便应当确定相关主体的数据权益。对于个人权利保护问题，大多数情况下，作为强势一方，很多企业可以较容易地通过合同、协议将个人的数据所有权低价甚至免费"交易"到自己手中，赋予个人绝对权利并不能有效保障个体的数据隐私和安全，并且不利于数据要素的租赁和交易。为了解决个人和企业的数据权属界定问题，同时避免数据滥用和垄断，应当针对不同隐私和风险级别的个人信息，赋予数据生产者（自然人）不同级别（可通过行使数据人格权需满足不同条件的方式来体现）的拒绝权、可携权、获取收益权等数据控制权，赋予数据产品持有者（如数据收集者、设备生产者等）有限制的占有权（除所有权之外的收益权、使用权等权益集合）。因此，可以在不同行业制定隐私法并与数据市场自由交易相结合。

经过数据确权后，数据产品交易的合法化前提已确立——数据是一种产权可界定、可交易的商品。从直观呈现的产品类型来区分，数据可分为数字产品和数据产品。数字产品是以数字形式存储、表现和使用的人类的思想、知识成果，如歌曲、电子文献、在线课程等；数据产品是由网络、传感器和智能设备等记录的可联结、可整合和可关联某特定对象的行为轨迹和信息，具有较强的分析价值，如各种机器生产和采集的内容。数据要素化、数据资产化着重的是数字化的数据，即数据产品。数据资产化的核心在于通过数据与具体业务融合，驱动、引导业务效率提高，从而实现数据价值。

4.3 数据交易流程

数据交易是数据所有人依据法律在市场交易规则下进行自由交易的行为。数据定价的本质是一种估值行为，它与数据交易中的系列行为密不可分，二者相辅相成，估值就是为了交易，交易中不能缺少估值。数据交易中的商品就是数据，但不是所有的数据都可以用于交易，数据是否可以用于交易应该以交易主体和数据类型的敏感性来共同判断。一个典型的数据交易系统包括三部分：数据所有者、数据使用者和数据交易平台。数据所有者在数据交易平台上出售原始的或者经过脱敏等操作的数据集，数据交易平台根据数据定价策略或者定价模型确定数据集的价格，促成后续的数据交易。

要进行数据交易，需要一个合适的市场和交易方式，图 4-1 展示了数据交易流程。一般地，数据所有者将数据提交到数据交易平台，平台可以实现数据确权、数据加工、数据定价和数据移交等多个数据交易必要步骤。数据确权是指确定数据所有权、数据使用权和他项权利的过程。数据加工包括数据预处理、数据挖掘和分析，涉及的技术有数据集成、数据剖析、数据清洗和数据溯源等。数据定价是数据交易平台最重要的工作，平台根据前期所投入的数据采集和加工处理过程的成本，在分析市场供需关系后得出最终的数据价格，其数值大小是最终多方共赢的直接体现。此外，一些平台还制定了用户激励措施，数据分享者会被给予奖励和鼓励，以减少数据孤岛的形成。双方的交易确定后，数据移交的形式有应用程序接口（API）交互、在线查询、数据终端传输、文件下载等。在数据交易中，需要必要的方法来保证数据安全，如数据加密、数据审计、数据脱敏技术等。数据保护可以防止数据泄露，保护用户隐私安全。数据保护应覆盖数据交易的全部流程。

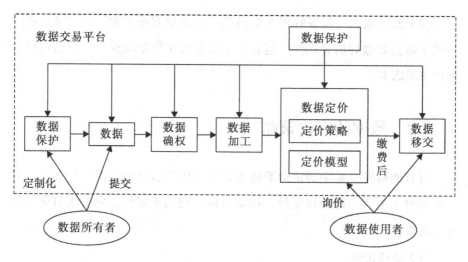

图 4-1　数据交易流程

4.3.1　数据交易成本

数据交易过程中会产生"交易成本"。数据交易成本指企业对数据的获取、传递、表达、存储、搜索、处理等产生的直接或间接支出与费用。随着云计算的兴起和大数据时代的来临，数据交易成本逐渐成为整个经济与社会的重要成本。另外，低粒度的数据单元一般没有直接价值，但通过大量数据的加工、聚合后，会展现出新的价值，但同时也在一定程度上增加了数据交易成本。数据交易流程中产生的数据交易成本可以概括为四类。

（1）生产成本：数据采集、数据加工、数据存储和数据移交等过程中产生的成本，它们维持着数据作为产品的基础性运转。

（2）搜索查询成本：为找到符合要求或者具备市场并准备购买的数据集而支付的各种费用、时间、精力及面临的各种风险的总和。数据交易平台的存在大大减少了买卖双方的搜索成本，数据市场的建设则有助于提高交易效率。

（3）议价成本：双方从开始谈价格，到逐步达成共识，直至签订合同产生的各项开销。

（4）监督成本：保证数据安全仍然是交易双方重要的一环，满足履约的义务时需要做好监督工作，监督成本即为防止数据泄露等多种违约行为而产生的成本。

4.3.2　数据的定价策略

现有的数据交易中的定价策略主要参考传统信息商品的定价策略，可以被划分为五类，即协议定价、拍卖定价、使用量定价、免费增值定价和动态定价。

（1）协议定价。

协议定价是指在产品购买期间，买卖双方对数据价值的评估不一的情形下，通过协商的方式进行定价。可以由第三方数据交易平台撮合，买卖双方反复报价、协商，直至买卖双方对数据商品价值达成一致。企业对企业（B2B）交易时常采取该形式。而在企业对客户（B2C）的交易中，卖方则通常会对交易商品设置一个固定价格，即"一口价"，并在平台上挂牌出售，也可称之为"平台预售价"。一般需要平台根据数据质量评价体系对数据进行评级，数据评级后，根据结果和相关数据历史成交价，再给出一个合理的价格区间，由卖方选择一个价格。

（2）拍卖定价。

为较好保障数据卖家的利益，可以采取拍卖定价的方式，由数据需求方竞拍。拍卖方式可以是直接拍卖，即在卖家设置的数据商品底价的基础上，买家轮流报价，出价最高者中标；也可以采用密封式二级价格拍卖，使用保密的方式来竞标，报价最高者中标，成交价格是第二高的价格。将拍卖定价引入数据交易中主要针对非常优质的数据源，并面向 B2B 交易。同时，由于数据具有可无限复制的属性，完全一致的数据在拍卖场中的拍卖份数是影响交易极重要的不确定因素。

（3）使用量定价。

使用量定价是指交易双方不产生数据所有权的变更，主要按照数据集的使用状况进行定价。按次收费或者订阅收费模式都属于按照使用量定价的策略，套餐价、组合价也属于这种策略。按使用量收费在定价策略中是使顾客处于持续性消费状态的策略，其刺激顾客多次消费的潜力是巨大的。例如，有些企业将 API 调用次数算作使用次数，据此定价。此外，也有按份数出售的定价方式。例如，某些企业对推出的行业分析报告和相关数据集进行统一标价。

（4）免费增值定价。

免费增值定价是指一部分数据是免费的，对于增量部分进行收费。这种定价策略在使用 API 进行数据交易的平台中比较常见。例如，一些数据交易平台会每天提供固定的免费 API 调用次数，当用户的调用次数超限后，就需要按照次数付费，或者按照功能付费等。企业通过一定程度的免费服务来提升用户的体验和对产品质量的满意度，从而达到促使用户购买增量部分的目的。

（5）动态定价。

动态定价是指数据所包含的价值和使用价值会随着时间的变化而出现波动，这将会直接影响交易数据的最终交易定价。数据交易平台根据当前市场的环境为产品设定浮动的价格区间，卖方要在短时间内考虑众多因素并确定价格。动态定价因细分市场和个体水平差异而有所不同，易受环境的影响。数据商品价格受市场环境和市场供求关系的影响，当市场供需实时变化时，数据价值也实时波动。数据交易平台的动态定价往往还基于过往数据的成交价，对历史市场数据敏感。

数据定价策略对比见表 4-2。

表 4-2 数据定价策略对比

数据定价策略	机制	优点	缺点	应用场景
协议定价	双方轮流出价直到达成协议	经常发生在有特定需求的买方和卖方之间，目的性和数据针对性强，买卖双方存在多次沟通机会，交易成功率较高	容易产生协议定价的负面影响，即价格歧视，又叫差别定价。客观来说，买方在数据交易中属于弱势群体，常常受到价格歧视。差别定价是一把双刃剑，一方面，适当的差别定价可以促进资源高速合理地分配；另一方面，如果过分地在损害买方知情权的情况下长期获取不法盈利，容易引发卖方的声誉问题	各种场景
拍卖定价	多方竞价中以最高或次高价成交	隐匿性和安全性极高，有利于获得最高商品单价	由于数据价值的不确定性，数据对购买者的效用很难保证，货源背景需要经得起推敲，信息悖论现象表现明显，策略应用及交接成本高于一般策略	常见于大型企业，如上海数据交易所采取股东会员制，只有股东才能参与拍卖
使用量定价	按次、份、个等产生费用	适用于批量的、廉价的数据，由于API调用大多基于该定价策略，占据市场比例极大	使用该策略的数据，数据量大，质量普遍一般，复制性强，容易出现"一人购买，多人使用"现象，重复使用较为简便	API调用、房地产报告交易
免费增值定价	由免费和增值付费两部分组成	在免费期间提高用户满意度和黏性，增强客户的依赖性，潜在客户数量最为庞大。开源社区也可采取该策略，能有效地吸引用户	正确界定免费部分和增值部分是难点，甚至在增值部分还需要阶梯式地细分用户，产品更新要同时兼顾两部分用户的诉求，一同增加用户黏性和满意度，否则可能会无法发挥策略优势，导致负面影响	API调用
动态定价	根据时效和需求的变化定价	在市场迅速变化期间灵活性极佳，客户可以准确地认识市场，满意度很高	动态算法、策略应用及可视化界面成本极高，实时数据的准确性无法保证，难点在算法上	金融产品交易

4.4　数据要素市场构成

国家工信安全中心认为，需要针对不同数据分级分类，进行数据要素市场化配置，并提出了"数据流通金字塔模型"。该模型将数据分为四种类型：公开数据、低度敏感数据、中度敏感数据、高度机密数据。针对不同数据类型，可应用不同的数据流通技术和服务模式。具体模型如图 4-2 所示。

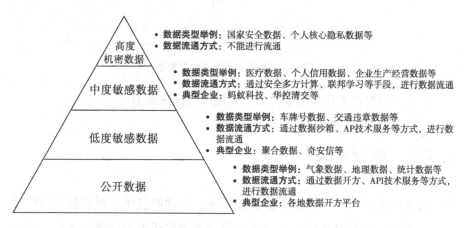

图 4-2　数据流通金字塔模型

我国数据要素市场分为数据采集、数据存储、数据加工、数据流通、数据分析、数据应用、生态保障七大模块，覆盖数据要素从产生到发生要素作用的全过程。其中，数据应用模块，主要是数据作为劳动工具，发挥带动作用的阶段；其余六个模块，主要是数据作为劳动对象，被挖掘出价值和使用价值的阶段。具体关系如图 4-3 所示。

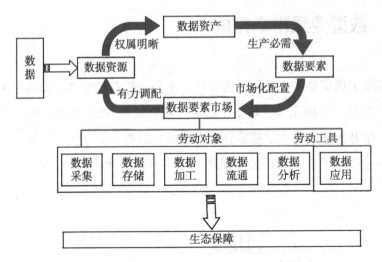

图 4-3　数据要素市场构成关系

下文主要对数据作为劳动对象的模块进行详细说明。

4.4.1　数据采集

随着技术的进步，各类企业管理系统、物联网技术、射频技术被广泛应用，企业在运营过程中，可以通过多种渠道完成数据的收集工作。企业收集的数据是数据要素市场的基本元素，企业自身或者其他购买者可以对其进行分析、处理、训练。企业数据采集主要包括企业内部数据采集、企业外部数据采集和定制化数据采集等三种类型。

（1）企业内部数据采集。

企业内部数据主要包括两类。一类是企业在日常经营活动中产生的数据，企业应用管理系统软件如财务管理软件、库存管理软件、ERP 软件等，通过 Excel、数据仓库、数据库、ETL 等对其进行存储和调取。这些数据存在于企业内部，并且能够应用技术进行收集和汇总。另一类是生产环节采集的数据。该类数据主要源自物联网设备，如温度传感器、可编程逻辑控制器（PLC）、制造执行系统（MES）等。对于数字化转型后的企业，生产数据通过接口与智能管理系统连接，通过生产管理的操作系统进行收集。

（2）企业外部数据采集。

企业采集的外部数据主要来源于社交媒体、新闻网站、行业报表、公开交易数据等。企业主要通过爬虫技术、埋点检测技术、用户调研等，综合给出外部数据的检测结果。相关数据可以用于网络舆情分析、广告投放检测，以调整企业的产品和营销策略。企业在进行外部数据采集时，需要保证不侵犯个人隐私和国家利益，需要保证在最小范围内采集所需数据。

（3）定制化数据采集。

定制化数据采集，主要用于非结构化数据采集，采集的数据包括文本、语音、图像、云点图等。通常数据采集工具有摄像头、传声器、激光雷达等。现阶段定制化数据采集主要采用人工采集的方式，但也出现了利用人工智能手段进行智能数据采集的情形。

4.4.2 数据存储

企业完成数据采集后，需要对有价值的大量数据进行有效存储，以便对数据进行加工和处理。企业会从数据敏感度、数据时效性、企业硬件水平等维度考虑，针对备选的数据选择不同的数据存储服务。目前，我国数据存储方式主要包括公有云、私有云及混合云等。

（1）公有云数据存储。

公有云平台通常指第三方提供商为用户提供的能够使用的公有网络云端服务器。公有云数据存储相对便宜，并且存储量大，便于分享与交易。从技术角度看，我国的数据存储和处理市场成熟度相对较高，已经涌现OceanBase等分布式数据库，数据存储能力有了大幅提升。

（2）私有云数据存储。

企业在对数据安全或者数据使用有较高要求时，多使用私有云数据存储。对数据安全性要求较高的企业可构建属于该企业的数据中心并设立防火墙，将数据存储在私有云。对于某些企业如科技研发企业，程序、数据等无形资产是最关键的核心资产，为防止数据泄露，其会采取网络隔离的方式，使数据存储在本地。同时，对于某些时序性要求较高的数据，云端访问在流量峰值期间（如网络拥堵）容易出现性能问题，在局域网访问数据的本地化部署可以有效避免外部流量峰值的冲击，数据传输速度也会更快。

（3）混合云数据存储。

混合云数据存储融合了公有云和私有云两种数据存储方式。部分企业依数据分类分级选择混合云数据存储方式。企业可将核心业务及重要数据存放在私有云，而将其他次要或者需要外部访问的数据存放在公有云，这样可提高数据资源的整体安全性。同时，公有云也可作为私有云的存储备份工具，当发生灾难性事件时将私有云数据转移至公有云，以提升数据安全性。

4.4.3　数据加工

数据加工是指对企业采集和存储的数据进行筛选和处理，提高数据可用性，为数据挖掘和分析奠定基础，主要包括数据清洗、数据标注、数据审核及数据融合处理等。

（1）数据清洗。

数据清洗是指对数据进行校验的过程，目的在于删除重复信息、纠正错误，提高数据质量。不符合要求的数据主要有不完整的数据、错误的数据、重复的数据三大类。现多采用自动化的数据清洗功能。具体操作可参考第 3 章相关内容。

（2）数据标注。

数据标注是指按照数据内容或重要结果、类别、学习目的等为数据加上特征标签，有利于机器学习算法进行学习或者自主识别等行为。当前可以借助特定软件标注工具以人工的方式标注图片、语音、文本、视频等数据。因此，数据标注质量也主要受数据标注人员的素质、标注工具的效率和企业的管理能力影响。部分标注工作可以采用数据外包形式，由专业的数据标注公司完成人工智能项目的数据采集、数据标注工作；还可以由企业内部人员利用本地化的数据标注平台标注企业内部数据。

（3）数据审核。

数据审核主要是进行数据整理之前对原始数据的审查和核对。而对数据要素市场的交易数据而言，更重要的是对非结构化数据内容是否存在欺诈言论之类的非法内容的审核。一般有机器和人工双重审核。根据不同业务需求、信息量及风险权衡，人机审核比例会有所不同。机器审核主要利用自然语言处理（NLP）、计算机视觉等技术。对于人工审核，数据公司主要通过自建团队或选择第三方审核团队，进行内容审核。

（4）数据融合处理。

数据融合技术是在一定准则下对获得数据进行自动分析、综合，以完成所需的决策和评估任务而使用的信息处理技术。数据融合处理主要是将多源、多模态数据相互融合，形成可以被挖掘分析的数据集的技术过程。企业运营过程中与数据收集、管理相关的信息化系统众多，同时采用的技术也不尽相同，企业在形成针对固定业务问题的相关数据集时，面临着来自多个系统、不同状态、不同时期的复杂数据。多源、多模态数据采用的数据管理系统有所不同，从简单的文件数据库到复杂的网络数据库，它们构成了企业的异构数据源。数据融合处理能将多源异构数据进行融合，对多模态数据进行知识融合与挖掘。

4.4.4　数据流通

数据流通在提高公共决策效率、扩展商业应用场景等方面有着显著的作用。数据流通根据技术方式的不同，可以分为数据开放共享、数据交易、API 技术服务、"数据可用不可见"模式等形式。

（1）数据开放共享。

数据开放共享是解决数据孤岛问题的重要方式。所谓数据孤岛，简单来说，就是在政府和企业里，各部门各自存储数据，部门间无法共享数据，导致数据像一个个孤岛一样缺乏关联性，没有办法充分利用和发挥最大价值。

根据数据所有权的不同，流通数据分为政府数据和企业数据。政府数据开放共享既包括各级政府及政府部门之间的数据共享，也包括政府数据对外开放，此部分内容见第 9 章"政府数字治理"；企业数据开放共享是指企业之间的数据开放与共享，并且通常需要建立企业数据共享联盟。联盟内数据共享，对提升供应链协同效应、提升产业竞争力有明显的作用。

（2）数据交易。

数据交易是不同主体之间达成共识，以有偿或无偿的形式，将主体以一定形式掌握或控制的任何以电子或者其他方式记录的信息，进行价值交换以满足不同主体需求的行为。数据交易的主体主要涉及数据供给者、数据需求者和数据交易平台。其典型模式为数据交易平台模式，该模式是数据交易平台获取第三方数据，撮合数据供给者和数据需求者发生数据所有权交易，并获取交易服务费。具体数据交易模式等可见 4.3 节。

（3）API 技术服务。

API 技术服务主要利用 API 技术，通过程序对元数据进行隔离，在用户发出数据使用请求后，由程序从元数据中抽取、调用数据反馈给用户。API 技术服务模式具有安全性、便利性等优势。在流通安全性方面，API 技术服务公司提供 API，数据依然存储在供应商的数据中心，用户发出的数据验证请求通过 API 传递给供应商，供应商的验证结果通过 API 反馈给用户。另外，API 技术成熟、使用门槛低。API 技术因互联网的应用正变得越来越普及。数据 API 具有很好的可控性，其按需消费，用户无须购买全量数据，在很大程度上减少了对数据质量的争议。API 在技术上易监管，由于用户在进行数据调用时，并不能获取全部元数据，只能调用业务相关数据，因此可以对相关数据调用进行记录，并可以形成一套可控的标准化、安全可信的技术来实现 API 的网络管控。

（4）"数据可用不可见"模式。

"数据可用不可见"模式是指通过隐私计算技术，实现数据在加密状态下被用户使用和分析，用户无法看到数据，具有较强的安全性。隐私计算，广义上是指带有隐私机密保护的计算系统与技术，能够在不泄露原始数据的前提下对数据进行采集、加工、分析、处理与验证，涉及数据的生产、存储、计算、应用等数据处理过程。其技术方案主要有安全多方计算、联邦学习、可信执行环境等。隐私计算能够在保证数据所有者权益、保护用户隐私和商业机密的同时，充分挖掘数据价值。隐私计算重点强调同时处理隐私和商业机密及处理复杂数据的算法能力，类似的概念有隐私安全计算、机密计算等。

4.4.5　数据分析

数据分析主要用于最大限度地开发数据的功能，发挥数据的作用。从数据来源来讲，数据分析主要包含内部数据分析和外部数据分析。内部数据分析主要针对企业内部经营，进行检测预警。内部数据分析可以分为离线数据分析和在线数据分析两种。外部数据分析主要针对企业外部数据，进行同业竞争分析、营销投放检测等。更多数据分析内容可见第 3 章相关内容。

4.4.6　生态保障

数据要素市场除需直接面向数据要素进行处理的环节外，还需数据要素市场各方主体为数据交易流通提供有效保障，构建良好的市场生态。数据要素市场生态保障主要包括数据资产评估、登记结算、交易撮合、争议仲裁等环节。

（1）数据资产评估。

数据资产评估是指通过第三方评估机构对数据所有者在生产、运营过程中产生的数据进行价值和使用价值的评估，以便为数据要素流通交易提供基础性参考。目前，数据资产评估多采取市场法、收益法、成本法等资产评估方法。由于数据资产存在无形化、虚拟化的特性，因此数据要素流通交易直接产生的收益或所需的成本存在较难核算的问题。同时，我国数据要素市场仍处于培育期，交易规模尚小，给数据资产评估提供的范例较为有限，还需要建立数据要素市场资产评估机制架构。

（2）登记结算。

登记结算是指在数据作为资产的前提下，为数据所有者及采购方提供名册建立与维护、数据交易结算等服务。登记结算机构为数据交易双方建立数据持有及交易资质名册，提高数据交易效率，规避数据交易风险。同时，登记结算机构通过现金结算、票据转让及转账结算等方式为数据所有权变更、API 技术服务采购等交易过程提供交易场所。

（3）交易撮合。

交易撮合是指为数据交易双方提供交易信息查询、信息匹配、供需对接及交易竞价等第三方服务。交易撮合机构将数据持有者及采购者等多方信息整合起来，并通过分析与评估将有效信息反馈给交易双方，以促进数据交易的达成。

（4）争议仲裁。

争议仲裁是指当数据交易双方针对数据交易过程及结果产生争议时，对数据交易争议进行裁决并协调双方矛盾。数据交易双方依自愿原则将争议提交至争议仲裁机构，争议仲裁机构依据相关法律法规做出判断，争议双方有义务执行争议仲裁结果。

4.5 数据交易的收益分配机制

收益分配机制是指基于数据权利归属和定价方式的数据价值实现机制，数据交易平台和数据卖方的价值实现是数据交易的关键，下面分别详细说明。

（1）数据交易平台收益分配机制。

目前，我国的数据交易平台大多数都扮演着数据交易中介的角色，主要交易来源于不同数据所有者提供的数据。我国数据交易平台的收益分配机制主要有交易分成和保留数据增值收益权两种。交易分成收益分配机制是指在数据交易完成后数据交易平台与数据卖方按约定好的比例分成。数据交易平台作为数据交易中介，会在促成数据所有权或使用权交易后收取相应的中介费用。保留数据增值收益权分配机制是指数据交易平台对数据保留增值收益权并以此为基础收费。数据交易平台作为数据交易中介，需要在交易前准确预测数据交易后能否增值并保留数据增值收益权。

（2）数据卖方收益分配机制。

数据卖方是数据所有者，根据权利归属和定价方式的不同，其收益分配机制主要包含一次性交易所有权、多次交易使用权和保留数据增值收益权三种机制。一次性交易所有权收益分配机制是指在数据交易中一次性转移数据占有权、使用权、处分权、收益权。这一机制主要适用于采用协议定价、拍卖定价的数据交易。多次交易使用权收益分配机制是指针对数据使用权进行反复多次的交易，进而带来更多的收益。数据交易双方约定只针对数据使用权进行交易，尤其是在按次计价或 API 技术服务模式下。多次交易使用权收益分配机制是目前数据服务商进行数据交易的首选。但由于数据产品的低成本可复制性、便捷可传递性，在这一机制下，数据卖方对交易数据进行安全、保密、可控传递，避免数据被大规模复制使用成为这一收益分配机制实现的关键。最后，数据卖方更清楚数据的来源和数据采集、处理、分析过程，因此更能直接准确地评价数据的价值，并预测数据交易后数据是否有增值的可能性，基于相关优势，数据卖方能更准确地判断是否需要保留对收益权的占有，并按比例进行合同约定。这就是保留数据增值收益权收益分配机制。

数据要素市场收益分配机制如图 4-4 所示。

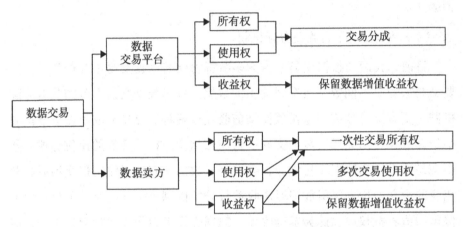

图 4-4　数据要素市场收益分配机制

4.6　我国数据要素市场发展面临的问题与挑战

1. 数据权属界定问题尚不明晰

数据权属界定问题直接影响到数据产品交易的可行性和稳定性。近年来，多个国家出台了多部与数据相关的专门法规，我国的《中华人民共和国民法典》等法律虽然规定了须对个人信息和数据进行保护，但相关立法对数据要素市场中的数据权属问题一直未正面回应。在权属界定不明的情况下，数据供应方往往缺乏积极参与数据交易的意愿，数据交易市场也欠缺活力。例如，用户在电商平台上或者社交平台上的交易数据和运营行为数据，属于平台还是属于用户，在法律上很难界定。此外，数据权属不确定问题还给相关执法带来困难，间接造成数据交易违法成本低。例如，大量数据集被违法交易、数据隐私泄露问题屡见不鲜。因此，相关部门应尽快建立数据权属界定方法体系，分离数据所有权与使用权，为数据要素的流通交易打好基础。

2. 数据要素市场存在安全风险

数据交易的另一个重要方面就是数据安全性问题。数据要素在采集、存储、加工和流通过程中，数据安全防护困难，容易受到非法势力攻击和窃取。在进行市场化运作时，数据要素流通的环节复杂，与传统要素相比，更加容易发生泄露的问题。因此数据要素流通风险防治一直是影响数据要素流通的关键问题，对数据安全和隐私保护的要求更高，甚至直接影响数据要素的流通及流通时的价值。数据要素流通过程中，各种基础性、人为性或合规性的情况均可能导致数据发生泄露，而且较难对泄露数据进行追溯。数据安全也是数据交易平台的重点关注对象。区块链等技术虽然在一定程度上可以帮助数据溯源，但目前并未得到普及应用。安全多方计算及联邦学习等新兴技术在促进数据要素交易流通方面虽然有巨大的潜力，但企业对其接受度还有待提高。同时，新技术的引入，往往也带来新的风险，数据的安全风险防范是一个需要持续关注的问题。

3. 数据流通交易机制有待完善

根据数据所有权的不同，流通数据分为政府数据和企业数据。在政府数据方面，地方政府需要充分意识到数据的重要性，协调各部门关系，合理赋予数据相关部门权利，利用刚性制度约束，促进各部门数据打通、开放。在企业数据方面，我国企业数据流通以"数据交易所＋数据公司"模式为主，但根据相关统计，数据整体交易额较小。由于数据是非标品，数据交易所作为平台交易商，从根本上无法解决数据质量和数据定价问题。虽然数据公司通过提供标准化的数据产品，可以在一定程度上解决数据质量和数据定价问题，但是仍存在数据安全性风险、企业定制化采标数据交付周期长且数据成本高等问题。

4.数据监管法律法规存在空缺

目前，我国有关数据方面的法律法规、部门规章主要集中在政府数据开放、个人信息保护和数据交易流通等方面，在实际操作中缺乏具体细则。例如，在政府数据公开方面，出台了《中华人民共和国政府信息公开条例》等系列政策文件，但并没有针对政府数据公开的范围、数据质量评估等方面的具体细则，各省市结合自身实际制定的政府数据资源共享条例等相关规章制度也并不统一，部门间共享数据的权利责任问题也没有厘清，这些都制约了公共数据资源的进一步开放共享。在数据交易和流通方面，《中华人民共和国网络安全法》要求网络运营者"未经被收集者同意，不得向他人提供个人信息"，但规定了例外情形，即"经过处理无法识别特定个人且不能复原的除外"，这为个人数据的流通提供了法律上的依据，但依然没有制定出台数据交易和流通的专门性法律法规。数据监管法律法规存在空缺，导致很多有意义、有价值的数据要素难以流通。

5.数据交易的专业人才缺乏

数据交易作为新兴的市场形势，也是一个专业的商品交易过程，其涉及计算机、法律、金融、管理等跨学科知识，对参与数据交易的人员提出了更高的要求。从当前的人才市场状况看，高校相关专业设置及课程设置还不完善，难以培养出这类市场急需人才。更多的是计算机相关专业，或者大数据相关专业人员从事数据交易工作，他们往往注重提升技术方面的能力，而容易忽略管理和金融知识的重要性。从市场正常发展的角度看，专业的数据交易管理人才是市场急需的，也是市场正常发展必然需要的。

4.7　案例说明

　　数据交易是市场经济条件下促进数据要素市场流通的基本方式。近年来，随着大数据技术及应用的迅速发展，我国各地以多种形式开展了关于数据交易的探索和实践。2015 年 4 月，贵州省人民政府批准成立了全国第一家大数据交易所——贵阳大数据交易所。在之后的几年中，武汉、哈尔滨、江苏、西安、广州、青岛、上海、浙江、沈阳、安徽、成都等地纷纷建立大数据交易所或交易中心，提供数据交易服务。

　　截至 2022 年 8 月，我国已成立数据交易中心 40 余家。我国数据交易主要有两个发展阶段。第一阶段是 2015 年党的十八届五中全会正式提出"实施国家大数据战略，推进数据资源开放共享"，以贵阳大数据交易所为代表的数据交易机构如雨后春笋般涌现，先后有近 20 家数据交易所成立。第二阶段是 2021 年以来，以北京、上海等大数据交易所成立为标志，开启数据交易第二轮探索，"数据可用不可见，用途可控可计量"的新型交易范式也得到了多方的认可。

　　数据交易平台的发展与当前的外部环境密不可分，尤其是相关法律和政策的日趋完善。从国家层面上，相关个人隐私保护的法律法规陆续出台，《中华人民共和国数据安全法》《中华人民共和国个人信息保护法》等法律法规中体现了对于数据安全的保障。另外，《"十四五"大数据产业发展规划》《中共中央　国务院关于加快建设全国统一大市场的意见》等利好政策出台，各地积极探索，先行先试，为数据交易平台发展营造了良好的政策环境。

　　截至 2022 年年底，在已成立的数据交易中心中，华东（14 家）、华南（7 家）、华中（7 家）地区为主要聚集地。平均注册资本金近 1 亿元，第二轮注册成立的数据交易公司资金雄厚，北京国际大数据交易有限公司注册资本 2 亿元，上海数据交易所有限公司注册资本 8 亿元，郑州数据交易中心有限公司注册资本 2 亿元。在数据交易机构规划化发展的同时，国有资本控股或 100% 持股成为重要趋势。贵阳大数据交易所计划股改为国资 100% 持股，北京国际大数据交易所由北京市国资委实控，深圳数据交易所由深圳市国资委实控。有代表性的数据交易所（中心）见表4-3。政府的公信力能够有效推动高价值的公共数据进入数据交易市场，促进多个产业融合发展。

表4-3 有代表性的数据交易所（中心）

机构	地区	成立时间	公司主体
贵阳大数据交易所	贵州贵阳	2015年	贵阳大数据交易所有限责任公司
上海数据交易所	上海	2021年	上海数据交易所有限公司
北京国际大数据交易所	北京	2021年	北京国际大数据交易有限公司
郑州数据交易中心	河南郑州	2022年	郑州数据交易中心有限公司
深圳数据交易所	广东深圳	2021年	深圳数据交易有限公司
山东数据交易平台	山东济南	2019年	山东数据交易有限公司
浙江大数据交易中心	浙江杭州	2016年	浙江大数据交易中心有限公司
华中大数据交易所	湖北武汉	2015年	湖北华中大数据交易股份有限公司
广州数据交易所	广东广州	2022年	广州数据交易所有限公司

在发展模式上，北京国际大数据交易所和上海数据交易所均选择从构建数据交易平台角度切入。其中，北京国际大数据交易所构建了数据交易平台IDeX系统，推出了保障数据交易真实、可追溯的"数字交易合约"；上海数据交易所上线了新一代智能数据交易系统，推出了数据产品登记凭证。

当前的数据交易平台，主要的盈利模式包括收取佣金、会员制、增值式交易服务等。其中，收取交易手续费的盈利模式最为常见，其操作简单，门槛较低，同时随着发展由最初的每笔交易收取10%的佣金，到现在市场中的平均佣金率为1%～5%。而会员制盈利模式能够促进企业之间的长期合作，平台的交易安全性和交易质量也容易获得保障，目前也被多家机构采用，如江苏大数据交易中心的盈利模式主要就是会员制。增值式交易服务模式下，数据交易平台已经跳出"中间人"的身份，部分承担了数据清洗、数据表示、数据挖掘、数据融合处理等数据服务商的职能，而且当前大部分的平台也都提供类似的数据增值服务。

隐私计算等相关技术的应用，助力破解数据交易平台的安全问题。针对高敏感度和高价值数据，隐私计算在保证不泄露原始数据的前提下，对数据进行分析计算、联合建模，实现"数据可用不可见，用途可控可计量"，有效限制敏感数据被复制，防止数据泄露和滥用；区块链技术可用于实现数据调用的全链条监督；数据水印技术可用于完成数据泄露的溯源与追责。

·思考题·

1. 数据生产要素的重要特征有哪些？

2. 数据交易的流程有哪些？

3. 如何理解数据确权的重要性？

4. 数据产品与传统产品的区别有哪些？

5. "数据可用不可见"和"数据可算不可识"的区别和联系是什么？

6. 数据的交易方式有哪些？

7. 数据产品的定价策略有哪些？

8. 请阐述数据交易市场的现状、困难及对策。

第 5 章

智慧物流与
供应链管理

随着信息技术发展和经济全球化，跨境经营的趋势越来越明显，新产品市场的竞争也越来越激烈。为了迎合当前发展的大环境，市场竞争从企业之间的竞争逐步上升到供应链之间的竞争，供应链智能化管理成为新趋势，为国民经济自上而下持续发展提供强劲动力。

产业链在科技和经济的双重推动下，正逐渐成为世界经济结构和发展的关键要素。供应链是产业链的微观状态，供应链管理已成为产业转型升级和经济持续健康发展的重要手段。美国于 2017 年公布《美国国家安全战略》、英国于 2017 年发布《产业战略：建设适应未来的英国》白皮书，树立了供应链发展的新范式。在全球供应链的重构和全球经济竞争的背景下，我国正全面提升在全球供应链中的竞争优势，加快供应链现代化、数字化发展。国务院办公厅、商务部等部门先后发布通知，力争将现代供应链建设成为培育新增长点和形成新动能的重要领域。智慧物流和智慧供应链是产业结构调整和经济发展所需的重要载体，也是优化国际产业链、实现国家重大战略需求的关键所在。

5.1 基本概念

5.1.1 供应链

我国国家标准《物流术语》中对供应链和供应链管理的定义如下。供应链指的是生产及流通过程中，围绕核心企业的核心产品或服务，由所涉及的原材料供应商、制造商、分销商、零售商直到最终用户等形成的网链结构。供应链管理是对供应链上所有企业的采购、生产、销售环节的商流、物流、信息流、资金流活动进行的协调、整合、优化和控制等。因此在供应链中存在着商流、物流、信息流和资金流，各自有不同的功能及流通方向。

1. 商流

商流是指货物所有权的转移过程，包括买卖流通过程和订货、签约等流程。在科技快速发展的大背景下，商流的发展旨在实现厂商和消费者之间的信息交换，打通供销渠道，裁减低效部分。除此之外，在数字技术的驱动下，商流所产生的信息传递成本会逐步下降，并且其附加价值能够得到提升。商流的发展与供应链紧密相关。商流的发展利用供应链的全产业布局，并与大数据、区块链等多种数字技术相结合，进而帮助企业迅速占据市场份额。在这一过程中，许多繁杂冗余的中间环节将被优化甚至被删除，进而提高供应方和需求方的工作效率，尽可能将利润留给供应方和需求方。同时，商流在供应链体系中能有效推动物流的发展。在供应链体系中，包括生产信息、销售信息、需求信息在内的许多信息处于共享状态。销售平台获取用户需求信息后，在供应链平台整合销售信息，上游企业开始采购原材料，配套物流企业提供中间产品运输和终端产品运输服务，以供应链为基础实现商流与物流的融合。

2. 物流

我国国家标准《物流术语》指出：物流是根据实际需要，将运输、储存、装卸、搬运、包装、流通加工、配送、信息处理等基本功能实施有机结合，使物品从供应地向接收地进行实体流动的过程。物流是生产过程保持延续的基础，高效合理的物流体系可以为企业提供竞争优势，提高企业的市场份额。物流也被证明可以提升客户价值和企业的产出价值，这些价值大部分来源于降低成本和根据客户需求提供解决方案的能力。我国物流行业起步较晚，但借助科技进步的强大推动力，我国物流行业实现飞速发展，物流体系、物流行业日趋成熟和完善。在数字技术的助力下，物流行业已经成为我国经济的重要组成部分，物流服务的逐步发展也对企业的生产方式、工作效率等产生了很大的影响。

3. 信息流

信息流指的是包含商品及交易信息的过程流。随着社会的信息化和信息大量涌现，以及人们对各式各样信息需求的不断增长，信息流形成了错综复杂、瞬息万变的形态。供应链中的信息流有力推动着整个供应链的高效运行，是供应链的重要组成部分。在互联网技术的支撑下，信息流可以实现基于网络在世界范围内流动，逐渐形成基于地域网络基础设施的，以信息为主要构成要素，由信息流连贯东西、纵横互联的虚拟空间，即基于网络空间的信息空间。信息流在社会经济发展中正扮演着越来越重要的角色，随着商流、物流与资金流的逐步剥离，信息流的功能主要体现在沟通连接、引导调控、辅助决策及经济增值等方面。从企业的角度来说，信息流的质量是决定企业生产、发展及管理水平的关键因素。在数字技术的支撑下，得益于信息的实时传输优势，源自外部市场和企业内部的海量信息能够为企业的生产决策、战略布局、发展方向调整等提供科学依据。

4. 资金流

资金流指的是在供应链成员间随着业务活动而发生的资金往来。随着物流业更加多元化的经营扩张，多种形式的资金流环节被引入系统，使得资金流成为物流行业运行的核心要素。资金流的作用不仅在于保障物流、商流、信息流的高效运用，还在于通过四大要素的优化整合提高运行速度，降低物流成本。资金流在电子商务系统中扮演着重要的角色。在电子商务流程中，顾客通过手机 APP、浏览网页等多种方式选购商品或服务，在选购完成后进行在线支付，而交易最终的成败，就在于顾客支付的款项能否安全、及时地被商家所接收。因此，在线支付不论对于顾客，还是对于商家，都具有非常重要的意义。而在线支付成功的前提就是资金流平台的建设，这也彰显了资金流在经济发展过程中的重要地位。

5.1.2 物流

前面介绍了我国国家标准《物流术语》中给出的物流定义。国际上则普遍采用美国供应链管理专业协会的定义，即物流管理是供应链管理的一部分，是对货物、服务及相关信息从起源地到消费地的有效率、有效益的正向和反向流动和存储进行的计划、执行和控制，最终达到满足顾客需求的目的。这一定义明确物流活动的基本目标是通过物品的移动和储存等关键物流活动，保证在合适的时间和地点向顾客提供需要的商品，最终满足顾客需求。物流不仅涉及货物，而且涉及服务及其相关信息和以人为本的管理理念。

在当今竞争激烈的市场环境中，许多企业的目标是获得更多的市场份额，并实现更高的生产和采购效率。在企业绩效中，一个关键因素是"物流功能"在保障供应链的材料、产品和信息传递方面的作用。物流在有效和及时地为客户提供产品或服务方面起到了关键作用。在物流系统中，物品在一个或多个工厂生产，运到仓库进行储存，最后运给零售商或客户。随着库存、资产管理和信息可见性的不断提升，物流正逐渐成为许多企业在供应链运营过程中控制成本的关键领域之一，确保物流可见性的目的之一是提升企业的内部决策能力和生产运营的绩效。由于物流与供应链的所有领域都相关，因此物流可见性的逐步提升能够驱动整个供应链变得更加透明化、可视化，并提升整个供应链的绩效。

5.2 智慧库存管理

库存指的是企业在生产和流通领域各环节所储备的各种物品，是企业为满足未来使用的需要而暂时存放的资源。库存在一定程度上反映企业的运营能力，同时也反映企业的销售和物流状况。库存是企业资产的重要组成部分，通过提升库存管理质量可以显著提升企业整体的经济效益，促进企业高质量发展。随着互联网、ERP、电子商务等信息技术在企业中的应用，企业的竞争模式发生了根本变化，21世纪市场竞争已由企业之间的竞争演变为供应链之间的竞争。在这一过程中，库存则必须保持在一个经济合理的水平。如果库存水平处置不当，那么会导致库存过剩或不足，增加企业运营成本或导致企业资源闲置，进而影响企业整体经济效益，使企业丧失竞争优势。因此对企业而言，如何使库存维持在一个合理的水平，以平衡库存不足带来的短缺风险和损失及库存过多所增加的仓储成本和资金成本，已成为必须解决的问题。

库存对企业经营作用具有两重性：一方面，维持一定量的库存对企业生产经营有积极的作用，如可以降低企业的采购成本、增强生产计划的柔性、提高顾客响应速度、保持生产的连续稳定等；另一方面，库存过多也存在一些消极影响，如会增加企业的经营成本、增加企业的经营风险、增加企业的机会成本、掩盖企业的管理问题等。有效的库存管理是平衡需求和供应以提高供应链成本效率的关键杠杆。提高企业的库存管理水平，有利于企业节约资源，增强竞争优势，创造企业利润，对企业的发展具有重要的意义。数字经济时代下，数据可用性和技术驱动的解决方案实现突破式增长，催生出许多有效的库存和补货策略，并使得整个供应链的产品和信息流实现系统性优化。因此，企业需要推动智慧库存管理，实现库存管理数字化，推动库存数据数字化、管理智能化，从而及时获得库存信息，做出合理的库存决策。

5.2.1　库存成本控制

库存成本控制指的是企业根据实际的经营模式和现状，有效地降低产品的生产成本，并以匹配企业的经营战略控制库存成本的一种成本控制方式。库存成本是在整个库存管理过程中所发生的全部费用，企业库存成本主要由三部分组成，如图 5-1 所示。

（1）库存持有成本。库存持有成本就是企业实施库存管理工作所支出的费用,如库存保管费、库存租金、库存管理人员工资等。

(2)库存获得成本。库存获得成本主要是企业订货或者采购产生的成本。

(3)库存风险成本。物资在库房保管期间会出现诸多不确定的风险。库存风险成本包括物资损耗所产生的费用、商品丢弃所产生的费用及产品转移所产生的费用等。

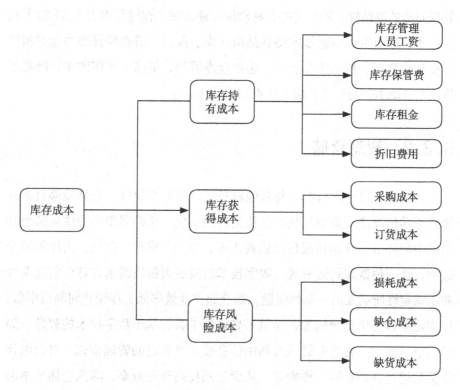

图 5-1　企业库存成本构成

上述成本是决定库存成本的重要因素,一旦库存成本无法得到合理与有效的控制,就会使企业产生库存成本浪费,增加企业的运营负担。因此,企业在设置安全库存时,要对需要进行采购的商品种类、数量、订货期的长短等要素进行认真考量。除此之外,库存水平的设置还跟消费者的需求有关,由于消费者需求存在不确定性,因此在进行库存设置时需要着重考虑这一要素。在考量库存控制策略时，还需要根据物品的种类、数量、规模、供需情况等进行选择，以实现高效的库存管理。

数字经济推动越来越多的企业开始尝试将大数据等信息技术与库存管理策略相结合，打造移动库存等数字化库存管理方式，缩减物流库存成本。以移动库存为例，移动库存模式中的现场工作终端为借助数字化技术打造的移动智能终端，该终端与后台的库存管理系统实时传递信息，进而保证数据同步的准确性。除此之外，移动库存还会在工作过程中引入 RFID 等信息技术，进而借助信息技术将物品出入库、盘点、清查等管理功能移植到移动智能终端。移动库存应用于企业仓库管理，提高了工作效率，降低了物流库存成本，与传统方法相比更加数字化。

5.2.2　智慧仓储

仓储是通过仓库对商品与其他物品进行储存与保管。仓储能够对企业物资流动情况进行集中反映，是从生产到供应，最终到销售的供应链系统中的中间环节。仓储物流包括物资入库、检验、堆放、存储、出库的整个过程，是一种微观物流形式。数字技术的发展为解决需求方订单的复杂性和不确定性所引发的一系列问题，如仓储作业效率低、存储空间利用率低、库存记录容易出错等问题，提供了高效的工具，基于数字技术的智慧仓储模式应运而生。智慧仓储是指利用信息技术及先进的管理模式，对仓储作业信息进行自动识别、预警等，从而达到提高作业效率、降低仓储成本的目的。智慧仓储的核心内涵是实现仓储作业和仓储管理的自动化、智能化发展，并将运输、仓储和配送等活动进行集成化管理，统一管理仓储作业流程整合等。作为智慧物流系统的重要组成部分，智慧仓储主要是信息技术和仓储管理模式相互融合的产物。

1. 仓储管理系统

仓储管理系统是现代仓储物流管理的重要标志之一，也是实现智慧仓储管理的前提。仓储管理系统主要分为三类。第一类系统的核心业务是配送。该系统主要将商品信息集合，并输入计算机中进行集中流程化管理。集中流程化管理主要包括物资库位信息管理、RFID 模块管理、入库管理、配送管理等。第二类系统的核心业务是整合系统，如生产制造流水线各个自动化系统、ERP 系统等企业信息系统。第三类系统则是以经营决策为重点，以营利为主的第三方物流系统。该系统包括高效的财务系统、信息核算系统和客户管理系统，其主要目的是为客户提供高质量的储存服务等。建立以上三类仓储管理系统的初衷就是减少人力投入、提高仓储管理效率，进而提升企业经济效益。

2. 物联网技术

作为智慧仓储发展与升级所倚仗的重要技术手段，大数据技术与物联网技术几乎覆盖了智慧仓储发展的全部环节，如仓储数据的收集、整理、分析、存储，物资的智能追踪及仓储机器人技术的应用等。可以说，物联网技术是智慧仓储的重要支持与保障，是智慧仓储领域发展不可动摇的技术根基。

在仓储物流领域中，物联网技术最为直接的优势便在于对人工成本的有效控制。物联网技术将仓库中的物品与物品、操作员与物品连接起来。连接的物品（如货架、手推车、产品）和操作员，可以通过在环境传感器中嵌入无线传感器网络（WSN）节点进行跟踪和监控，在中央仓库管理系统（WMS）中提供分散的决策支持。分散的决策系统可以迅速应对紧急情况，如叉车故障。该系统减少了决策延迟，提高了解决问题的效率，保证了仓储安全，提升了决策反应能力，减少了仓储活动的延迟和成本。WSN 和其他传感技术使仓储更加安全和透明。嵌入 WSN 节点的环境传感器监测仓库中环境条件的变化，如温度、湿度和亮度，监测结果可以通过警报信息发送到控制中心。环境传感器可以安装在货架、手推车、产品上，让其变成通信对象，进而打造分散的仓库管理模式，以确保安全性。

物联网技术在运输环节中的应用也十分广泛。众所周知，在运输环节中最为重要的便是确保货物的安全。在物联网技术的支持下，能够实时掌握物品的位置信息，同时借助监控系统对物品进行实时监控。在环境监测系统的支持下，能够了解运输环境的变化，减少外界环境及天气等因素给物品运输管理所带来的不利影响。

3. 云仓储技术

云仓储技术是指分布在全国各地的仓储网络，利用云物流平台强大的大数据分析技术，对物流进行连接，针对商品在不同区域、时段的销量做预测，将相应数量的商品提前放到距离消费者最近的仓库，实现就近高效配送。云仓储的管理效率和管理精度都很高，并且云仓中的作业流程很快，能够大大减少企业进行仓储活动所需的时间。云仓的作业流程主要依靠自动化设备和信息化系统，入库与出库的速度非常快。除此之外，云仓与传统仓和电商仓的主要区别在于仓内作业流程时效性更高，以及管理更精细化，云仓还有更加智慧化、自动化的存储设备和信息化存储系统。

4. 自动化仓储技术

在过去十年中，仓储自动化迅速发展。自动化仓储与拣货系统（AS/RS）和自动化车辆仓储与拣货系统（AVS/RS）等促进了仓储的智慧化发展。重要的技术有托盘自动堆垛和卸垛技术，特别是于21世纪初开发的混合箱码垛技术，这些技术的应用促进了仓库货物拣选过程的自动化。仅在西欧，就有大约40个完全自动化的仓库，还有许多自动化的仓库正在开发中。与传统的仓库相比，完全自动化仓库的规模更小，并且比传统的人工仓库更具成本效益。图5-2展示了自动化仓库的运行流程。

在自动化仓库，供应商从卡车上卸货，并将货物放置在托盘上（步骤1），并通过运输机进行运输。然后，这些托盘被存储在AS/RS中（步骤2）。当需要某产品时，会使用机器人对托盘进行自动装卸（步骤3）。货物通常放在托盘上以方便操作，单个托盘存储在AS/RS或AVS/RS中（步骤4）。当商店的订单到达时，系统会根据订单顺序对商品进行排序（步骤5），然后使用机器按照商店特定的顺序建立托盘（步骤6），以便商品快速在商店里上架。然后，这些托盘会在一个订单整合缓冲区（OCB）中等待（步骤

7），直到出发的卡车到达。

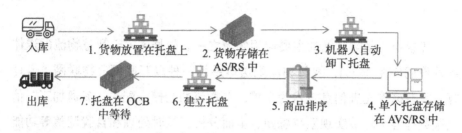

图 5-2　自动化仓库的运行流程

📖 相关链接 5-1　京东物流

京东致力于成为全球最值得信赖的供应链基础设施服务商。京东物流建立了包含仓储网络、综合运输网络、最后一公里配送网络、大件网络、冷链物流网络和跨境物流网络在内的高度协同的六大网络，具备数字化、广泛和灵活的特点。京东物流运营超 1500 个仓库。含云仓生态平台的管理面积，京东物流仓储总面积超过 3000 万平方米。京东物流已申请的专利和软件许可超过 7000 项，其中与自动化和无人技术相关的专利数量超过 4000 项。京东还积极拓展全球业务，在全球运营近 90 个保税仓库、直邮仓库和海外仓库，仓库总管理面积近 90 万平方米。

📖 相关链接 5-2　苏宁物流

苏宁在全国有中心仓和 20 多个平行仓，这些仓库借助互联网等信息技术，及时获取需求方的订单，提前进行商品的运输调度，将客户需要的商品提前运输至距离客户较近的仓库，从而提高了物流效率，节约了运输时间，优化了客户的消费体验。除此之外，苏宁还构建了超级云仓网络，该网络由分布在全国各地的 12 个云仓共同组成，为供应链服务提供一套系统化的技术支持。

5.3　智慧物流

智慧物流是物联网的主要应用领域之一。根据《关于智慧物流配送体系建设的实施意见》，智慧物流配送体系是一种以互联网、物联网、云计算、大数据等先进信息技术为支撑，在物流的仓储、配送、流通加工、信息服务等各个环节实现系统感知、全面分析、及时处理和自我调整等功能的现代综合性物流系统，具有自动化、智能化、可视化、网络化、柔性化等特点。与传统物流相比，智慧物流要以更加智能的方式进行规划、管理和控制。智慧物流的类别和要素多种多样，包括智能交通（ITS）、物联网、智能货运和面向客户的智慧物流等。

智慧物流中的物流过程，即货物运输、仓储和交付等，可以通过物联网、大数据、云计算和人工智能的协同应用，实现信息共享、快速反应和资源整合。物联网、大数据、云计算、人工智能及先进管理方法的协同应用，使智慧物流成为一个综合系统，也使其比传统物流更加智能。从客户的角度看，智慧物流可以提供更高效、更灵活、更准确、更安全的物流服务。

5.3.1　运输网络规划

物流运输网络涵盖了数个起点、数个终点及多条路线，如图 5-3 所示。物流运输网络有力地推动了经济建设和社会服务的发展，随着数字技术的发展，以信息技术为基础建设的物流运输网络，在确定客户的位置信息、路况实时信息等方面更加精确，保障了物流运输的安全性，有力提升了物流运输质量。智慧物流系统的运行离不开大数据的支持，这些大数据不仅包括智慧物流系统之外的大数据，还包括在智慧物流系统运行过程中产生的大数据。例如，智慧物流系统需要利用运输路线的大数据和卫星系统获取的运输环境的大数据对物流配送进行实时响应，智慧物流系统需要利用系统运行产生的大数据对系统运行效率进行评估和分析，制订高效的物流配送计划等。由于涉及车辆调度、中转运输管理、应急响应、RFID 技术、地理信息系统（GIS）、全球定位系统、传感器设备等，相关供给、需求方变异性大，区域跨度大，产生的数据量也是巨大的，运用数字技术进行网络规划和系统优化已逐渐被越来越多的物流企业所采纳。

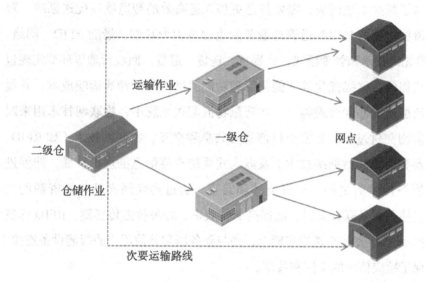

图 5-3　物流运输网络示意

通过对大数据等数字技术的应用，物流运输效率可以实现大幅度提高，物流企业之间的沟通、交流将变得更加便利，物流配送路径将实现现代化。以美国联合包裹运送服务公司为例，该公司在使用大数据优化运输网络方面做出了示范。最佳的配送路线不需要企业的工作人员人工绘制，而是采用先进的计算系统实时对成千上万种可能的配送路线进行分析，并在数秒之内找到最佳的配送路线。例如，通过大数据分析，美国联合包裹运送服务公司做出了以下规定：卡车不能左转，这样可以缩短行驶中的等待时间。未来，该公司将使用大数据对快递员行为进行预测，保障物流运输过程的安全，尽可能减少物流运输中所产生的各种问题。

5.3.2　物流配送

配送是指按时将货物从仓库或配送中心运送到指定地点。随着技术进步和经济水平的提升，配送的效率在逐步提升。然而，传统的送货系统仍存在许多问题，如运营效率低、货物存在被盗风险、易腐产品变质等。因此，为了减少上述问题，需要打造更加先进高效的智慧物流配送系统。智慧物流配送指的是以配送管理业务的流程重构为基础，借助 RFID、网络、GIS 等先进技术和管理模式，在提货、送货、退货、回收管理等环节实现包括补货提醒、路线优化等智能化管理功能，进而降低物流运输成本，并提升物流配送效率和管理能力。在智慧物流配送系统中，物联网技术用来跟踪和监测交付过程，并使交付信息可共享和交互。物联网技术（如 RFID、传感器和无线通信网络技术）及嵌入式系统支持信息的虚拟传输，能促进交付服务提供商之间的信息流动和共享。通过物联网实现物流资源的互联、支持共享或联合交付，能提高交付效率。各种智能传感器、RFID 标签和 GPS 设备被安装在送货车辆上，并与服务器和其他用户的智能设备连接，这确保了感应信息的交流和共享。

在数字技术的支撑下，智慧物流配送能够对配送路线进行计算，对天气信息、路况信息、交通管制信息等进行集中处理，进而实现配送路线的智能化决策。智慧物流配送还能够在商品的交付环节实现快速验货，在物流中心配送货物库区实现快速分拣，最终实现提升物流配送作业效率、降低物流配送成本等目标。

根据物流配送整体结构和物流企业发展需求，智慧物流配送的整体结构如图 5-4 所示。

信息感知层负责采集数据。RFID 被广泛应用于运输领域，用于识别和跟踪货物和车辆的信息。具体来说，在运输过程中，RFID 可以收集和跟踪物流资源的信息，如集装箱位置和货运信息，以及客户订单数据（如客户身份、数量和库存单位的类型）。这些数据用于车辆配置优化和路线规划及优化。RFID 标签中携带的电子产品代码包括产品信息，可用于跟踪货物的

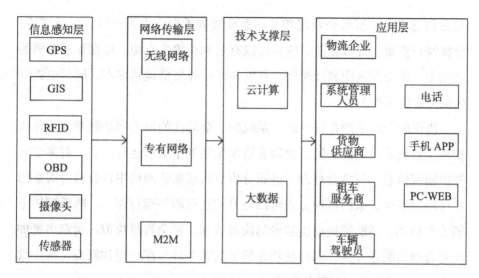

图 5-4　智慧物流配送的整体结构

运输过程。GPS 和 GIS 通常与 RFID 相结合，提供导航、路线规划和运输过程监控功能。GPS 被用来定位和实时跟踪车辆的位置；GIS 提供道路和相关设施的空间分布、道路状况，以及为司机提供最佳的路线导航服务。网络传输层负责传输数据信息，借助数据算法模型（M2M）、无线网络、专有网络等，做到在整个配送流程中各单位之间的实时交互沟通，保证沟通的稳定性。技术支撑层负责存储、访问、计算、接收车载终端与客户端所传输的相关信息，借助数字技术完成海量数据的存储、计算、检索、虚拟管理及实时交互，从而实现物流配送过程中的车辆与货物信息匹配。技术支撑层对所存储的海量数据进行分析，进而科学合理地调度车辆，优化配送路线。应用层包含系统使用对象和客户端两部分，使用对象进入系统界面，发布并检索信息，并参考系统所匹配的物流配送方案做出正确决策。

5.3.3　协作配送系统

协作配送系统用于对来自不同客户及不同企业的商品货物进行集中配送，也就是在相同的配送路线上为不同的客户配送货物。协作配送依托第三方信息平台，所有企业将相关信息反馈到平台，由平台计算组成联盟，交换客户资源，安排配送。这样可以有效利用物流资源，提高配送车辆的利用率，缩短配送距离及时间，帮助物流企业降低运营成本，同时也提高物流配送的服务水平。

协作配送追求的是统一的、系统的、全局性的物流网络效果，优化从物流企业到客户的配送链，使物流资源始终处于最佳运行状态。对多个来源的物流信息进行整合处理，进而分析出区域物流网络中符合自身需求的最佳配送系统。采用这种方式可以提升配送车辆的运行能力，降低配送车辆的空载率；还能够提高决策者的决策效率，避免盲目决策，制定出更加高效合理的配送方案；同时使物流网络的各个环节配合更加默契，减少战略失误，从而提高配送服务质量。

📖 相关链接 5-3　利丰有限公司

总部位于香港的跨国公司利丰是冯氏集团旗下的一家公司，也是供应链解决方案提供商。利丰在 40 多个经济体设有 230 个办事处，专门为零售商和品牌负责任地管理大批量、时间敏感商品的供应链。该公司的目标是创建未来的供应链，以帮助客户驾驭数字经济技术，并改善供应链中十亿人的生活。该公司需要一个更强大的 B2B 基础设施，确保其供应链管理解决方案能够实现扩展，以应对"双十一"销售活动期间的交易高峰。

冯氏集团首席技术官曼纽尔·费尔南德斯（Manuel Fernandez）表示："在我们的物流业务中，客户依靠的是我们的可靠性和服务水平，因此我们的基础设施平稳运行和可扩展至关重要。卓越的服务是我们的客户所期望的。"公司用于处理供应链交易的基础设施由两部分组成。根据费尔南德斯的说法，集团有仓库管理系统及 Sterling B2B Integrator，可以处理传入的订单。这两部分都在本地运行，并且相辅相成。但是，在 2017 年的"双十一"活动中，由于 Sterling B2B Integrator 出现问题，订单数量低于预估水平。

在 2017 年的"双十一"活动之后，利丰团队与 IBM 服务和开发团队合作，从多个方面解决性能问题，包括进行大量内部和与客户的压力测

试。为了提升对使用情况、实时加载和整体系统运行状况的可见性，团队
构建了分析系统，借助 IBM L3 的支持和咨询服务，对整个 Sterling B2B
Integrator 进行检测。最终，两个团队就基础架构、数据库和应用程序层的
完善提出了 48 条建议。团队还调整了系统资源（包括 CPU 和 RAM）的大
小，以优化性能。

利丰的努力得到了回报。2018 年"双十一"活动来临，Sterling B2B
Integrator 当天处理了 1200 万笔入站交易和 1700 万笔出站交易，峰值为每
小时 75 万笔，几乎是前一年处理的 330 万笔入站交易和 460 万笔出站交易
的 4 倍，前一年的峰值为每小时 18 万笔。该公司计划与 IBM 持续合作，以
提升其处理不断增长的交易量的能力。"从整体上讲，我们所有的业务都旨
在创建未来的供应链。"费尔南德斯说，"我们现在正在做的一件事是将供
应链数字化。"

5.4　智慧供应链运营

智慧供应链指的是结合数字技术和现代供应链管理的理论、方法和技
术，在各企业中和在企业之间构建的，实现供应链的智能化、网络化和自动
化的技术与管理综合集成系统。智慧供应链可以缩短企业在市场中的反应时
间、提升运营效率，减少资金、物料等资源的浪费，并提高产品质量。智
慧供应链的核心是通过实现供应链中信息流、资金流、物流等方面的无缝
衔接，尽可能消除信息不对称带来的负面影响，从而在根本上提升企业内
外部供应链的运行效率。

5.4.1　需求预测与匹配

供需信息由需求信息和供应信息两部分组成。需求信息从客户处出发
传递到零售商，再从零售商传递到分销商，最后再传递到生产方，而供应

信息与需求信息的方向恰好相反。在供应链的信息化、数字化管理过程中，供应链管理的基础和核心功能是对商品短期不确定性需求的预测，这也是各个电商企业在发展中所面临的重要挑战。将大数据分析等信息技术运用到供应链系统中，可以有效地对企业现有资源进行统筹规划、全面协调，并帮助管理者进行科学合理的决策。除此之外，还可以对产品分类、库存能力等做进一步的优化和调整，打造具有企业特色且符合市场需求的个性化营销策略，进而达到降低供应链成本、提高运营效率和增强企业的核心竞争力等目的。

借助大数据、云计算等数字技术，企业在信息共享、信息传递等方面更加高效。信息共享是供应链中不可或缺的部分。第一，信息共享能够使制造商及时了解零售商的库存需求，进而使零售商能够更快地响应客户的需求。第二，信息共享提高了需求预测的准确性。需求预测是企业在制订生产销售计划中的重中之重，客户需求预测精确，企业的定价模式和定价结构就会合理，就能打造出合理的库存管理模式。在智慧供应链中，借助各种数字技术，企业可以从海量的客户与商品交互数据中挖掘有价值的信息。借助各种数据分析技术，企业可以将客户需求预测问题一步步地转化为机器学习、深度学习等方面的问题，利用深度学习和神经网络等技术可以较好地对未来需求进行预测。

5.4.2　透明供应链

透明供应链指的是通过供应链成员之间的合作和信息共享打造的"可视性"供应链。透明供应链通过与供应链中各成员进行沟通，可以实现产品历史的可追溯性和整个供应链当前活动的可见性，并吸收各成员对供应链的反馈。供应链透明度是指与主要利益相关者（包括员工、客户、供应商、股东、银行、政府等）沟通，以提供产品历史的可追溯性和整个供应链中当前活动的可见性，同时也将利益相关者的反馈纳入供应链的改进过程。较高的供应链透明度为市场参与者和其他利益相关者提供了评估监管和自我监督的机会。因此，较高的供应链透明度使企业能够将产品评估的方向从产品本身转向开发、上市等整个过程。改善供应链透明度可以对整个供应网络中的其他公司产生积极影响。

透明供应链可以消除"牛鞭效应"。牛鞭效应指的是供应链上的信息流在从最终客户向原始供应商端传递的过程中，由于无法有效地实现信息的共享，所传递的信息逐渐扭曲并逐渐放大，最终需求信息出现越来越大的波动。牛鞭效应所导致的需求高度不确定性，会迫使供应商维持比客户的需求量更高的库存水平，来应付销售商订货的未知性。由于库存数量增多，供应商的生产、供应和营销风险都会相应增大，生产、供应、营销有可能混乱。而供应链透明化则是指对于供应链的整个过程进行信息共享，包括运输、仓储等信息。企业应实现信息透明化，在供应链上下游之间形成高度信息共享，以便实时了解商品运输状况，掌控整个物流过程，减少物流过程中产生的损失。

5.4.3 风险控制

供应链风险控制是指在供应链运作过程中，预防、辨别各种风险，同时及时化解风险的行为。供应链风险控制包含风险识别、风险评估和风险化解三部分。在风险识别过程中，企业可对应对风险的直接和间接经验进行分析梳理，进而总结归纳出未来企业可能面临的风险，以及这些风险的特点等。当风险来临时，企业就可以根据风险的特点对风险进行识别，并为风险回避做好准备。当风险识别完成后，企业便可以采取风险回避战略，避免发生此类风险。在进行风险评估时，企业需要对风险可能带来的损失进行预估，并提前制定应对风险的措施。除此之外，在风险评估完成后，企业可将风险解决任务下发分配，由各部门分别处理风险。在风险化解过程中，企业将采取多种处理风险的实际策略和战略，并根据企业实际情况选择最佳的风险处理方案。

供应链风险管理主要包括两个过程，即风险检测和风险控制。风险检测是对供应链上各节点的构成与分布进行分析,对所面临和潜在风险的可能性进行识别与判断,并对风险进行定性分析。风险控制是在风险检测基础上,有针对性地采取积极防范控制措施,使供应链风险的影响最小化。在突发事件发生后,企业需要采取风险控制的策略,即动态控制和适应性管理。

可见性指的是追踪产品材料来源的能力,具有可见性,能够避免供应链中可能发生的风险。让供应链具有可见性是风险管理实践中的策略之一,企业在供应链中具有高度可见性就可以获得更大的主动权,从供应商到客户具有可见性使交易各方能够根据各方所共享的准确信息来制定相应的战略,以减少潜在的风险。

风险管理能力可以通过提高企业的风险控制水平进行加强,提升供应链的可见性可以提升风险管理能力,并促进企业的盈利能力和销售业绩的提升,而且能够提升企业的信息分析能力。提升供应链可见性是一种有效降低风险的方式,企业可以从供应链上下游中获取信息,并对信息进行处理,以便更好地进行风险管理。这样一来,企业就可以确保拥有关于供应链风险的及时、准确和完整的信息,以便采取更加主动的措施进行风险管理。除此之外,提升供应链可见性能增强企业分享资源的意愿,增强供应链的灵活性,提升企业的预警能力和从供应链风险中恢复的能力。这表明,在不利事件和不确定因素出现前后,企业可以分别通过预警和恢复来分享信息并采取行动。这些措施增强了企业应对风险的信心,并降低了协调成本。

5.4.4　供应链融资

近年来,供应链融资成为供应链管理的热点话题。我国供应链融资正处于快速发展阶段,众多金融机构专注于开发和设计新的供应链融资服务和产品,以解决中小企业面临的融资问题。供应链中的许多上下游中小企业由核心企业领导,合作提升供应链的核心竞争力。然而,融资困难一直制约着中小企业的发展，阻碍了供应链的整体发展。由于信息不对称等，金融机构难以准确识别供应链风险，也难以做出最合理的投资决策。同时，供应链融资业务具有法律主体关系复杂、信息共享能力和业务水平要求高的特点，这进一步增加了供应链融资的难度。虽然许多国家出台了支持中小企业发展的政策，但依旧没有改变全球中小企业融资困难的处境。

数字技术发展带来颠覆式创新，利用互联网技术和数字技术整合相关数据和信息，可以有效打破行业信息不对称的现状，提升行业信息化协同能力，降低企业融资难度。建立供应链融资数字化平台，可将供应链融资和互联网融资的优势相结合。供应链融资平台通过实现登记、查询和公示等业务功能，对融资风险进行抵御，同时，银行充分利用外部数据来对企业信用评级水平进行估计，通过大数据和云计算等多种数字技术，对企业的经营情况和融资需求进行研究，做到普惠金融。区块链技术可以提升业务在司法框架下的可操作性。区块链技术具有去中心化、开放化、透明化和可视化等特点，可解决集中模式下服务器被攻击或数据被恶意篡改的问题，同时可保障票据和交易信息的真实性，提高数据共享安全性，降低征信成本。除此之外，区块链技术还可以提升融资业务规范化水平。供应链金融形成的订单、合同、发票、税票、仓单和债券能够通过区块链账本进行共享存储，避免重复抵押和质押的情况。

5.4.5　智慧供应链生态系统

智慧供应链生态系统的定义为：围绕数字—服务—产品包，由供应链群落的各类主体关联互动而形成的生态系统。数字经济背景下，生态系统中的各参与方在数字技术的支持下能够实现联动，优化信息流、物流和资金流，提供复合互补、开放扩展的数字—服务—产品包以满足客户的个性化需求。

1.供应链生态系统的基本结构

围绕数字—服务—产品包,供应商群落、制造商群落、零售商群落,形成了不同尺度的供应链生态系统。例如,智能家电和智能卫浴、智能健康等能够形成良好的协同关系,通过这种协同关系,形成智能家庭供应链生态系统。除此之外,在数字技术的驱动下,智能家庭供应链生态系统能够进一步与其他外部的生态系统在更大程度上进行协同,如智能出行、智能餐饮服务等其他类型系统。这些系统相互作用,进而形成智能生活供应链生态系统,而智能生活供应链生态系统还能够进一步与其他外部的生态系统在更大程度上进行交互。供应链生态系统中的各子系统关系密切,系统成员和其他成员相互依存。不同供应链中的上下游企业借助各类不同的集成平台相互融合,呈现出不同类型供应能力的集成优化特点。

2.供应链生态系统的适应性

供应链生态系统的适应性是一个复合概念,包括鲁棒性、敏捷性、韧性、柔性、自组织性等不同维度,如表 5-1 所示。供应链生态系统往往具有多层级、网络化、动态化等特点,因此需要致力于降低和管理供应链生态系统中可能面临的风险,提高供应链生态系统的鲁棒性和敏捷性。除此之外,供应链生态系统的韧性和柔性也需要进一步提升,以应对当前市场中不断涌现的定制化需求和激烈的市场竞争。韧性指的是供应链生态系统面对各种突发情况时及时做出适应性反应,并回到正常状态的能力。柔性强调调整供应链各个环节,动态分配不同产品(服务)簇之间的供应和生产能力。

数字技术有效提升了供应链生态系统的鲁棒性、敏捷性、韧性和柔性。利用物联网、区块链、协作机器人、人工智能、机器学习等数字技术,能够提升供应链的可视性,增强供应链生态系统的韧性和柔性。除此之外,供应链生态系统是动态的、复杂的,在动态的环境中,供应链生态系统遭受干扰后,基于内部的负反馈和自我调节,在没有集中式控制干预的情况下,自下而上地快速应对外界的干扰和影响,具有自组织、自配置、自修复和自纠正的功能。多个供应链网络合作以应对中短期供应风险时，它们可以被视为复杂的自适应系统，表现出自组织性。

表 5-1 供应链生态系统的适应性

维度	具体内容
鲁棒性	强调供应链生态系统在异常、意外或外在冲击扰动下，能够避免停顿或崩溃，维持对数字—服务—产品包的相对稳定供应
敏捷性	以客户需求为导向，将供应链生态系统成员整合到高度协同、快速响应的供应链网络中，形成对供应变化或需求变化具有快速响应能力的供应链共同体
韧性	承受意外事故并从事故中恢复的能力，强调面对意外事故时可以做出恢复反应，并且可能恢复到比意外事故发生前更有利、稳定的状态，从而获得持续的竞争优势
柔性	在多种类、小规模、定制化客户需求日益增加的情况下，能够灵活调整供应链各个环节，动态分配不同产品之间的供应和生产能力，实现快速供应、生产、销售多种产品
自组织性	基于鲁棒性、敏捷性、韧性和柔性而衍生出的更为综合的性能，在没有集中式控制干预的情况下，系统成员基于供应关系和内部的负反馈，进行相对分散的决策，自我组装和自我调节，自下而上地快速应对外界的干扰和影响

📖 相关链接 5-4 在供应链中融入自主智能

供应链智能平台能够实现更智能的工作流程和智能自动化，使供应链能够在运行过程中更加数字化，能够轻松、全面地识别与预测风险和供应链断裂危机，或者提前对风险和危机进行抵御。即使危机出现，现有的组织和技术工具也能让供应链迅速做出反应。借助供应链智能平台，供应链将具有全面的可见性和敏捷性。先进的供应链智能使企业能够作为领导者塑造市场，轻松把握新的市场机会并获得市场份额。这样一来，供应链的风险反而将带来竞争优势，因为竞争力强、准备充分的企业要么已经采取了适当的措施来预测风险，要么已经准备好在危机发生时迅速行动。

随着企业将应对速度考虑到供应链成本中，采用技术化的供应链工具来帮助及时和准确地决策是至关重要的。在如今的供应链世界中，可视性、预测能力、组织的灵活性，以及应对风险的技术工具是区分企业竞争力的关键因素。

决策自动化工具（物联网、人工智能、机器学习和区块链等）能够适应这种演变，使企业能够利用其供应链的深度洞察力，了解什么在推动需求转变及如何满足需求，通过缩短决策时间创造竞争优势。

5.5 案例说明

📖 案例5-1 苏宁物流：冲破传统，领跑智慧

苏宁创建于1990年。经过三十多年的发展，其网络已覆盖国内外多地的市场，在境内外拥有两家上市公司，其中上市公司苏宁易购连续多年跻身世界500强榜单。苏宁产业规模不断扩大，经营范围不断拓展，先后打造了苏宁易购、苏宁物流、苏宁金融、苏宁科技、苏宁置业、苏宁文创、苏宁体育、苏宁投资八大产业板块，并且这八大板块还形成了协同发展的局面。苏宁物流的发展离不开苏宁集团，更离不开苏宁零售。苏宁物流源自苏宁创业之初所成立的苏宁物流部。目前，苏宁物流已成为国内优秀的自营物流企业。苏宁物流是如何从苏宁物流部发展成为领先的智能物流体系的呢？

一、夯实物流地基

公司成立初期，苏宁采用了当时存在的"前店后仓"模式，即仓库紧跟店后，客户在门店体验产品。客户满意并付款后，卖方交货。苏宁物流只有少数工人和运输车。这支穿制服、符合统一要求、注重客户体验的服务团队，是当时苏宁物流的核心，其以高质量标准完成了苏宁的所有配送和安装服务。

当时我国物流行业刚刚开始发展，如何提供科学高效的物流服务是困扰整个家电零售业的难题。对苏宁来说，情况也是如此，因为家电的体积较大，并且是很容易受损的商品，配送难度较大，这个问题在每个销售高峰期都更加明显。此外，随着连锁经营的发展，苏宁开始进入城市核心商

业圈，倘若要在核心商业圈开设仓库，巨大的租赁成本是苏宁必须考虑的问题。因此，苏宁开始将"前店后仓"模式改为"店仓分离"模式。随后，苏宁构建了网点，并在南京设立了 10 家售后网点。随着社会经济水平的提高，物流在零售业中的重要性日益增强，苏宁将物流提升到企业战略层面，投入大量精力和物力发展物流系统，推动苏宁物流生态的扩展。

二、扩展物流生态

随着电商时代的来临，物流系统依赖于信息技术和网络技术，苏宁物流的配送单位不再是大型家电，而是针对每位客户需求的单一、零散的产品。目前，苏宁的客户群已不再是固定的对象，而是全国各地的千家万户，这远远超出了传统物流的客户范围。苏宁物流于 1990 年开始物流的能力建设，到 2012 年转型为第三方物流公司，业务遍布全国各地，其门店覆盖范围较广、配送体系日趋成熟和完善。苏宁根据物流对在线运营灵活性和时效性的要求，结合电子商务物流的配送特点，决定对现有物流配送系统进行升级改造，以满足苏宁自身线上线下一体化运营的物流需求。苏宁由于前期构建了物流网络体系，避免了在仓储、运输等方面的大量投资，而将网站建设和"最后一公里"物流配送当作苏宁物流建设的重点。苏宁以原有的门店作为电子商务在线配送的中转点和服务点，成立快递配送团队，注重关键配送环节，以实现配送效率和服务质量的大幅提升。

秉持以客户为中心的理念，苏宁物流构建了全链路供应链物流服务体系，提供仓储运营、仓储配送一体化、供应链融资、仓储租赁等多元化服务产品，覆盖家电行业、通信行业，正向着快速消费品、家装、母婴、汽车配件、体育器材、服装纺织等业务扩展。在苏宁物流快速扩展的背景下，苏宁物流服务已与 2000 多家第三方企业和 10 万个平台商家建立了联系。企业对外开放呈现出强劲的增长趋势，物流资源将不断开放，并与第三方合作伙伴和物流企业共享。

三、打造智慧物流

（一）自建物流网

在仓储方面，苏宁物流建立了覆盖全国的自建仓储网络，包括国内物流中心、区域物流中心、平行仓库和产地仓库。苏宁物流凭借高质量的仓储体系和社会化运作模式，实现了仓储网络化，实现了货物在全国范围内的快速流通。苏宁物流建立的仓储网络可以同时为网上订单提供服务，使客户在有效降低物流成本的同时获得更加高效的服务。各门店与自提点、服务站等快递配送点共同构成仓储网络，不断向下游市场拓展，充分发挥苏宁物流的优势。

苏宁物流实现仓库到仓库、城市到城市，以及各节点间的连接。此外，以共享经济为背景，苏宁物流还着力打造了无车承运人管理平台，整合社会资源，对服务内容进行创新优化，并促进车辆和货物信息相互匹配。利用互联网等信息技术，苏宁物流无车承运人管理平台除了实现车辆的线下配送外，还整合线上资源，实现货运由粗放型增长向集约型发展的转型。这使整个企业能够对线上资源进行合理配置，同时还能实现线下物流高效运行，进而促进企业降低成本、提高效率和运输服务整体质量。

苏宁物流通过建立社区快递配送点、店铺自提点、智能自提柜台、联合自提点等方式，构建全渗透的端到端配送服务网络。在这样一张配送巨网中，苏宁物流拥有 25 000 多个网点，建立了最接近客户的接待模式，全天候、全时段、全场景服务。苏宁还致力于向乡镇进军。苏宁物流实现乡镇覆盖率超过 90%，提供准时达、当日达、次日达、预约送、夜间送等多样化的时效产品，而且还提供送装一体、代客检等服务，以满足客户的多样化需求。

（二）科技创新＋服务驱动

苏宁物流在数据建设方面同样成效显著，建立了强大的 IT 数据平台，包括供应链物流信息管理系统、物流整体运营的数据管理系统、全局和全链作业数据智能处理系统，以及实现全自动化运作、人机结合等多方式柔性生产的系统。对物流中心而言，自动化物流设备就像物流中心的"肌肉"，而四大自主研发的信息系统则是智慧物流的"大脑"，这个中央控制平台有效提升了苏宁物流的科技竞争力。

在无人技术方面，苏宁物流在仓储、运输和配送三个方面采用了大量的无人技术，显著提升了工作效率。在仓储方面，2018年，苏宁在济南投入使用全国第二个自动导引车（AGV）机器人仓。AGV机器人仓的投入使用，使得苏宁真正实现了"货到人"拣选，拣选的成功率接近100%，也使得苏宁拥有了山东第一家由机器人运作的仓库。在运输方面，近年来，无车承运、多式联运、"互联网＋货运"等创新运输组织模式不断涌现。苏宁物流打造了无人重卡"行龙一号"，并测试成功。无人重卡的发展，解决了苏宁物流园区间的干线运输和园区内的自动驾驶问题。无人重卡还能够对无人驾驶行为进行判断，可以有效解决传统干线物流存在的人工作业劳动强度大、时间成本高及安全性较低等短板。

除了技术之外，在高效物流体系的支撑下，苏宁物流还聚焦物流服务品质提升。苏宁物流秉持"在身边、有温度"的服务理念，以高品质的交付为核心，提供标准的门到门、全年365天全天候服务，100%送前电联、送货上门且时效服务产品丰富，有一小时达、半日达、次日达、准时达、预约送等；提供送货上楼、送装一体、送新取旧等创新服务，致力于为客户提供多样化的便捷体验，邮政快递行业有效申诉率连续多年行业最低。"送装一体"服务整合了"物流、客售、体验"三大内容，为客户提供了更为"轻简"的服务流程，在整个购物过程中不用再进行繁杂的预约和长时间的等待，真正实现了"一键购物、即买即享"。目前，北京、南京、内江、深圳、中山等全国306个城市的客户都能享受到"送装一体"服务。"送装一体"服务也是苏宁物流特色服务之一。

（三）全链一体化供应链服务

苏宁物流致力于提升智慧供应链综合服务能力。以深度服务网络、充足资源池、自有IT支持的基础优势提供一体化供应链物流解决方案，为供应商、平台商户、社会客户提供工厂到仓、经销商、门店和客户的全链路全渠道全品类服务，助力品牌商户降本增效及品牌价值提升，升级客户服务体验。针对电器类客户，提供仓、配、安、维一体化服务；针对数码产品，为数码产品商家提供供应链解决方案，让商户实现灵活选择入仓模式、高价值区域单独管理，提升货物安全，保障商户权益。提供全国配送、代客检等服务；针对快消产品，根据快消品类目易漏液、易破损、效期难控、配送时效慢、成本高等物流端痛点，苏宁物流提供快消仓配一体定制化服务；针对家居家装产品，苏宁物流依托全国强大的仓配覆盖网络、自主研发的信息系统支持、产地仓与区域仓协同优势，提供高品质仓配一体服务、专业送装一体服务。在跨境服务方面，苏宁易购跨境物流拥有强大的供应链运营能力，能为合作伙伴提供跨境直购、跨境保税服务，协同全国航空枢纽，构建一套海外仓储、国际运输、跨境保税仓、国内配送等一站式跨境物流解决方案。使客户足不出户即可享受国外好物。

📖 案例 5-2 数字化赋能——太平鸟破解库存控制难题

2022 年 9 月，商务部发布了"2022 年全国供应链创新与应用示范城市和示范企业"评审结果，太平鸟荣获"2022 年全国供应链创新与应用示范企业"，是浙江省唯一上榜的时尚品牌。太平鸟集团前身创建于 1989 年，"太平鸟"品牌创立于 1996 年，经过 26 年的发展，公司已成长为以品牌的创意研发、时尚设计和全网营销为核心的综合产业集团。2021 年，太平鸟集团实现营收 387 亿元，同比增长 19.5%；利润 12 亿元，同比增长 20%；纳税 11.2 亿元，同比增长 69%。2022 年，公司员工近 13 000 人，其中时尚设计研发团队 500 多人，每年向市场推出近万款时尚新品。

从 2000 年年初开始，国内外无数服装企业在市场中疯狂扩张。但是自 2015 年开始，服装品牌的运营短板逐渐暴露，快消品牌几乎每 2 周就会翻新一次产品，导致旧款产品迅速积压。除此之外，这些品牌每年都会新开上千家门店，如此疯狂的开店速度导致其库存量激增。因此，很多服装公司都逐渐暴露出了翻新过快导致的库存失控问题。自 2010 年以来，太平鸟一直保持着较为激进的作风来占据消费前沿。太平鸟敢于在消费密集区、大型商超和购物中心开设面积 1000 平方米以上的门店，但开设大型门店不仅导致租金和劳动力成本上升，而且给库存带来巨大压力。大型门店的库存量往往是普通门店的数倍。除此之外，部分门店集中在同一区域或商场，这些门店也在相互竞争，这就导致各门店的库存周转能力受到很大影响。随着电子商务时代的到来，时装更新速度不断加快，大型门店的优势逐渐丧失，进而导致库存管理等方面的一系列问题。店铺数量的增加对供应链的压力也很大。太平鸟的供应链整合能力被要求几何式增长，库存逐步增加，公司面临着巨大的资金压力和运营风险，最终的结局就是库存失控。随着店面规模的快速扩张，库存的数量不断增加，流通效率严重影响库存水平和订单、生产批次管理。因此，库存管理的精益化迫在眉睫。

一、打造数字体系

在严峻的现实面前，太平鸟制定了精益库存管理系统的框架和目标。第一，在数字系统上，通过供货商管理存货（VMI）、RFID 技术快速收集消费需求和流行趋势信息，准确预测产品需求，减少牛鞭效应引起的无效库存。第二，在流通运营上，对产品实施 ABC 分类，实施单元化、跨团队、快响应管理，实现库存快速出清。第三，在库存控制上，借助 AI 算法运行单周期库存模型，精确计算和优化库存，实现多样少量、低库存的目标。

二、破解牛鞭效应

2017 年，太平鸟和天猫在品牌建设、大数据赋能、全渠道线上线下融合等领域开展新的全面战略合作。太平鸟在阿里集团的帮助下开始进行数字化转型。太平鸟在线上对公司的微信公众号、官网、天猫旗舰店进行整合，打造双平台数字线上销售体系，探索新的社交零售渠道。太平鸟借助微博、小红书、抖音等大众化媒体平台进行推广，丰富客户的信息获取渠道，提升客户的购物体验和客户品牌黏性，通过各种渠道为客户提供产品。太平鸟对线下直销店进行整体升级，借助多种信息技术，如智能导购屏、虚拟试衣镜等，提供智能推荐、数码试穿、一键换衣等服务，让客户在线下体验的同时进行线上的下单选购。同时，太平鸟还提供智能推送、近距离智能配送等专业服务，以及使用智能数据反馈、产品开发优化等多种数字化技术。太平鸟在提升客户消费体验的同时，通过数千个太平鸟商铺终端，不断获取客户信息。同时，太平鸟基于阿里集团提供的大量客户行为数据对客户需求进行预测，并开展产品推送活动。太平鸟通过人工智能和数字算法，获取客户消费的取向，深入把握客户需求趋势，利用大数据技术进行准确识别，从而提升基于数字技术的产品需求预测能力。

三、减少库存储备

太平鸟对客户需求和时尚流行趋势进行预测，以客户需求为导向，借助市场趋势、销售数据等要素的指引，进行商品开发，最大限度地满足客户的需求。公司聘请国内外时尚服装设计人才，将产品企划和产品研发紧密相连，努力避免供需不匹配导致的产品销售停滞。借助云仓库，太平鸟坚持"多种类、小批量"的生产策略，只有产品热销，才会进行大批量生产。同时，太平鸟还将部分生产外包给其他生产厂家，降低自身的库存风险，以适应客户需求的快速变化，减少对库存的依赖，降低库存水平。

四、加速库存周转

太平鸟通过数字平台建设，形成线上线下、跨区域互通的信息共享平台，实现跨区域销售。太平鸟的产业链以客户需求为导向，数字化信息贯穿整个流程，客户的需求数据快速流经全国各门店，对商品的配送、生产、采购、物流、营销、零售等过程进行实时的指导。同时，加强部门与客户之间的联系和互动，提升不同店铺之间的库存分配速度和能力，提高物流运作和商品销售的效率，清理库存，减少库存积压和商品被迫降价的风险。

五、构建物流公司

太平鸟集团打造了属于自己的物流平台，慈溪太平鸟物流有限公司是太平鸟集团投资 5 亿元倾力建设的科技型物流公司，专注于打造具有国际先进水平的、现代化的大型服装物流精准服务平台。该公司整合了太平鸟时尚服饰旗下所有品牌在传统零售渠道上的物流配送服务，并提供电子商务、网络科技的精准物流服务，集中统筹规划实现物流服务的创新平台；有健全的经营、作业、财务、统计、安全、技术等机构和相应的管理制度，并于 2015 年 5 月通过 ISO 9001 质量管理体系认证，客户满意度达到 99.99%。该公司业务辐射全国各地，服务范围包括仓储和精准订单履行增值服务、运输和货运代理网络服务、物流设备和工程技术服务、物流信息系统开发和咨询服务、物流管理和技术咨询实施服务、供应链物流网络和外包服务。

整个太平鸟物流中心的设计，融合了应用创新性、专业创新性及技术先进性。

📖 案例 5-3　在印度，用人工智能塑造未来

当出租车从印度班加罗尔的机场飞驰而去时，兰詹·夏尔马（Ranjan Sharma）的大脑也在飞速思考一个问题。他担任首席信息官和供应链主管的 Bestseller India 是该国增长最快的时尚零售商，但是为什么该品牌的销售遇到了障碍呢？

那是 2019 年的夏天，Bestseller India 的整体表现令人印象深刻。自 11 年前成立以来，该公司以平均每年超过 50% 的速度增长。在印度各地的 1500 多家商店中，顾客抢购了 Jack&Jones、Only、Selected 和 Vero Moda 等流行服装品牌的商品。随后，畅销印度的 Only，这一专为蓬勃发展的青年市场而设计的品牌，却遇到了逆风。夏尔马说："Only 只是突然倒下了，我们根本无法弄清楚出了什么问题，我们很困惑，必须找出它倒下的原因。"夏尔马和他的团队从孟买前往班加罗尔寻找答案。他表示："我们正在寻找一位合作伙伴——不仅能引进新技术，还能很好地了解时尚领域的合作伙伴。"

尽管有技术，但了解印度的时尚产业是出了名的困难。2020 年，印度拥有近 14 亿人口，消费者的偏好因城镇而异。跟踪印度的细分市场，即使是顶级的和最有经验的产品规划师和时尚巨头也面临着挑战。

Bestseller India 是绫致时装的子公司，绫致时装是一家总部位于丹麦的全球零售商，是"快时尚"的领导者。快时尚是一种动态的商业模式，可以在几天或几周内将时尚服装从 T 台转移到货架上。当快时尚达成目标时，服装就会被撤下货架。但是，如果新设计错过了消费者，库存商品就会进行降价处理，其中一些最终会被填埋。事实上，对整个全球时尚行业来说，大约有 20% 的服装最终没有售出。

服装制造业也是原材料、水和能源的主要消费者。例如，生产一件棉

质 T 恤需要消耗多达 4 升的水。将消费者需求与设计和生产紧密联系起来，时尚行业可以增加利润，也能够促进可持续发展。

从历史来看，大多数时装零售商倾向于依靠过去的经验和直觉来决定生产哪些产品、生产多少及在哪里销售产品。但印度市场的多样性和活力揭示了直觉策略的局限性，尤其是当 Bestseller India 密切关注其畅销品牌为何突然受挫时。

当夏尔马在班加罗尔参加下一次会议时，他知道自己的设计师需要技术优势，以做出更精确的预测，并在正确的时间交付正确的产品。当他最终与 IBM 研究实验室的专家一起坐下来时，他直奔主题："IBM 能否通过人工智能利用数据帮助我们解决这些问题？"

夏尔马和他的团队确信 IBM 同时具备信息技术的相关经验和零售行业敏锐度，因此 Bestseller India 团队和 IBM 迅速达成合作共识。除了扭转 Only 的销售情况外，夏尔马还看到了利用人工智能决策的竞争优势来转变业务流程的机会。

对于与 IBM 合作的初始 IBM Cognitive Enterprise 创新项目，Bestseller India 设定了一个雄心勃勃的目标：开发一个具有人工智能功能的全新定制平台，以支持产品的设计、规划、生产和预测。其本质上是通过为员工提供技术来实现流程现代化。为了支持公司和员工的转变，Bestseller India 渴望与能够引入创新实践和新工作方式的专家合作。因此，该公司选择与 IBM Garage 合作。合作期间，IBM 和 Bestseller India 专家共同制定了路线图，首先研究用户如何与人工智能进行交互。

IBM 人工智能工具用于预测新产品中的最佳产品，确定每个商店的最佳销售产品组合，并提高供应链的效率。该项目的重点是将关键业务流程智能化，使员工能够通过人工智能驱动的工具实时获取信息，从而提升工作效率并更有效地利用时间。

印度巨大的经济规模和各个市场之间的巨大差异给开发团队带来了巨大的挑战，但这项挑战可以在 IBM Garage 框架内解决。为了支持软件开发，Bestseller India 选择了 IBM Cloud Kubernetes Service，这是一种平台即服务

（PaaS）产品，可满足 Bestseller India 对适用性和灵活性最大化的要求。

经过几个月的工作和迭代，Bestseller India 和 IBM Garage 为 Fabric.ai 这一定制平台集思广益，使其成为印度时尚行业的第一个人工智能工具。Fabric.ai 的第一个版本包括一套全面的七个核心人工智能模块，以及六个针对设计师、买家和商家的特定工具。无论用户访问前几季的数据还是更新的数据，Fabric.ai 都能对产品的性能进行即时认知分析，以易于使用的可视化格式显示销售和产品信息的界面，进一步提升了用户体验。根据最初的设计简报，Fabric.ai 最初专注于 Only 服装系列，但这一定制平台具有可扩展性，可以在未来加入 Jack&Jones、Vero Moda 和其他品牌。

设计师们很欣赏这一定制平台使用视觉相似性工具将新产品与前几季产品进行比较的能力。有设计师表示，Fabric.ai 将帮助其以图形形式仔细研究相关的信息，这对设计师来说比查看电子表格更加方便。Fabric.ai 还为零售商店提供特定产品的销售业绩，帮助商店找到适合其销售的产品，并帮助预测哪些产品将在下一季热销。这一定制平台还帮助商店专注于供应链，优先考虑当前产品的销售情况，避免库存积压。由于新冠肺炎疫情暴发，许多商店关闭，大部分零售业务被搁置，因此在恢复正常业务时，Fabric.ai 将提供一个良好的开端。与世界上许多国家一样，印度受到新冠肺炎疫情的严重打击，它扰乱了 Bestseller India 为其客户提供服务的零售市场。许多 Bestseller India 员工在疫情期间在线上远程工作，产品的开发在 Fabric.ai 当中继续，因为 IBM 基于云的车间支持虚拟开发和协作。

"鉴于目前的情况，这不仅是今天的需求，而且在未来也是必需的。"夏尔马说，"商店和仓库正在发生变化，我们将如何创造新的商业模式来解决当前和未来的问题并重塑我们的业务？这些都是我们将继续与 IBM 合作解决的问题。"

· 思考题 ·

1. 供应链中的商流、物流、信息流和资金流，其功能分别是什么？

2. 在智慧仓储系统中，仓储管理系统、物联网技术、云仓储技术、自动化仓储技术分别是如何助力仓储智能化发展的？

3. 在智慧物流系统中，所涉及的数字技术有哪些？

4. 数据和信息在供应链系统中占据举足轻重的位置，请简要介绍信息在供应链运营过程中分别起到哪些作用。

5. 数字经济是如何推动供应链和物流实现智能化发展的？请简要说明。

第 6 章

企业生产数字化转型

6.1 基本概念

6.1.1 数字化驱动的转型

在人工智能、区块链、云计算、大数据、物联网等数字技术的支持下，数字经济已经成为推动我国经济发展的重要力量，而数字化转型作为数字经济发展中的重要一环，已成为各个企业不断发展的必然趋势。数字时代的到来也给我国制造业带来了前所未有的机遇和挑战。在目前的数字经济大环境下，传统企业能够借助数字技术，在数字化中起到杠杆作用，以创新为导向，转换动能，打造新生态以改造传统产业，摆脱经营困境；制造企业通过组织赋能，能够实现数据驱动生产，实现弯道超车。

新型数字技术推动着企业业务流程数字化转型，从而促进企业生产效率的提高。数字化技术有助于制造企业实现海量数据的快速交换，将数据集中、近乎无限地储存，通过嵌入在软件中的"数字化的专家知识"来加强流程，通过大数据获取有价值的"洞察"，以及促进价值链中的交流与合作。数字化的智能工厂已经成为未来制造业发展的方向，它能够有效整合各种资源，提高生产效率，降低成本，使企业能更快、更好地适应市场变化，创造更大的利润空间。工业 4.0 大环境下，数字化技术既能实现产品、装置与人员三者广泛互连，也可采用水平集成与垂直集成相结合的方式，对原有企业应用软件进行分层架构，将原有的以集中式控制为基本结构的金字塔式的企业应用软件分层架构，转变为以分布式控制为基本结构的基于云端的企业制造服务架构。这些新的数字化的能力，将原有的对应到集中式控制的线形传统价值链转变为集成的价值环，以在每个环节实现数字化的创新和改进，并带来更为紧密的集成、自动化和内部运营的加速。

企业数字化转型，是 21 世纪企业迎接数字科技快速发展的需要。随着数字经济繁荣发展，商业模式更新、组织结构变革和业务流程再造是企业内部发展的核心策略之一，是随着科技进步、产业结构升级与企业价值创造的逻辑变迁的数字化战略认识过程，其带有明显的长期性、阶段性特点。企业作为一个复杂系统，其数字化转型也是一个持续的动态演变过程，并呈现出一定的规律性特点。随着数字经济持续推进和企业认知的演化，能清晰地发现企业所具有的相对竞争优势和在产业体系内的位势处于不断的变化之中，原因在于产业链上的企业与数字经济发展环境不断互动过程中产生的能力、创新焦点与战略价值逻辑的迁移性转换，以及实施数字经济转型的价值主导逻辑发生的阶段性转变。企业要想成功实现数字化转型，就必须准确把握关键影响因素及其演变趋势。传统企业在应对数字化转型时，最初的判断源于企业资源禀赋与企业内外技术支撑能力。从数字技术的来源结构和企业在数字化转型中的策略取向来看，企业的数字化转型可大致分为技术主导、客户主导、生态主导三个阶段。不同的数字化转型驱动因素之间存在着一定程度上的协同作用，即从"资源依赖"到"知识创造"再到"生态系统构建"等多个方面共同影响并决定企业数字化转型进程。对应这三个阶段数字化建设的特征，在企业数字化转型过程中，基本逻辑从效率与效益逻辑，依次过渡到产品与服务逻辑、共生与共赢逻辑。从产业层面看，企业数字化转型是一种典型的价值链重构过程。企业的数字化转型实现了从 0 到 1 转变，然后从 1 到 N 的过渡变革（见表 6-1）。

表 6-1　企业数字化转型的基本逻辑与演化过程

发展阶段	基本逻辑	转型特征与发展路线	实现成果（预期）
技术主导	效率与效益逻辑	以技术引入、消化吸收为特征，将成熟数字化系统与企业业务需求嫁接，构建数字化底层系统与流程体系（点状分布）	企业数字化建设从 0 到 1，完成业务系统的信息化搭建和使用，在效率、产品质量和信息质量等方面产生显著正效益
客户主导	产品与服务逻辑	以系统迭代升级、探索式创新为特征，导入内外部客户需求，完善各系统架构，打通系统链路，实现数字化系统集成（线状分布）	企业数字化建设从有到优，提升智能制造水平，强化现代服务能力，系统集成在一定层面上响应客户异质性需求，打造柔性组织与智慧工厂

发展阶段	基本逻辑	转型特征与发展路线	实现成果（预期）
生态主导	共生与共赢逻辑	以生态网络集群、跨越式创新为特征，立足于企业经营生态，围绕产业链、供应链和客户群打造数字化综合服务生态集群（面状分布）	企业数字化建设从优到强，利用自主创新技术优势和网络生态集群，建立全方位安全保障体系和未来价值创造护城河，实现产业链、价值链升级

6.1.2 柔性生产

柔性生产最早在1965年提出。柔性生产是一种全新的生产方式。由于市场环境多变，刚性生产不能很快适应，生产效率大大降低，故渐为企业所淘汰，在这样的环境中，柔性生产以其独特的"柔性"深受企业青睐。如何利用柔性生产来实现高效运作，成为现代企业管理者面临的重要问题之一。采用柔性生产，车间生产可以从容应对环境的变化，提升生产的柔性及灵敏度，使得生产的全过程都在外部市场环境的推动下进行，企业能够及时地对原有的生产计划进行相应的调整，由此减少资源浪费，降低生产成本。柔性生产主要包括三方面内容：生产制造、组织管理与运用方式。

（1）生产制造。

生产制造柔性就是要提高市场的柔性与灵敏度，由此实现制造车间内各类资源的集成。在制造型企业的生产车间里，各种各样的突发情况随时可能发生，为使正常生产不受到影响，只能提升生产柔性，并以提高生产效率和满足市场需求为主。在按量生产时代，以刚性生产为主体，在这样的生产模式中，生产效率较高，单件产品成本较低，但是市场灵敏度差。伴随着市场环境的变化、企业的转型升级，传统的生产方式已不能很快适应，于是，"多品种、小批量、多批次"的柔性生产越来越多，验证了该生产模式应对市场需求变化的有效性与可行性。生产制造柔性包括很多方面，如表6-2所示。

表 6-2　生产制造柔性

柔性类别	含义
设备柔性	设备能快速灵活地适应产品变化
工艺柔性	能快速制定因生产要素变化而需变动的工艺流程
生产力柔性	系统能及时准确地对产量变化做出反应
维护柔性	能通过各种渠道查询并处理故障
扩展柔性	能根据生产需求扩展系统结构
产品柔性	能延续旧产品的特色并快速生产新产品
路径柔性	能根据生产计划或作业任务实时调整配送路线
物流柔性	当运输和交付等需求发生改变时可进行快速有效的处理
运行柔性	产品生产过程中能利用不同的机器、材料和工艺流程

（2）组织管理。

组织管理柔性是指通过调整管理制度，就可适应环境变化又不会导致组织出现严重混乱的能力。对于制造柔性，设备柔性是其他柔性得以实现的基本条件，另外，还需要适应市场的需求变化和消费者对于产品个性化的需求。对服务柔性来说，客户需求多样化和市场不确定性增加了企业的风险，而企业自身则要适应市场的竞争压力。要达到柔性生产的目的，只有设备柔性是不够的，还要结合企业组织管理柔性。在工业 4.0 逐步向纵深推进、经济飞速发展的背景下，生产制造企业内外环境变化迅速，企业有必要对传统组织结构做出相应的调整，树立柔性组织管理观念。柔性组织管理具有灵活、适应范围广、高效等优点，能够有效地解决生产制造过程中出现的问题。在柔性组织管理中，不同元素之间可以互相替代和配合，而不是简单的独立存在。

（3）运用方式。

运用方式柔性分为行为柔性和状态柔性，以市场需求变化和生产系统柔性之间的关系为出发点。所谓行为柔性，就是企业生产系统由市场需求变化推动，以此来适应不断变化的外部市场环境；状态柔性则是指企业的柔性生产系统对外部环境具有较高的适应性。在存在外部干扰的情况下，即便是企业柔性生产系统，也能维持原有生产力。但是由于外界的干扰，会不同程度地造成生产能力的降低，因此，企业要想实现利润最大化，就必须不断地进行产品创新，通过改变自身生产过程来调整行为柔性和状态柔性。上述两类柔性虽然都因市场环境的不同而异，但是使用的方法不一样，需要结合实际市场环境进行判断。目前来看，由于技术、产品等因素，两种柔性都存在缺陷。此外，这两种柔性之间并不是毫无关联的，例如，在竞争比较激烈的经济和社会环境中，市场需求瞬息万变，无论消费者还是卖方市场，个性化定制需求都是千变万化的，为提升生产过程弹性，企业必须先增强行为柔性；反之，若市场需求不稳定或波动较大，则会降低产品的竞争能力，从而削弱企业的生产柔性。以增强抗干扰能力为目的，企业需要的是一种柔性的发展状态。因此，在进行产品创新设计时，必须综合考虑上述两种柔性。只有把这两种柔性融合在一起，才能相得益彰，增强企业的核心竞争力。柔性内涵分析模型如图 6-1 所示。

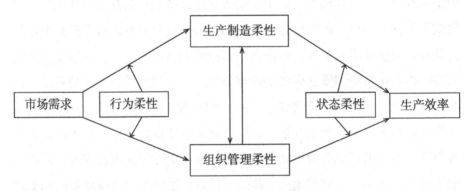

图 6-1　柔性内涵分析模型

伴随着自动化与人工智能的发展，现代柔性生产在制造业部门广泛应用，是一种先进而有效的生产方式。现代柔性生产以其高效率和低成本等特点成了众多企业进行技术革新和产品创新的重要方式之一。具体地说，现代柔性生产是指综合利用信息控制、物料储运系统和数控加工系统，灵活、迅速地调整生产对象的种类、流程与工艺，以此来适应不断变化的市场环境的智能生产方式。现代柔性生产以"产品"为中心而不是以人为中心进行设计制造，它通过改变生产流程来实现生产目标。在实践中，现代柔性生产使制造业对外部环境的适应能力不断增强，部门之间的强壁垒已逐步被突破，行业之间融合竞争的局面正在逐步形成，这也使制造业转型升级过程中，企业不仅要面对同行业内的竞争，还要处理好其他行业使用现代柔性生产带来的市场压力。同时，由于传统制造技术的局限性及企业自身发展需求的限制，现代柔性生产对于制造业转型升级所产生的影响主要体现在产品生命周期的缩短和成本降低两个方面。从实质上看，现代柔性生产对于制造业转型升级的作用源自它在不同生产环节上呈现的特点。

（1）模式通用性特点。现代柔性生产托生于人工智能技术，人工智能技术的通用性、基础性特征决定了柔性生产在多数产业部门具有相对通用性。

（2）技术柔性化特点。柔性生产使得产业部门对市场信息变化做出更灵活的响应，从而在产品更新或者彻底转向情况下，实现旧产品的技术承接与转让，并且快速而有效地制造新产品。

（3）拓展柔性化特点。当产业部门努力改变生产技术与生产工艺时，柔性生产可以不降低生产环节的效率，通过扩充系统结构、升级生产模块等途径，提高产业转型效率。

6.1.3　敏捷生产

敏捷生产主要被电子行业采用，其他的是汽车、机床和航空航天行业。敏捷性是一个新兴的、逐渐占主导地位的概念，用于解释企业在不确定环境中蓬勃发展和应对变化的战略。敏捷生产范式可以视为大规模生产概念，其重点是通过快速响应客户的动态需求来满足全球竞争。从动态能力的角度来研究敏捷性概念，可以认为敏捷性是一种动态能力，因为它需要利用企业其他现有的内部和外部特定能力，开发新的能力并更新它们以应对业务环境的变化。敏捷生产使企业能够灵活快速地响应客户的动态需求，并制造多品种和具有创新功能的产品。如果一家企业能够在不增加成本或降低质量的情况下改变数量、品种或其他制造变量，那么企业的生产就会更加灵活。在敏捷环境下，企业需要能够使人和机器有效且高效地共享信息的技术，以快速响应市场需求。

敏捷生产被认为是 21 世纪的新范式生产，也是"智能工厂"的坚实基础。敏捷生产的概念起源于 20 世纪 90 年代，当时大型企业面临着挑战，即如何让制造流程更加灵活，如何用更短的生产时间生产更多种类的产品。简而言之，敏捷生产可能被概念化为一种生产策略，用于在高度变化的市场中引入新产品。在实践中，敏捷生产能够以非常短的时间在同一条生产线上制造不同的创新产品。具有敏捷生产系统的企业和工厂比具有大规模或精益生产系统的企业和工厂的效益更好，但由于高投资要求和缺乏多技能员工，实施敏捷生产系统很困难。因为敏捷生产不仅要求企业具有灵活的工程和制造技术，还要求企业必须进行内部变革，培训员工进行创新并快速响应客户和市场需求，同时控制成本和质量。敏捷生产需要几个促进者，如灵活的技术、训练有素的合格员工、共享的信息和知识系统，以便能够对不可预测和频繁的市场变化做出快速反应。

敏捷生产下生产组织管理包含以下要素。

（1）敏捷生产下产品全生命周期质量管理。

敏捷生产产品质量管理在企业生产经营中起着关键性的作用，涉及产品生产及组织管理流程中的每一个环节，如产品研发、生产制造、物料采购、售后服务等。敏捷生产模式下，质量管理体系的建立应基于全面质量管理理念，包括设计与开发阶段的产品设计质量管理、生产制造及服务过程中的质量保证和质量监控，以及产品售后维护的全过程质量管理。敏捷生产质量管理涉及范围很广，除了生产制造过程中的质量控制以外，更加注重客户，要求对产品全生命周期进行质量管理。敏捷生产企业需要对从产品开发到销售服务全过程进行质量管理，包括设计开发阶段的产品设计质量管理、生产加工制造阶段的生产工艺与设备质量管理、售后维修维护环节的服务质量管理及客户满意度评价管理等。

（2）敏捷生产下生产组织质量管理。

在生产组织过程中，质量管理可以分成三部分：企业内部的质量管理、产品交付后客户与企业质量问题处理、客户与配套商的来料质量管理。在上述各环节中，企业内部的质量管理工作是关键，而客户和配套商的来料质量管理则是企业质量管理的基础工作。敏捷生产的质量管理理念，覆盖企业生产组织的全过程，企业重点对上述三个部分的质量信息做统计、归类、分析，找出问题点、提出解决方案并落实跟踪处理，可以逐步提高企业的质量管理水平。

（3）敏捷生产下生产供应链管理。

企业可通过采购业务关系，增进对生产企业和供应商的深层次了解。企业可从实际工作出发，建立一种新型的战略合作伙伴关系——"战略伙伴"式采购模式，具体如下。合同买卖关系确立以后，双方生产组织流程中的相应部门开始进行沟通（沟通内容有双方的技术、双方的生产、双方的质控、双方的物流等），寻找双方的最佳配合点，达到各部门优势互补的目的，形成互相交叉、紧密联系、迅速响应的局面，精确交付生产组织网络，真正实现共赢。

在传统模式中，产品的生产是批量的，须以市场上多数用户需求为依据，所以敏捷生产要求企业对市场进行分析，结合市场分析的结果来进行生产决策。传统敏捷生产强调的是大规模定制生产模式，这种生产方式使单个制造商和零售商成了供应链中的一个节点。不过在工业 4.0 的环境中，个性化生产的产生，使企业能够直接获知每个客户的需要，因此，要求敏捷生产能对个体客户的需求及时做出反应。

6.2　数字化产品设计

6.2.1　需求分析

先进的技术，如物联网（IoT）、机器学习、深度学习和网络物理系统

（CPS），触发了一个新的数字化转型时代，并提高了智能工厂的灵活性。具有基于 CPS 的生产线的智能工厂能够满足特定和动态的要求生产定制产品。新的生产方式给制造企业带来新机遇的同时也带来了诸多挑战，如面对产品的高度变化的复杂性，企业需快速响应新环境并分配设计和生产资源以满足客户要求。此外，新的生产方式对于商业模式方面固有的不可持续性，以及对企业绩效存在不确定性影响，智能制造应用开发中的数字化悖论陷阱通常被认为是由对技术可能性而不是对客户要求过度关注引起的。由于客户对需求的响应速度不够满意，动态客户需求的频繁变化受到时尚趋势和社交媒体的影响，客户需求变化和提供定制解决方案之间存在严重滞后。

在物联网与工业 4.0 时代，在技术上，企业可直接得到消费者数据，从而为直接使用消费者需求的信息流奠定了基础——这就是所谓的需求感知。通过分析消费者行为来预测其未来需求，是目前最常用也最具潜力的方法之一。需求感知就是对实际需求进行监测和控制。需求感知能够帮助企业快速发现潜在市场机会，并及时制定响应措施以应对竞争压力。在数据方面，除消费者数据之外，也有从社交媒体上获得的地点数据、传感器数据等信息。需求感知是一个基于大数据分析的概念。其运用了大数据技术，通过分析海量的客户数据（包括联系方式、住址、购买历史、购物历程等）来确切了解客户状况。需求感知为企业提供了更多的决策依据和机会，能够帮助管理者更好地决策。大数据技术一改传统的历史数据解析方式，转而把握现实的需求，并对未来的需求进行精准预测。

企业对产品或者劳务的真实需求，则是市场中多种因素交互作用的产物，在这些因素中，有一些能够被企业所左右，乃至所决定，而其他因素又不能为企业所控制。这些因素共同作用导致了市场需求的复杂性。从诸多因素来看，一种产品或服务的需求取决于该产品或服务的市场容量和该企业所拥有的市场份额。因此，企业要想获取最大利润，就必须研究市场需求并准确地把握其发展变化过程。目前，很多企业都不能在既定的市场容量与自身份额方面实现最大化，因此对需求的分析、预测和管理至关重要，相关技术和工具的问题也尤为突出。

对大部分制造型企业而言，开展需求分析，其数据来源和关注维度有别于流通贸易型企业，所以需求分析工具不应仅仅是简单的算法、模型、用户展示工具的结合，而必须建立在数据资料库的基础上。数据资料库并非用于阐明业务运营逻辑，也并非传统意义上的数据仓库，它以内存计算为主，结合大数据进行分析。在这个意义上，数据的价值源于挖掘，而挖掘又离不开对数据特征属性的提取及处理。在大数据时代，若对企业数据进行两方面（数据类型、数据形态）的切分，就可以将企业所面临的海量数据概括为三大类：静态海量结构化数据、静态海量非结构化数据、动态海量流数据。这三大类海量数据都可以用数据挖掘技术加以挖掘，从而实现对其价值的最大化利用。挖掘三类海量数据需要的分析手段不同，把它们结合起来，才能够在企业中形成统一大数据环境。

6.2.2　定制化产品设计

个性化定制是智能制造转型过程中的重要标志，其本质侧重于将客户需求直接转化为基于互联网平台和智能工厂的生产计划，实现以客户为中心的定制化设计和订单生产，满足多样化的市场需求，解决滞销库存与短线产能制造的矛盾，实现供销动态协调。在智能工厂的变革过程中，企业的关注点已经从产品或服务质量转移到了客户的价值上，对客户需求的分析和探索，成为推动其演进过程的核心问题。

时代在不断发展，科技也在不断进步，一方面，客户收入水平越来越高；另一方面，客户从互联网上获得信息变得更加便捷。由此，他们转变了对某些传统利得与成本的看法，产品定制化需求对客户感知利得的占比和重要性与日俱增。因此，企业必须根据客户需要安排生产，提供与之配套的产品与服务，这就需要企业具备智能化生产能力。目前市场上存在着许多不同层次的个性化定制，但都不能完全满足客户的多样化需求，而大规模定制则可以很好地解决这一问题。大规模定制作为新型生产模式之一，让客户参与产品设计到成品生产的整个流程，直接把客户的需求转换成生产排单，实现了客户导向个性定制，按需生产。企业只有充分了解并利用客户需求，才能更好地进行大规模定制。从全面综合的成本、品质、柔性、时间等竞争因素来看，生产定制化可以有效解决个性化需求和大规模生产之间的矛盾。

为满足客户的个性化需求，企业必然促进产品多样化，从客户的个性化需求出发，大批量、低成本、高质量和高效率地生产定制化的产品和服务，即所谓的大规模定制。大规模定制兴起于工业 3.0 时代，它与传统的小作坊生产方式不同。在这之前，正是大规模生产盛行的时期。大规模生产是以低生产成本、稳定质量面向统一市场提供尽可能标准的产品，通过大批量地制造来降低成本，但是由于大量制造造成了浪费，因此大规模定制应运而生。随着互联网技术的发展和普及，大规模生产逐渐被淘汰。在工业 4.0 的大环境下，大规模定制成了当前制造业发展的趋势之一。大规模定制重视面向细分市场的定制，通过全面满足客户的个性化需求，获得较多盈利，它的反馈循环圈如图 6-2 所示。大规模定制的核心在于对客户的细分与差异化服务。企业可通过大规模定制的流程，生产成本低、优质的定制产品，针对多元化细分市场，提供丰富的商品，并且进一步促进客户需求分化。同时，随着市场需求的多样化和复杂化，企业面临着越来越大的压力。客户需求持续分化，导致产品生命周期越来越短，促使企业要在较短时间内完成新产品开发。

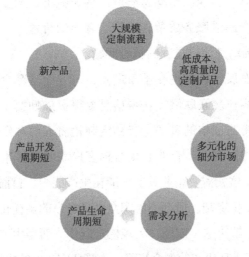

图 6-2　大规模定制的反馈循环圈

　　为满足工业 4.0 背景下大规模定制的要求，SAP 为产品配置管理提供了一种对应的解决方案，即互联构架。该方案以数据驱动为核心，采用基于组件技术的方法进行产品开发及相关活动的规划和组织。该构架不仅能对复杂产品配置管理提供模块化管理、客户定制等支持，也满足不同阶段产品的配制要求，包括设计、销售、制造和售后，并且可以实现可管理、可追溯的产品结构转换，从而加快产品的开发和创新速度，以及大规模定制下的销售与生产。

6.3　智能制造

6.3.1　人机协同制造

　　人机协同是指人的决策和智能算法高度集成，技术指标和价值目标紧密联系在一起，算法规制和社会规范融为一体。其发展经历了以个体认知为主的"计算—控制"阶段，到以群体思维为主的"计算—协调"阶段，再到以系统思维为主的"计算机—网络"阶段。人机协同被界定为一个社会建构过程，通过技术、结构和制度设计使人和智能机器之间产生联系，并符合安全、自由等基本的社会价值标准，形成具有社会化特征的人—机—环境创新生态系统。

　　在计算能力不断提升的今天，数据可用性成倍增加、新技术设备开发不断成熟，机器已不仅仅是冰冷的生产工具，而是和人紧密合作、共同促进生产方式由效率型到创新型变革的能动要素，成为人的"新同事"。智能机器是人与机器协同作用的结果，它可以让人高效地创造价值。但是许多研究发现，管理者对于智能机器的信任度仍然很低，或仍将其看作用于役使的工具。到目前为止，理论研究都围绕着人展开，为智能机器预留的活性空间不大，对于人和智能机器如何合作以达到增强智能的目的、催生创新合力的关注度较低，甚至深陷人机二元性的悖论。因此，企业有必要重新认识在人工智能时代管理者所面临的挑战，并探索出符合自身特点的新型管理模式。从生产关系的角度看，企业竞争力提升并不是仅仅利用新技术所能够达到的，许多学者要求超越"自然物质加上传统的大机器"生产方式所形成的思维定式和发展定式，从新的角度对"要素"和"生产"这两个传统经济学概念进行再思考，寻找新的生产体系与管理架构，以满足未来发展需要。

在机械化时代，机器在很大程度上作为一种"工具机"延伸人的肌肉力量和增强人的劳动生产能力。随着科学技术的进步，机器作业逐渐向智能化方向迈进，并逐步取代人工作业。在自动化时代，嵌入了计算与存储功能的远程控制机器能够以特定的方式对人的操作指令做出积极的反应。随着互联网技术和大数据等信息技术的快速进步，人工智能开始应用于工业制造、服务、军事及其他各个领域，并对传统行业产生了巨大冲击。步入智能化时代，新型机器人具有感知、认知与执行功能，可以和人自然地沟通，了解人的需要。具有近似于人的行为特征的仿人机器，被称为智能机器人，它是交互式网络拟人化不可分割的一部分。在人工智能技术不断成熟的背景下，智能机器人正在改变着传统制造业，推动制造业向数字化、网络化和智能化转变。从制造业由机械化向智能化转变的过程（见图 6-3）看，机器嵌入和渗透制造业社会生产领域，在这一过程中，机器逐渐摆脱了人的控制而具有自主性，并且通过模仿或学习人完成各种复杂任务。循着这一轨迹，机器能力获得从简单机械化到认知功能化，甚至感情的提升。同时，人工智能技术逐渐应用于工业领域，在工业场景下形成了一种新的工作模式——机器学习。相应地，人和机器之间的关系得到了重新界定，并且向数百年来所依赖的"传统工具加经验的决策"管理模式发起了挑战。在工业化时代，机器是人智慧的结晶，随着人工智能技术和大数据的不断成熟，机器不再只是简单的生产工具，而是一个复杂系统。因此基于工业互联网平台，实现机器设备的远程监控、指挥和维修，以及人机协同作业，已成为当今制造业的发展趋势之一。

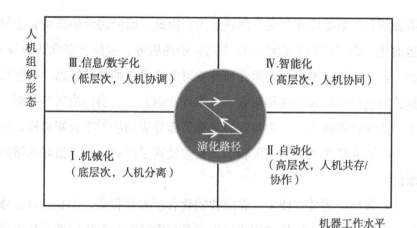

图 6-3　制造业由机械化向智能化转变的过程

6.3.2　云端协作生产

自第一次工业革命以来，随着市场需求的变化和技术的进步，生产范式出现并发展。在制造业中，产品生命周期不断缩短，市场竞争日益激烈，传统的制造模式已无法满足市场需求，而基于互联网、人工智能等技术的新一代制造模式应运而生。近年来，在云计算、物联网和大数据的推动下，云制造层出不穷，向融合多种制造资源、网络化制造新模式发展。这种新的制造模式具有高度灵活性、可扩展性和可重构性，映射到云服务上，根据需求向用户提供云制造服务，弥补现有制造模式存在的不足。目前，云制造系统大多基于企业内部建立起来的物理基础设施来实现信息交互和资源共享。但随着边缘智能的发展与应用，制造资源互联感知、嵌入式计算、工厂分布式控制及其他一些智能功能的重要性日益凸显。传统的基于物理基础设施的制造系统已经无法适应这些变化，而边缘设备数量庞大且分布广泛，对其进行有效管理也就成了一个亟待解决的问题。边缘端的制造数据呈现爆发式的增长，但是云数据中心比较集中，很难满足对制造边缘产生的海量实时数据进行存储与处理的需求，造成网络拥塞和高延迟等问题，低服务质量、数据隐私与安全问题突出。因此，面向边缘的新型制造模式应运而生。为了给制造边缘提供更高质量的服务，云服务要向边缘移动。因此，云平台与边缘设备之间必须建立可靠且高效的通信链路，才能保证数据传输过程的可靠性及传输效率，实现资源共享、协同决策等目标。近年来，边缘计算技术的产生与发展填补了部分应用场景下云制造模式的不足，但是因为覆盖的资源范围较小，优化受到了限制，不能很好地帮助企业增值。

尽管采用先进技术使生产系统智能化程度有所提高，但是，这也使系统更加复杂。同时，这种应用还使生产系统中动态与不确定性的特点愈加凸显，增加了生产调度的难度。制造企业为了应对这些变化需要不断对生产调度方法进行改进。对于生产调度，制造边缘研究的对象主要是资源无穷大的确定性环境。随着制造行业竞争压力的加剧，制造企业越来越重视对自身能力和资源进行有效管理的需求，这就要求企业能实时掌握制造资源状态及变化情况。由于决策系统通常位于制造边缘，因此制造资源和调度系统的关系比较密切，调度决策系统能够更加方便地对突发事件及不确定事件做出反应。随着云计算、物联网等技术的发展，传统制造业向智能制造方向转型已成为趋势，云制造是实现智能制造的重要手段之一。在云制造模式中，生产任务以规模化、个性化定制为主要特征。

6.3.3 数字化车间管理

在生产车间中，把数字与网络化技术结合，可打造数字化车间。数字化车间能够优化企业内部资源配置和利用。通过数字化车间，包括数控设备、生产组织系统等都可以实现信息集成，并形成集成制造系统，具备自动化特征。数字化车间不仅能提升产品质量和生产效益，还能够有效降低生产成本，解决生产中组织和管理问题，使制造系统更具柔性，显著提高数字设备的效率。数字化车间还能有效地减少人力资源浪费。企业想要提升自身的竞争实力，就要利用数字化车间。企业使用数字化技术，使生产过程更加智能化、高效化，同时在整个流程中引入智能分析及优化方法，对生产流程进行有效控制和调度，从而缩短产品的制造周期，数控的应用效率更高，各种制造响应能力显著增强，真正做到动态、高效、优质生产。

　　数字化车间可分割为车间生产控制与现场执行两个主要部分。其中，车间生产控制又分为基础层、执行层和管理层三部分。对数字化车间来说，以车间生产控制为中心，控制和实施生产计划是关键。在车间内，各个方面都有许多工作要做，如生产调度、质量控制、成本控制、生产统计、安全生产等，车间之间也要相互配合，才能保证车间正常运行，从而达到提高产品质量、减少消耗、增加效益的目的。数字化车间又是建立在现场执行的基础之上的，特别是将设备的管理、现场数据的采集及现场监控等作为强调的重点。因此，必须通过一套完善的制造执行系统来保证车间内各种信息传递和处理的正确性、及时性、完整性和有效性，使车间成为一个高效运行的整体。纵观数字化车间，制造执行系统是执行的核心。制造执行系统主要包括生产计划、物料需求计划、库存管理子系统、设备运行维护子系统、工艺规划子系统及制造执行系统等，又会将综合网络、数字化生产设备、数据综合管理系统结合在一起，真正实现生产管理、资源计划管理。在这当中，数字化技术对生产管理起到了极大的帮助作用。在进行产品设计和制造时也会出现鸿沟，一般都是通过数字化车间进行解决的。在产品的生命周期中，包括制造、装配、检测等环节的功能都可以实现，同时，还能实现车间、生产线、产品设计到制造阶段的转化，尽量使设计至制造的不确定性最小化。随着企业信息化建设的发展，企业内部已经逐渐开始构建以数字化为基础的虚拟工厂。在数字空间里，生产制造过程能够被预先和有效地测试，整个系统在可靠性和成功率方面也将得到很大改善，产品从设计到投产的流程将大大缩短。

　　打造数字化车间不是指在车间中大量购置和引进数字化设备，事实上，数字化设备既不是必要条件，也不是充分条件。数字化车间是指将传统制造业与现代信息技术深度融合，以数字技术为手段构建起来的全新制造体系，其核心在于建立起一套完整的信息共享平台及应用机制，使所有相关人员能够互联互通。即便车间里的设备不全是数字化设备，但是设备是与信息化系统连接的，生产过程依旧可以做到数字化、网络化和智能化（如智能排产）。企业可以在信息化系统中对生产计划、生产资源、生产进度与产品质量等数据进行有效管理，并且数据能按生产需要有序流动。目前，许多行业已经开始实施数字化车间建设。服装加工等劳动密集型企业可采用数字化的方式网络化改造车间，使建设数字化车间成为可能。

6.3.4　精益化制造流程

精益生产在目前的社会背景之下，被公认为最佳的生产组织体系及生产方式，它遵循丰田生产系统及其工作流程原理。精益生产的目的在于追求产品或服务的零缺陷。简单地说，精益生产是消除浪费的生产，对不需要的或没有价值的活动进行重新设计和安排，从而降低产品的生产成本。它在离散的、重复的装配类型操作中最为突出。精益生产强调对产品全生命周期内所有环节所需资源的节约，以及在每个阶段都满足客户要求，并通过减少中间库存来降低生产总成本。精益生产可看作一种哲学、一套工具和一项实践，要求对生产操作不断改进，达到高品质生产、费用最低、交货时间最短的目的。精益生产的实施要求企业不断改善其内部管理过程及整个业务流程。为达到这一目的，制造业要从系统结构、人员组织、运行方式和市场需求等方面进行创新和改革，使得其生产系统全面满足用户实际需要，同时能把在生产活动中毫无用处、多余的内容剔除，最后取得最优效果。

精益原则源自日本制造业，最初是由约翰·克拉夫西克（John Krafcik）在他1988年的文章《精益生产系统的胜利》中提出的。对许多人来说，精益生产是一套工具，有助于识别和稳步消除浪费。随着浪费的消除，生产质量得到改善，同时生产时间和成本减少。精益生产的目的是消除七种类型的浪费，包括生产过剩的浪费、等待的浪费、移动的浪费、库存的浪费、运动的浪费、制造缺陷的浪费和过程效率低下的浪费。精益生产侧重于消除流程中的浪费，包括正在进行的工作和成品库存的浪费，这是批量生产的标志。精益生产不是要减少人员，而是要通过降低成本，以及缩短从接收客户订单到发货之间的时间来扩大产能。

维持与改善是精益生产实践过程中两个永恒的主题。维持是指总结现有最佳作业方法，制定并采取标准作业、控制变化点等措施，使得管理能获得相对稳定的成果。改善是指追求更好的管理成果，改进作业的方法与手段，探索并控制更多未知变化因素。维持与改善通常都以目视化管理为基础，良好的目视化管理会使问题与浪费以明晰的形式展示在管理者面前，触发产生改善的动力与着力点，或者对执行标准偏移进行及时纠正。

当前大众熟悉的精益生产管理方法和实现手段源自 20 世纪 80 年代，具有鲜明的时代特征。当时企业都采用传统的生产方式和管理模式，以追求利润最大化为目标，在生产上投入大量人力、物力及财力。但是实际上如果现在再来分析丰田汽车的生产，会看到，它的实现方式发生了很大变化，表现为自动化、数字化、网络化、智能化。尤其是在当前智能制造成为制造业新趋势的背景下，精益生产更是发挥出越来越重要的作用。因此，精益生产这一概念和工具也应伴随着智能制造一起不断地向前推进。

6.4　案例说明

📖 案例 6-1　三一重工：制造业的服务数字化

继在制造领域取得"灯塔工厂"转型成果之后，三一重工认识到数字化转型迫切需要由制造环节拓展至价值链，在数字化赋能下，不断增强服务竞争力等，成了三一重工的一项重大而紧迫的战略任务。

三一重工于 2022 年 1 月启动了服务配件的数字化工程，在工程完成之后，预计会给供应商提供一项零配件补货节点的自动预测服务，同时，确立了"一物一码一证据"的制度，实现附件"生码—贴码—启动—流转—

核销"全生命周期闭环，客户对附件的防伪溯源得以实现。另外，依靠数据在线，配件流通全链路100%可视化。配件体系则是售后服务及时性和客户服务需求得到满足的立足点，从这个角度看，三一重工开启了制造业服务数字化征程。

一、减少故障发生

2008年，三一重工装备故障率居高不下，再加上有的客户故意欠费不付，致使服务工程师的调度及零配件的更换工作非常紧张，客户服务满意度由此降低。为此，三一重工开发建设了中国工程机械行业第一个企业控制中心（Enterprise Control Center，ECC）。在这个中心里，有一个专门负责维护和保养的团队叫"设备管家"。在ECC的帮助下，三一重工能够快速定位各设备具体的位置，实现对装置的监测和控制；同时，在公司内部建立完善的"人—机—物"闭环体系，有效提高了作业效率。2020年，集团服务管理资深经理杨广在对客户反馈信息进行分析的基础上，找出了设备资产管理的难点——操作监管难度大、施工不安全。因此，他建议使用大数据、云计算和其他技术升级的ECC，通过深入分析资料，让客户可以实时了解设备的位置及工况信息，以及取得设备周围的天气状况及其他资料，给客户留下足够的时间来处理设备风险。

当时担任三一重工IT总监的贺东东从ECC对设备的分析中看到了巨大的潜力。三一重工在设备生产端着手对搭载的动态数字模型进行更新，借助于ECC，针对设备端零部件的使用时长信息进行动态健康分析，若预测设备最近有损坏危险，会在特定的时间内通过"客户云"APP将设备健康分析报告及预警信息传送给客户，提醒客户注意设备维护及换件情况等。"设备未损坏之前，客户是感知不到的，但我们通过对设备健康进行分析诊断，让客户感受到了设备的健康状况。"对将来的设备故障进行预测，有效地减少了设备故障，这在三一重工服务支持部部长钟友富看来才是"最好的服务"。如今，这个过程已经成了现实。三一重工挖掘机、桩机50%左右的故障可通过后台预诊断，投诉纠纷比上年即2019年减少40%左右。

二、供需智能匹配

三一重工清楚地认识到，尽管设备管理及未来预测功能能够减少客户故障损失，但是在出现故障的时候，客户对三一重工的服务响应速度比较在意。以往，客户到三一重工申请维修服务，须经过人工接听、客户查询、录入工单、联系派工等环节，这套程序下来，平均每个召请来电待机时间都在 10 分钟以上。客户反映，每次都是人工接听，需要花费大量人力去查找相关资料。客户抱怨反应慢的声音一直存在，杨广所在小组在每周例会中，一再建议用机器人代替人工接听。2020 年，三一重工与腾讯合作建设智慧呼叫中心，其中人工智能接听服务有效地处理了 83% 的重复咨询，并且所携带的前沿的智能知识库，还有助于服务人员更快地进行信息检索，将客户召请来电的待机时间减少到 3 分钟之内。

"还能不能更快地响应客户需求呢？" 杨广不久后再次发现，面对巨大的服务需求，人工智能也应接不暇。"我们通过'一键呼请'，为客户提供一站式服务，不仅节省了大量人力成本，而且让客户享受到更多便捷服务。" 那时的设备管理及其他业务正在向"易维迅""客户云"的云端迁移，这对杨广一行人很有启发，云端"一键呼请"业务应运而生。目前，"一键呼请"已被广泛应用于工程机械行业各生产制造企业中。一旦客户遭遇设备故障，可通过 APP 后台直接向在线客服进行咨询，按照客服指引，自助填写故障信息，一键上传服务需求；同时，客户可以在 APP 端追踪查询业务的需求办理进度。据统计，三一重工旗下的"易维迅"APP 在推出后的短短 6 个月内就接到了大约 36.5 万笔业务要求，平均每处理一次的周期从原来的 3 分钟减少到 40 秒。

解决了服务需求迅速反应的问题，杨广一行人对服务调度的优化进行了后续研究，发现三一重工"一对一"的传统固定服务模式，使得工程师与客户之间容易建立关系纽带，这导致不少工程师一边向公司虚报服务信息，一边与客户协调服务时间，不少客户设备故障处理滞后，服务数据往往失真。

三一重工服务部门解决服务调度不规范的问题后就非透明问题举行了

许多会议，服务管理专员季亮亮建议把工程师的资料在线化，服务匹配问题交由机器算法求解。因此，ECC 随后在设备定位的帮助下得到了工程师的地理位置、忙闲情况及预计完成时间的资料，使所有服务工程师的资料在线化；在此基础上，针对工程师的实际工作情况制定相应的奖励方案。结合"一键呼请"实现客户服务需求的在线化，ECC 可根据工程师忙闲、预计竣工时间、离客户设备的距离及工程师的综合评分的维度，通过智能算法给客户匹配最佳的服务工程师。

三、远程协同排故

在服务管理层面，内容与过程数字化升级，维修环节还处于"离线"状态，这令杨广头痛不已，因为工程师们能否排除故障，也决定了服务满意度的高低。尽管三一重工向工程师们提供专家的技术支持，但排故无效，很多服务工程师抱怨："专家无法以第一视角参与维修，我们常常难以沟通！"

促进工程师与专家进行更有效交流的方法是什么呢？杨广为此收集了工程师们的反馈意见。杨广认识到三一重工在服务和维修环节急需更加强大的系统支撑。目前，服务工程师在现场遇到问题时需要通过电话沟通，费时费力且容易出错，而且无法及时获得准确数据。于是在 2020 年，三一重工与百度智能云合作，共同创建工业 AR 远程协助系统，给服务工程师和后端专家提供高清音视频通话服务。同时，在客户需要时也可随时上传相关信息和数据给专家进行分析诊断。目前，专家直接就能使用空间立体标注技术来绘制线条、箭头或者标注顺序，有助于其排除故障，也可实时传送图片、PDF、3D 图纸及其他文档，大大提高了排除故障工作效率。

2021 年，梁稳根在集团数字周例会上提议："要在三一重工服务体系内全面推广 AR/VR 技术，进一步提升服务远程化与数字化能力。"三一重工相继将智能服务设备引入维修环节。AR 眼镜让专家以第一视角介入场景，为工程师提供更加可靠的远程支持。AR 眼镜也可以自动收集故障处理信息和产生故障案例，这在泵送、重起等大型设备野外维修工作和塔吊等高空作业中为工程师提供了极大便捷。头戴式计算机设备在应用中所表现出的文件记录上传和其他部署能力，让屡次参与 AR 解决方案研究的工程师们大为震撼。按照 AR/VR 项目规划，等到 AR 项目全面普及，售后故障的一次性排除率会提高 50%，诊断时间成本降低 20%，人员培训效率提高 30%。

📖 案例 6-2　以人为本——上汽大通基于 C2B 智能定制模式的数字化转型

上汽大通被称为汽车行业的"灯塔企业""智能制造标杆工厂"，多次荣获"数字化创新典范"大奖。负责上汽大通数字化转型及销售子公司运营工作的潘雪伟在谈到上汽大通数字化转型时表示："要通过用户直连与数据分析，让企业围绕用户进行数字化转型。"他一语道破上汽大通数字化转型的重点，字里行间传递出了该公司"以人为本"的思想。他解释说，上汽大通数字化转型要用 C2B 作为基底。提到 C2B，大家常常以为只是营销模式，但是上汽大通 C2B 并不是一种营销模式。上汽大通 C2B 具有规模化、个性化定制的特点，渗透到上汽大通营销、经营、生产等各个方面，是上汽大通特有的一种数字化转型模式。

一、创新下单流程，打造掌上选配器——数字化营销智选体系

在互联网经济时代，消费者与企业之间能够进行跨空间的沟通，极大地降低了交流成本，以企业为主的传统商业模式已经逐渐不适应市场。为了尽量满足用户需要，上汽大通研发出一款可供用户自配企业全车型使用的"蜘蛛智选"产品。蜘蛛智选是一种基于大数据、人工智能和云计算等先进信息技术的智能化定制化解决方案，可有效帮助用户实现个性化选择与匹配，提升用车体验感和满意度。蜘蛛智选为用户提供全生命周期的在线服务，用户可以在平台享受购车、养车、置换、购买金融保险等多种服务。同时，用户可以通过平台定制自己喜欢的车型，并根据自己的需求自主选择适合的配置方案。用户可在平台上享受智能选配、交互选配、极客选配等服务，对汽车配置、外观、内饰、装备等进行自定义设置，告别传统的"线上线下看车、线下买车"的方式。用户只需输入自己喜欢的车辆

信息，就可根据需要选择适合自己的产品。并且，如果用户在选配过程中出现了误选情况，蜘蛛智选也有"后悔药"业务。

通过蜘蛛智选，用户可以从选配到下单、研发、生产、制造、运输直至提车进行全生命周期流程的在线跟踪。在这一过程中，平台方负责为用户提供服务。用户下订单后，平台方将直接产生订单，只要3分钟，车就已经驶入生产线。以往用户提车常常要一年或半年，有了蜘蛛智选，在28天内，用户自定义车辆即可送达。此外，蜘蛛智选还是一个智能物流系统，它不仅能将汽车零部件快速运送至指定地点，而且可以实时监控并记录配送过程中车辆的状态及相关信息，为后期的优化提供参考依据。除了定制汽车之外，用户也可从蜘蛛智选中选择并购买所在地区的金融保险，所有的汽车购买流程均可通过蜘蛛智选一次性完成。用户不仅可以享受一站式服务，而且还能根据自己的喜好自主选择车型。蜘蛛智选还会通过大数据来收集用户对平台的使用感受，实现上汽大通全车系个性化线上定制营销，围绕用户选车、购车过程实现了业务信息的在线化、数字化，让每位用户都能得到别具一格的移动购物新体验。对汽车制造业来说，汽车智能升级是大势所趋。蜘蛛智选平台在营销体系和研发制造体系之间开启数据链，企业有必要构建新的整车开发流程，为C2B车型的全配置开发提供支撑。建立企业级配置器，统一进行数据管理（基于配置级工程数据、市场数据、价格体系一管理），通过数字化工艺平台实现装配系统、制造系统、质量检验系统、运输系统及营销系统的互联互通，形成端到端流程贯通，降低研发制造成本。

二、智能智造工厂，实现一体化生产——数字化研发制造体系

根据蜘蛛智选，上汽大通理论上能支持选配生产上亿种车型，实现"亿车亿面"。为高效准确地制造独特的汽车，上汽大通面向用户，不断进行数字化工厂的建设和更新，建成南京C2B智能制造工厂，对研发制造体系进行了革命性的颠覆。

上汽大通研发数字化制造系统，运用工业互联网技术，推倒和重建生产组织的模式，建立了贯通用户、经销商、生产厂与供应商的数据一体化

平台及柔性智能制造体系，在没有增加费用及时间的情况下，实现流水线大规模个性化定制生产，从下订单到交货，最快只需要 20 天。

三、建设企业级配置总库，贯通各系统配置数据

为提供全息化配置物料清单（BOM）数据，与智能化配置的数据服务相匹配，上汽大通基于车辆配置信息进行配置预测，预测每个配件的要求，建立企业配置管理平台（ECM），统一分配总库，实现全面满足用户个性化需求的各种配置。ECM 总库中的数据贯通工程配置、断点控制、价格配置、市场配置、用户选车等各业务环节，在统一配置数据源的前提下，实现了配置数据和下游各个系统的高效连接，将配置数据传送到各个业务系统[全局制造视图（GBOM）、产品数据管理系统（PDM）、SAP、MES 等]。通过有效地分配管理器和它的计算服务，支持企业全业务链产品分配应用，以应对海量用户的配置需求。

四、实行智能化排产追踪，实现订单信息全透明

为了确保订单交付的准确度、透明度和灵活度，上汽大通开设了日历订车模式（见图 6-4），让用户全程参与下单、排产、制造等，确保用户全程监督汽车从下单到交付的过程。从排产的角度看，用户下订单时，汽车随即转入生产准备阶段，订单信息从终端传送到及时交付（On-time Delivery，OTD）系统以后，会综合 SAP、MES、WMS、SCM 等系统的订单交期、产能、限制条件、物料供应等信息，利用大数据算法制订日生产计划。随后，通过智能排产系统（APS），根据限制条件、小时工作量（JPH）、制造工位排出各车间最优生产序列。

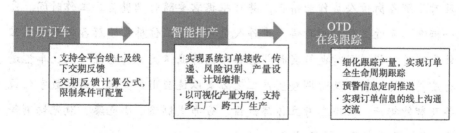

图 6-4　上汽大通开设的日历订车模式

五、推广数字化工艺平台，缩短产品与制造周期

为了满足用户的个性化定制要求，上汽大通建立了数字化工艺在线管理系统，系统涵盖了可视化生产体系、标准化制造体系、虚拟工艺仿真体系、3D 工艺规划设计体系、工程与制造协同体系。每个体系都发挥着重要作用，数字化工艺平台使设计、工艺、生产制造及验证实现可视化及数字化，减少实物造车问题，实现快速产品交付。

相关人员在数字化工艺平台把设计方案转化为制造方案，并通过虚拟仿真系统，反复验证设计方案的可行性和经济性，验证合格后再形成作业标准，发放到 MES。MES 会根据生产计划的安排，把当前车辆的作业工艺发送到智能装车识别系统（IMAP），而现场作业员则通过 IMAP 获取当前车辆的工艺说明，按单组装，从而提高效率，降低错装风险。

六、完善柔性智能化生产，升级定制化制造策略

上汽大通从 OTD 入手，在线跟踪确保车辆从订购、生产到交付都透明。在制造阶段，装配工人、自动化设备、整车产品等的精准化和协同化，能够高效地把每个订单的各项信息（包括制作工艺、车辆配置等）精准地投送到生产线之上，实现用户与每个制造单元的无中介对接，打造出专属于上汽大通的大规模智能定制模式。通过建立智能化工厂平台，以先进技术为依托，将传统生产方式转变为集设计、采购、制造于一体的精益生产体系。通过数字化工位，开启了"产品数据—工艺开发—现场工艺指导"整个过程的数据传输，让员工对项目的改进采取积极态度，实现了引导现场组装的精准化、透明化。上汽大通利用智能化技术对车间进行实时监控，及时了解各岗位人员作业情况，并可根据需要随时调整员工工作时间。每一辆汽车靠近工作站的时候，工作人员可通过工位屏幕了解各辆车安装零件和制造工艺，同时也能实时掌握各车间作业情况，并对每一批次车型进行质量跟踪分析，及时调整生产工艺方案以适应用户要求。通过数字化设备及智能排产，实现车身立体库建设、分布式制造、小色漆、激光切割等产能优化和交货需求快速响应。

此外，上汽大通综合应用智能设备、AR 影像识别、AI 智能识别技术

等，建立了生产线上的生产防错与纠错系统，对零部件的错误自动预警并分析，以及提供解决方案。实时验证订单需求、在线材料、生产序列、线上车辆通信等，提供智能化 AI 防错解决方案。

七、创新性配置扫码质检，保障车辆与订单一致

上汽大通采用制造质量管理系统（BQMS），准确控制质量，每位用户自定义配置信息被下载并产生一个表单，质量管理体系检查员按表单检查验收，整车质量检验通过，可进行储存。物流人员扫描汽车的车辆识别代码（VIN），可以将用户的订单和汽车信息相匹配，每辆车也会被车载 GPS 或运输人员手机在全球定位。上汽大通也专门搭建 APP 平台，协助物流管理人员了解车辆的实时位置及运输进展情况，确保信息及时回传，以及监测任何意外状况。通过利用数字化、智能化手段与工具，保证了每辆汽车生产制造过程、物流运输过程及产品交付过程中的严谨性，最大限度地满足各个过程不出错的高要求，保证用户产品与订单需求精准匹配。

·思考题·

1. 企业数字化转型的发展阶段，以及不同阶段的转型特征、发展路线及实现成果分别是什么？

2. 柔性生产对制造业转型升级所带来的影响源于其在不同生产环节中的哪些特征？

3. 敏捷制造下生产组织管理的要素有哪些？

4. 结合工业 4.0 与智能制造的研究与应用实践，从哪些维度可以打造领先的数字化车间？

5. 怎样理解维持与改善是精益生产实践过程中两个永恒的主题？智能制造给精益生产带来了哪些改变？

第 7 章

数字人力资源管理

随着经济发展和科技水平的不断提高，我国市场经济体制发生了重大变化。在社会各方面实现持续发展和进步当中，创新和变革起着决定性作用，人力资源管理（HRM）也不例外。在人力资源管理方面，人才是一切工作的基础和前提，对其进行有效和优质的管理可以充分地发挥人才的重要作用。在数字经济时代，所有行业对人才都有新的要求，企业需要引入适当的激励措施。企业必须考虑员工的实际情况和表现，调整激励结果，监测绩效，使员工获得满足感，从而激励其更好地工作；企业还需要结合不同岗位的具体情况，明确各自的工作内容，使员工能够自觉地完成工作任务。此外，人力资源管理还需要结合需求层次理论，全面了解员工的基本需求，然后对具体的需求层次进行划分。

数字人力资源管理指的是利用数字技术来捕捉、分析和应用所有有价值的数据，做出数据驱动的决策，以构建新的人力资源管理运作模式，提高人力资源管理效率，增强企业的组织能力。纵观历史，科学技术的发展及演变影响了组织的人力资源管理，科学技术发挥了越来越重要的作用，如图 7-1 所示。随着数字时代的到来，大数据、云计算、人工智能、物联网等新兴信息技术被广泛用于推动企业的数字化转型。企业的人力资源管理同样面临数字化转型的浪潮。数字化人力资源管理的本质是利用数字技术

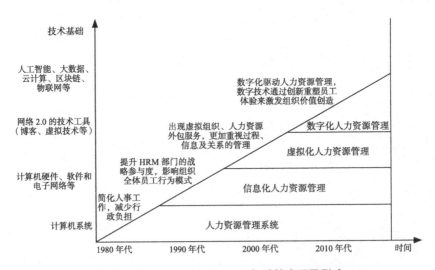

图 7-1　不同时期技术在 HRM 领域的应用及影响

优化员工体验，并激发组织创新创造价值。数字技术的充分利用促使人与数据之间，以及数据与数据之间展开互动，数据驱动的人力资源管理活动正逐渐成为常态。借助数字技术，人力资源管理变得更加便捷，并且提高了技术、资本和人才的使用效率，纠正了资源的不匹配问题，使管理更加高效。

7.1　基本概念

7.1.1　绩效评价

绩效评价指的是选择合理的评价方法与考评技术，依据绩效计划阶段制定的指标与标准，选择合理的考评主体对员工的绩效进行评价的过程。绩效评价具有五个明显的特征。其一，绩效评价针对的是员工的工作表现，侧重的是员工目标完成情况的好坏。其二，绩效评价主要针对的是员工的有效劳动，员工的无效劳动并不能称为绩效。其三，绩效是主体在客体上表现出来的效用，也可理解为绩效于工作过程中产生。其四，绩效评价比较注重工作的投入和产出之比。其五，绩效评价具有一定的标准，是可以科学衡量的。

绩效评价从员工绩效的定量和定性两个方面入手，进而对员工的绩效和能力进行全方位的评价。绩效评价是一个将组织目标、绩效标准和评估联系起来的管理过程。从历史上看，绩效评价体系出现在 20 世纪 40 年代，当时美国陆军创建了绩效评价体系，作为证明员工工资合理性的一种方法。绩效评价的实际起源可以追溯到泰勒在 20 世纪早期的"时间和运动研究"，他认为绩效评价是一种用于发展生产力标准的方法。多年来，绩效评价受到了广泛关注，并发展成为衡量和评估员工绩效的强大工具。作为绩效管理系统中的重要组成部分，绩效评价经过不断的完善和发展，已经成为较为规范科学的体系，并与企业实现其发展目标保持一致。世界各地的主要跨国公司都在其组织中纳入了绩效评价。从 1998 年到 2004 年，绩效评价的使用率从 69% 增加到 87%。据估计，80% ~ 90% 的美国和英国公司都采用了绩效评价体系。绩效评价系统是重要的人力资源系统之一，使企业能够从人力资源资本中获得最大的利益。

绩效评价是影响企业成功的关键。如果没有一个有效的系统来评价员工的表现，企业就有可能做出较差的管理决策，比如，提拔一名表现较差的员工，这可能会给企业带来巨大的损失。因此，建立绩效评价系统被认为是有效管理员工队伍的重要手段，它可以鼓励出色的员工保持优秀的表现，并激励表现不佳的员工改进，推动企业可持续和高效发展。

7.1.2　岗位分析

岗位分析是对企业各类岗位的性质、任务、职责、劳动条件和环境，以及员工承担本岗位任务应具备的资格进行系统分析与研究，并由此制定岗位规范等人力资源管理文件的过程，是企业日常管理中非常重要的组成部分之一。对岗位情况进行深刻认知和有效分析，有助于及时掌握人力资源的实际情况，有助于人力资源管理工作高效进行。岗位分析是人力资源管理科学化的基础，也是企业实现现代化管理模式的重要保障。同时，合理的岗位分析有助于企业实现量化管理，还能够实现员工考核、人员测评，以及人力规划与职业发展等方面的科学化、规范化与标准化。

1. 岗位分析在战略与组织管理中的作用

企业进行岗位分析，有助于实现企业的战略目标，明确每个岗位和部门的目标和职责、权限、工作关系、上下级关系等，建立更加规范合理的工作程序和工作结构。借助岗位分析，员工可以进一步明确工作的关键技术和关键要领，能够在安排工作、运用技能、完成任务时更加合理规范，提高工作绩效。除此之外，岗位分析也是企业以人为本思想的一种体现。

在岗位分析的过程中，关于工作岗位的基本规范部分能够帮助员工对自身存在的问题和不足进行分析，从而让员工更好地规划职业生涯。

2. 岗位分析在人力资源管理中的作用

在人力资源管理中开展有效的岗位分析，企业可以更加清晰地认识岗位的工作要求、岗位所需的人数等，避免岗位分配时可能产生的低效性，为企业的长期稳定发展奠定坚实的基础，促进企业人力资源短期目标和长期目标的实现。同时，进行岗位评价，有助于设计合理的薪酬制度。薪酬通常取决于岗位本身所要求的技能、职责、受教育水平、工作环境等因素，而所有这些因素都可以通过岗位分析来确定。借助定性与定量相结合的方法，在岗位分析的基础上，依据岗位分析所收集的资料信息，确定岗位层级，进而为实现公平报酬打下坚实基础，使薪酬管理工作能做到客观、公正。除此之外，岗位分析还有助于确定合理的作业标准，提高生产的计划性和管理水平。

7.1.3　价值评估理论

企业人力资本价值评估指的是评估主体以特定目的，遵循法定的标准和程序，运用科学的方法，从人力资本的货币因素和非货币因素及影响这些因素有效性的变量，即组织环境、员工个体、组织和员工的匹配度等，对人力资本价值进行评定和估算。

企业人力资本价值评估主要受组织环境及个体特征等因素的影响。组织环境主要包括外部社会环境和企业内部环境。外部社会环境如社会状态、经济运行状况、政策导向等都会对人力资本价值及价值评估产生影响。当社会处在不稳定状态时，人力资本的价值往往无法发挥出来，会严重影响评估的准确性。反之，如果组织处于较为稳定的社会中，人力资本可以发挥应有的价值，评估的精确程度会比较高。企业内部环境包括组织的特征，如企业的经济效益、所处的发展阶段、规模和战略等。企业内部环境与企业对人力资本的需求和重视程度息息相关。除上述因素之外，企业内部环境还包括企业文化、激励制度等。个体特征主要是指人际技能、个人偏好、先天因素及价值观等。人际技能集中反映为人力资本的合力，合力的发挥和协同效应的产生均需要个体具有良好的沟通、理解、影响力等方面的人际技能，人际技能很多时候影响着人力资本价值的体现。

7.2 数字化招聘

7.2.1 岗位设计与评价

招聘管理在人力资源管理工作中占据重要地位，对推动企业长远发展具有极其重要的意义。在企业招聘工作中，岗位设计是人员招聘的基本前提，合理的岗位设计可以为人才提供更为良好的就业环境与更合理的晋升渠道。这不但能激发员工的工作积极性，促使其发挥自身潜力，还能帮助企业吸引更多的优秀人才。

岗位设计是在工作分析的信息基础上，研究和分析工作如何做能促进组织目标的实现，以及如何使员工在工作中满意以调动员工的工作积极性的过程。岗位设计最基本的目的是提高组织效率，增加产出。岗位设计是人力资源管理的难点，企业人力资源管理的有效与否直接取决于岗位设计是否合理，因此，企业在进行岗位设计时必须慎重，综合考虑多种因素，如企业管理方式、工作环境、奖惩机制等。

在数字经济时代，企业可以借助大数据、云计算等数字技术，确保各个岗位的工作内容能够帮助企业整体工作目标的实现。在实际工作中，企业不仅要满足员工的薪资要求和个人成长需求，还要考虑在企业开展数字化转型、数字化发展的过程中，应如何提高员工的工作效率，以实现企业的发展需求。因此，企业在进行岗位设计的过程中，可以以提高员工工作效率、促使其实现自我价值等为切入点，借助数字技术，以合理的岗位设计，提高企业整体生产效率。

7.2.2　招聘

员工招聘是人力资源部门的关键任务。招聘是指企业为了识别和吸引潜在员工而进行的活动。例如，人力资源部门可能会利用广告来加深求职者对企业的认识，向求职者提供各种各样的信息以增强企业的吸引力，或建立一个影响求职者工作选择的企业品牌。这些活动的主要目标是为企业培养大量预选员工，使企业在招聘过程中有多个选择，并确保招聘的高质量。

员工招聘是企业寻找合适的人才进入组织工作的过程，同时也是识别潜在人才的过程，为了使企业中的岗位与招聘的人员相匹配，企业要在有限的时间里招聘到需要的人才。近几年，由于互联网和大数据等数字化技术的发展，企业数字化转型也将促使大部分的招聘活动通过互联网进行，将数字技术与招聘工作有效结合已是大势所趋。

在数字经济时代，数字技术在招聘中的应用使得大量的招聘信息可以被获取，这很好地解决了传统招聘模式中所存在的信息缺失等问题。招聘信息发布、面试和发送录用通知等环节都会产生大量的信息，在传统招聘模式下，这些信息往往得不到有效利用，进而会降低招聘效率。数字技术的应用实现了招聘的智能化、集中化和自动化管理。通过数字技术，企业可以全面地对岗位进行分析，识别出岗位的用人需求，进而有针对性地招聘，节省大量的时间。此外，传统招聘模式往往受限于招聘渠道，可能会导致一些优秀的人员无法参与招聘，从而无法为企业所用，降低了招聘效率。随着数字技术的发展，各种数字化招聘渠道层出不穷，再结合数据分析技术的帮助，招聘工作的时间可以大大缩短。

7.3　数字化绩效管理

在数字化时代，许多企业都面临着数字化转型。需要注意的是，数字化转型不仅发生在企业的运营模式方面，还发生在企业的人力资源管理和绩效管理方面。大数据、物联网、区块链和人工智能等新技术正被应用于制造、库存和销售等多个环节，能有效提高生产力并改变管理方式。基于信息系统和商务智能系统的数字企业管理平台对企业管理模式产生了重大影响，绩效管理系统必须适应数字化转型，以更好地实现企业的战略发展目标。现有的绩效管理方法需要更新和改进，并且企业需要探索以数据驱动的绩效管理方法。智能化的企业绩效管理更加注重员工目标与企业目标的一致性，注重员工的长期发展规划和提升员工能力等方面。

7.3.1　绩效考评数据

在传统的人力资源绩效管理模式中，企业主要依靠员工的简历、面试表现、实际工作分析等来对员工的个人数据进行收集。但是这种方式需要消耗大量的人力、物力，会给企业带来大量额外支出，并且收集的数据基本是员工的年龄、学历、籍贯及工资等一些简单的数据。因为这些数据比较浅显，所以企业无法深层次掌握员工的情况。

随着人力资源管理数字化发展，人力资源分析的数据维度相应扩展，企业可以通过数字化技术，如云计算、数据挖掘等来获取员工的生理行为及关系等数据资料，还可以通过数字化技术对员工的工作表现做实时监测和记录，进而对员工的个人信息进行丰富和完善，有效地发挥员工个人优势、挖掘员工个人潜力。数据资源还可以应用在企业的整个绩效评价体系当中，使企业的绩效机制和管理机制更加公正完善。企业绩效管理数字化的一个巨大优势在于能够从企业海量的数据中提取关键的数据，并将这些数据转换为可用于决策判断及未来预测分析的有效信息和知识，再将这些有效信息和知识用于具体的领域当中，使数据的效用最大化。大数据可以应用于薪资管理。借助数字技术可以从员工的工作数据中挖掘、记录并分析员工的工作目标、工作流程和任务完成情况，再根据这些数据对员工进行全面客观的绩效考评。大数据还可用于比较企业内部，以及企业与市场之间的员工薪酬水平，从而提升企业的竞争力和薪酬的公平性。

7.3.2　绩效考评指标体系

员工绩效考评指的是通过一定的程序、标准和规则，衡量与评定员工完成岗位职责任务的能力与效果的过程。员工绩效考评是表达单位文化、实施现代管理的重要途径。绩效考评是激励员工的有效途径，能够给予员工公平、公正的评价与待遇，包括奖惩与升迁等，进而提升员工的工作能力。绩效考评同样也是确定员工报酬和待遇时科学合理的依据，借助绩效考评能够及时发现员工工作中的优缺点。总之，员工绩效考评是实现员工与企业双赢的重要手段和方法。

在数字经济时代，数据信息获取的便利性、时效性和安全性，使得大数据在绩效考评指标体系设计中正逐渐占据主导位置。大数据在绩效评价系统中的应用是构建全流程数据驱动的绩效评价系统的重要部分。大数据平台的主要作用在于帮助企业选择评价指标、监管考核过程及实时反馈考核结果等。确定绩效考核模型的主要任务就是确定具体的考核指标，而企业往往处在"数据丰富、信息匮乏"的环境中，通过数据挖掘，企业可以从大量数据中获取较为有价值的信息，分析这些信息，企业可以找出合理高效的评价指标，以确保考核的全面性。除帮助确定考核指标之外，大数据还可以帮助考核顺利实施。企业绩效考核涉及的人员非常多，除管理者和员工之外，还涉及消费者这一群体，因此企业在进行考核时可能会出现监管不到位的情况。大数据的应用可以使企业的考核处于管理者的监控之下，进而确保考核的客观性和公正性。大数据的应用还可以实现考核结果的实时反馈。在传统的考核模式中往往需要一周的时间才能实现考核的反馈，而对于部分专业人员的反馈会更加复杂。综上，企业需要把大数据应用到考核当中，以确保考核的客观性与可视性。

除大数据、云计算外，物联网等数字技术在绩效考评中的应用也十分广泛。物联网是一种新的模式，它通过传感器设备、RFID、执行器，以及其他无线和移动设备将各种物体互联起来。物联网设备的传感能力无处不在，可以对员工工作进行监督，收集与绩效考评相关的数据，以期更好地实施员工绩效考评。因此，借助物联网技术能够定期评估员工的表现。在员工绩效考评系统中，由物联网设备收集的数据可以用来检验每位员工的行为，再根据员工的行为，对他们的表现进行评估，并根据评估结果奖励表现出色的员工，同时对违反企业制度和消极懈怠的员工进行惩罚。

7.3.3 薪酬管理

薪酬管理指的是在组织发展战略的指导下，对员工的薪酬策略、薪酬水平、薪酬构成等方面进行确定、分配和调整的动态管理过程。薪酬管理是现阶段企业激发员工责任感与调动员工积极性最为有效的方式和手段，是企业现代化发展中非常重要的组成部分，是满足员工发展需求和利益诉求的重要途径，薪酬管理有着调动企业员工工作积极性、推动企业经济利益最大化等作用。

企业薪酬管理能够对企业内部的员工起到激励作用，将员工的薪资水平与业绩和工作能力相关联，能够有效提升员工的能力，使员工为企业创造更多经济价值。企业薪酬管理还能够提升企业的核心竞争力。企业必须确保自身的薪资水平处于合理的位置，只有高出市场平均薪资水平，企业才能够有效地吸引人才、留住人才，才能在市场竞争中占据一席之地。除此之外，实行科学合理的薪酬管理模式能够实现企业的健康可持续发展。薪酬管理制度的创新能够从多个角度对企业进行优化，包括人才保留、营造良好的工作氛围和工作环境、提高员工积极性等方面，有助于企业的可持续健康发展。

在数字经济变革背景下，随着企业用人模式、人才绩效评价的变革，外部人才市场变化幅度增大，企业薪酬体系也要随之变革。劳动者获得薪酬的方式与传统雇佣存在根本性区别。在薪酬体系变革方面，组织主要通过数字化技术实现自动化的薪资发放、合理的薪资设计及有效的薪资沟通，帮助管理者更加便利地获取内外部与薪资相关的关键信息；同时应用各类薪资管理工具，使薪资相关的信息无时无刻不在管理者和员工之间传递，精简组织内部的薪资决策流程。例如，谷歌开发了自己的预测算法，通过及时、灵活地调整员工的薪资水平来避免人才流失；英国的大型银行也纷纷建立多水平计算模型来捕捉薪资水平的跨区域变异，从而在不同的地区吸引和保留员工。

在数字经济时代，企业从人工算薪跨越到自动化、智能化、实时化算薪。过去的薪酬系统是人力资源系统的一部分，新一代薪酬管理系统需要深度嵌入企业业务系统，并与客户服务系统紧密集成，运用大数据、云计算、AI 计算等实时、精准计算薪酬。员工薪酬计算从月度计算、季度计算等缩短到实时计算，能够适应灵活多变的市场环境。

7.3.4　员工满意度

员工满意度是指一名员工将对企业感知的效果与自身期望值相比较后所形成的感觉状态，是员工对自身需要的满足程度的感受。企业整体绩效水平与员工满意度、忠诚度息息相关，如果员工工作满意度高，员工自然愿意在工作中付出更多的努力，自身的绩效及企业的绩效自然会有很大程度的提升。除此之外，员工的满意度及忠诚度的提升对于增强企业核心竞争力具有重要作用，对企业来说，增强核心竞争力可以让企业长久保持竞争优势，获得更多的经济效益。高素质的员工队伍是企业核心竞争力最重要的来源之一，对企业来说，提升员工满意度及忠诚度，能够让企业核心竞争力进一步增强。

工作满意度是指员工对工作的满意度或员工对工作的喜爱程度。工作满意度和员工满意度传统上被强调为影响组织管理、行为和发展的重要因素。工作满意度因素可以分为导致不满意的因素（监督、工作条件、同事、薪酬、政策／程序和工作保障）和导致满意的因素（成就、认可、工作本身、责任、晋升和成长）。工作满意度因素可以从员工评价公平性的角度相对地进行考虑，并将员工满意度相关因素建立在个人评价结果和个人工作投入与其他员工评价结果比较上。

影响员工满意度的重要因素包括以下几部分：工作满意度，包括工作条件、工作时间和企业声誉；员工关系；员工的薪酬、福利和组织文化；员工的忠诚度。这些因素对任何参与企业运营的人都很重要。员工基于自身需求和利益来审视企业的运作，如果企业的运作符合他们的利益，能满足他们的需求，他们就会感到满意。

7.4 员工培训

7.4.1 培训需求分析

培训需求分析是指企业为了有效地实施培训，在规划与设计每项培训活动之前，采用科学的方法和技术对培训目标、员工的知识结构和技能状况等方面进行综合考察和分析的过程。通过开展培训需求分析，企业可以进一步了解员工在发展过程中遇到的困难、问题和瓶颈，了解员工发展计划，帮助员工了解自身能力水平，以及自我目标和企业目标之间的差距。除此之外，培训需求分析能帮助企业提升运营效率，优化组织结构。企业可以通过对当前的发展状况和企业未来的发展目标进行对比，对企业发展过程中存在的问题进行深度剖析，从而优化组织结构，促进资源流动，实现高效率管理。

随着数字技术的发展，企业可以打造属于自己的员工培训需求分析系统，利用该系统对员工提交的所有数据进行实时统计分析，结合大数据等数字技术筛选出对企业具有参考价值的员工培训需求信息，进而保障员工培训分析的科学性。在对需求内容进行正确的收集和分析后，企业需要根据能力、性格等多重因素对员工进行分类，进而为不同的员工制定更加个性化的培训方案。在培训过程中，企业要实时观察员工接收信息的效果，并根据员工的状态及时进行调整；还要建立完整的员工培训效果评估体系，以便在培训完成后及时收集员工反馈并展开分析，最后根据培训效果有针对性地改进。除此之外，企业还可以借助大数据技术确认员工岗位胜任力、挖掘未来培训需求等。企业应建立专门的培训数据处理中心，对员工的培训数据、考核数据等进行处理，实现对员工岗位胜任力的综合量化。员工的岗位能力要求会随着员工能力的提升而越来越高，员工的长期能力可以借助大数据技术进行分析。企业应对员工能力发展趋势进行预测，分析出员工未来需要提升的能力，并及早培训，帮助员工实现全面发展。

7.4.2　个性化培训模式设计

实行个性化培训模式，不仅能够提升员工的能力，也能够提升员工的工作满意度和工作积极性，还可以有效地满足用人单位对人才的需求。个性化培训模式能够在很大程度上促进员工的自我发展，有针对性地丰富员工的知识、技能等。同时，个性化的培训模式能够挖掘员工的个人潜力，从多个方面提升员工的综合素质，以及提升员工处理复杂问题的能力和专业能力。

数字技术的发展，促使个性化培训模式的设计发生了变革。借助数字化技术，可以从数据中提取有用的员工培训信息，建立企业资源数据库，在每次培训完成后及时更新数据库信息，借助大数据智能分析对员工的培训需求进行深入挖掘。企业要将员工的培训需求与岗位要求相结合，对员工进行培训，根据大数据智能分析得出精确的员工培训需求后，再针对每名员工制订更加个性科学的培训计划。这种培训计划可以满足岗位所要求的能力和企业的战略要求，而且可以激发员工的学习兴趣，满足员工个人发展的需要，提高员工的学习积极性，使培训效果达到最优。

7.5 案例说明

📖 案例 7-1 IBM Services 在布克兄弟人力资源流程数字化中的应用

"当我们与 IBM Services 合作时，从一开始我们就知道我们已经找到了我们想要体验的东西。"——贾斯廷·瓦特拉斯（Justin Watras），布克兄弟（Brooks Brothers）人才管理和组织效率总监。

布克兄弟是美国知名男士服饰品牌，创建于 1818 年。布克兄弟是第一家提供成衣服装的美国经典品牌。目前，布克兄弟正在向国际扩张，在这一过程中，卓越的员工是业务的核心，但布克兄弟基于纸张的烦琐的人力资源流程造成了浪费和延误。

1. 商业挑战

作为美国历史悠久的服装零售商，布克兄弟拥有与客户和员工建立长期关系的历史。布克兄弟在北美地区拥有超过 265 家门店，在全球其他地区还有 250 多家门店，正在从一家北美企业转型为一家全球性企业。

企业成功的核心是保证员工的个人和职业发展，除了出色的服装系列外，布克兄弟还致力于提供具有独特福利的充实的工作环境。但该企业基于纸张的烦琐的人力资源流程让员工对企业逐渐产生怀疑和不满。例如，新员工将被要求在多个文档中输入个人详细信息，然后将其中一些文件传真到不同的部门，而传真从来都不是最安全的传输系统。在后台，企业收集数据并将其输入工资单、人力资本管理系统则需要花费大量的时间，并且在这一过程中，不可避免地会出现错误和延迟。

布克兄弟人才管理和组织效率总监瓦特拉斯说："我们希望通过更好地

了解我们的人才和实现我们的业务目标来提高我们的整体水平，但从系统和流程的角度看，我们在某种程度上仍处在 20 世纪。过去，招聘经理会填写一堆表格，并将这些表格发送给其他人，然后其他人会将这些数据输入企业的中央系统。在那之后，招聘经理将永远不会再看到这些表格，看不到这些信息，也就不会去纠正表格中的错误或将这些数据投入使用。"

企业通过收购新的制造业务进行扩张的同时，还收购了其他各种业务、薪资和人力资源系统。尽管这些被收购的业务团队与布克兄弟的业务团队已经实现了完全整合，但从数据的角度看，他们的信息仍然是孤立的。对企业来说，支持员工的成长和发展，振兴企业的人力资本管理流程已成为必不可少的一步。

2. 数字化转型

布克兄弟选择 SAP ERP 软件作为其战略业务管理平台，旨在用一套集成解决方案取代传统的纸质低效系统。特别是在人力资源管理方面，布克兄弟被 SAP 公司 SuccessFactors 的基于云的解决方案所吸引。云交付模式意味着解决方案可以被立即提供给全球所有员工，无须现场实施，可提升企业人力资源管理的灵活性和适应性。

布克兄弟为所有北美人力资源业务选择了 SuccessFactors 员工中心，以及 SuccessFactors 人才解决方案，该解决方案涉及入职、绩效目标和薪酬等。随着 SuccessFactors 活动的逐步推进，布克兄弟正在寻找一位具有丰富产品经验的交付合作伙伴，希望借助合作伙伴的全球影响力和技术优越性，确保 SuccessFactors 人才解决方案顺利实施。

布克兄弟明白 IBM 在 SuccessFactors 产品方面拥有丰富的专业知识，尤其是在布克兄弟向海外扩张时，其被 IBM 服务的全球性所吸引。凭借出色的全球业务，IBM Services 充分了解世界各国文化和市场，并能够实地提供引导和帮助，这将有助于布克兄弟在全球范围内开展下一阶段的业务，并保证业务开展的流畅性。

瓦特拉斯评论道："当我们与 IBM Services 合作时，我们从一开始就知道我们找到了我们想要体验的东西。IBM Services 拥有卓越的技术、优秀的人才和无私的奉献精神，并让我们相信我们的合作一定会非常愉快。IBM Services 提供了大量的专业知识，以及真正以客户为导向的思维方式和方法。IBM Services 一直对我们很有耐心，与我们合作。在合作的过程中，IBM Services 也推动了我们更高效的发展。由于 IBM Services 的创造性，我们构建了我们想要的功能。IBM Services 既提供行业专业知识，也提供深入的系统和主题专业知识。SuccessFactors 和 IBM Services 愿意倾听、理解，并重新考虑如何将我们的愿景变为现实，他们已经找到了交付我们最终需要的东西的方法。"

3. 创建量身定制的解决方案

SuccessFactors 的主要优势之一是高度可配置性。布克兄弟团队制定了目标业务流程，通过 IBM Services 的一些调整，布克兄弟可以将需求反映给 SuccessFactors。作为一个组织，布克兄弟有着独特的需求，企业在将许多流程纳入入职体验方面有着很高的期望。借助 SuccessFactors，布克兄弟将许多流程融为一体，创建了一个单一的流程，而 IBM Services 在这一过程中发挥了关键的作用。例如，IBM Services 提供了一种解决方案，使商店经理能够在 SuccessFactors 中获取新员工的存款信息，并将这些信息直接应用于后端的薪资解决方案。这不仅比布克兄弟现有的方法快一倍，而且更安全。在 IBM Services 的帮助下，布克兄弟通过实施 SuccessFactors，特别是员工中心，所取得的成就之一，就是 SuccessFactors 让管理层和员工都能够了解他们所拥有并负责的信息。

加强管理人员对员工的责任感一直是布克兄弟取得成就的重要原因之一。尽管云解决方案是一种非常不同的工作方式，但几乎布克兄弟所有的员工都采用这种工作方式。SuccessFactors 得到了布克兄弟领导者和员工的支持。

布克兄弟还通过员工满意度调查来衡量 SuccessFactors 的推广成果，并以节省时间和减少错误率为指标。对被收购的业务部门来说，SuccessFactors 的数据整合优势为布克兄弟进行组织优化活动提供了新的可能。管理层首次对所有员工有了即时、可视化、可全面查阅的人才库。通过 SuccessFactors，布克兄弟创建了一个单一平台，其中包含所有员工的所有主数据。管理层可以随时随地使用该平台看到现在待处理的新员工数量，并且了解这些员工的假期分配、工资薪酬、医疗保险等信息。

瓦特拉斯总结道："布克兄弟对接下来的事情感到非常兴奋，例如，SuccessFactors 的与员工招聘和员工培训相关的解决方案。关键的一点是，在以往许多人认为优化人力资源流程是费力不讨好的工作，使他们无法从事更加有意义的工作。而 SuccessFactors 和 IBM Services 正在帮助布克兄弟改变招聘、入职及了解和培养员工的方式，这一过程现在变得无比简单。有了基于云的工具，我们可以在家里的沙发上或在办公桌上使用计算机方便地完成工作。"

📖 案例 7-2　用友：运用数字化提升人力资源管理适应性

用友创立于 1988 年，是企业云服务与软件提供商。用友致力于用创想与技术推动商业和社会进步，通过构建和运行商业创新平台——用友 BIP，服务企业数智化转型和商业创新。用友在财务、人力、供应链、采购、制造、营销、研发、项目、资产、协同领域为客户提供数字化、智能化、高弹性、安全可信、平台化、生态化、全球化和社会化的企业云服务产品与解决方案。目前，用友在全球拥有 230 多个分支机构和 10 000 多家生态伙伴，众多行业领先企业选择用友 BIP 作为数智化商业创新的平台。

年报显示，2019 年，用友实现营业收入 85.10 亿元，同比增长 10.5%，其中云服务业务是其收入非常重要的来源，多项相关业务收入增长超过100%。目前，用友的云服务客户已突破 543 万个，未来还将继续保持强劲的增长势头。能取得这些成果，是因为决策者们抓住了移动互联网和数字化转型的机遇。管理层采取了积极主动和精确的方法，使公司逐步平台化，专注于数字智能和创新，并成了行业中的佼佼者。近年来，公司也将这些产品用于自身的管理和创新。用友的人力资源部门也重视数字技术给人力资源管理带来的便利、透明度和可靠性。

1. 用友人力资源管理发展历程

云计算、大数据和物联网等技术的进一步变革和应用是用友人力资源管理新阶段的关键驱动力。公司需要经历从人力资源管理和人力资本管理转变为数字化和智能化人力资源管理的过程。管理人员需要学习如何接受新技术、如何激励员工及如何进行赋能，以提高组织效率和增加组织效益。在活动多样化和组织扩张的同时，用友的人力资源管理系统也逐步实现现代化，在不同发展阶段扮演不同角色，发挥不同的功能。

第一个阶段——管控提效。用友在发展初期业务较为单一，主要提供基于财务软件和ERP软件的产品和服务。当时，用友规模较小，人力资源集中在预算编制、绩效评估、薪酬和福利、员工技能等方面。这一阶段形成了行业领先的"五个一工程"绩效管理体系，同时建立和巩固了员工资格管理体系和高效的员工激励体系。

第二个阶段——价值服务。在公司业务逐步拓展的背景下，用友人力资源管理体系用服务、指导和支持逐步替代之前的控制。这一阶段用友已经建立了完整的三支柱人力资源管理体系，逐步提升共享服务中心（SSC）的数字化和服务支持能力，以及强调高价值的人力资源业务伙伴（HRBP）服务。另外，招聘、培训、建立企业文化2.0、建立奖励制度和激励关键人才等工作是人力资源中心更加注重的部分。

第三个阶段——激活和赋权。2016年以来，用友在构建全球先进的商业创新平台方面不遗余力，借助大数据等数字技术来推动全球企业实现商业创新。面对瞬息万变的国际市场形势，在新的历史环境和新的战略要求下，人力资源管理一方面要为企业发展提供支持和服务，另一方面要成为引领和拉动组织发展及员工赋能的动力。这一阶段用友更加注重HRBP在其业务中的重要作用，并更加关注专家中心（COE）在组织发展、解读战略目标、员工培育和企业文化建设、企业发展等方面的重要职能。集团层面明确提出人力资源管理的战略性价值，赋予员工权力，为组织注入活力。

2. 数字技术和用友人力资源管理运营

2002年，用友开始专注于管理数据的信息化。在这个阶段，用友研发的信息化产品，重点是让组织运营过程中的数据管理实现线上化，如对组织机构、人员信息和薪酬福利的管理等。用友发现数字化企业管理不仅仅是在网上处理数据，而是要将数据与业务系统实际联系起来，让数据支持决策，以帮助企业调整和实施人力资源职能。在这一阶段，用友将人力资源系统作为数据的主要入口，并设计权限管理和控制数据输入，从而保证了数据库的可信度和一致性。2006 年，用友开始为人力资源和关键员工提供股权激励，使表现出色的员工能够分享企业发展的成果。用友创建了在线绩效管理系统。这种方式能够显著提升员工工作的活力和激情，能够提供有效的员工股权激励计划，对业务发展起到了很大的促进作用。

在我国数字技术逐步完善和日趋成熟，政府也一直在大力倡导数字经济的背景下，用友开始进行战略收购，建立了许多行业子公司和附属机构。用友在此时提出了战略性人力资源管理的理念，并将其视为企业发展的重点方面。用友专注于开发数字人力资源管理系统，开发完成后，该数字人力资源管理系统会在用友旗下所有公司推广。同时，人力资源部门和信息部门共同合作，不断提高人力资源业务的数字化和系统化水平，开发数字人力资源管理平台，为用友提供数字化分析服务。通过这种方式，用友的岗位资格认证系统、招聘管理系统甚至人力资源管理系统等均实现了线上化。

2012 年后，用友开始加速拓展云服务业务，注重人才利用的效率，加大对新业务的投资和优化资源配置。大量重复性、常规性和维护性的人力资源工作被转移到网上。如今，用友的数字化人力资源管理系统已经涵盖了员工整个职业生命周期的所有方面，实现了数字化服务和数字化赋能。用友的数字人力资源管理内容和方法目前包括以下几个方面。一是数字化工作场所。用友的产品旨在帮助客户创建一个统一的数字化工作场所，并改善团队协作，进而提升工作效率。借助用友的数字化产品，团队可以改善沟通效果，提升团队生产力和韧性，增强员工的使命感。二是实时数字化人力资源管理业务。数字人力资源管理业务与人力资源管理部门的数字化运营有关，用友的 HRM 业务在数字技术的支撑下实现了端到端的在线操作，整个 HRM 是线上实时进行的。例如，智能化员工服务和整个员工生命周期的线上化，不仅提升了企业的工作效率，还提升了员工的工作体验。三是人力资源决策过程的数字化。用友电子化人力资源管理（DHR）系统中的数据可以优化业务单位和集团的人力资源管理模式，管理者可以根据 DHR 系统提供的内部和外部数据，找到员工管理的方向、原则和策略。

3. 数字人力资源管理，一直在路上

数字人力资源管理过程中用友自身的建设也值得关注。用友的工作平台还开发出用友文化产品，让更多的员工熟悉用友文化。除了将相关的数字技术应用于日常的人力资源活动，用友还在积极建立数据库，以支持人力资源决策，并建立人力资源数据仓库。有了这个数据仓库，与人力资源相关的主要用户可以通过自助分析工具满足他们的个人报告和分析需求，同时还可以结合不同人力资源管理主题实现人员总量，以及在各个维度结构、人员变动、人员成本、人员效益、人才地图等要素的响应情况，从而更加清晰地了解目前企业的人力资本现状。除了给自己带来实际利益外，用友还为企业客户带来实际利益。根据研究，用友数字人力资源解决方案在成本降低、结构优化、集团管控、业务标准化、效率提升、员工体验提升和业务效率提高等方面为企业带来了切实的好处。

📖 案例 7-3　纽约市人力资源管理局改进申请食品援助的程序

"这是一个以用户为中心的设计的极好的例子。我们真的为此感到骄傲。"——纽约市人力资源管理局负责业务流程创新的助理副局长劳伦·阿伦森（Lauren Aaronson）。

纽约市人力资源管理局（NYC HRA）是美国最大的社会服务机构。它通过超过 12 个主要的公共援助项目帮助 300 多万纽约人，包括贫困家庭临时援助（TANF）、补充营养援助计划（SNAP）、成人保护服务（APS）、家庭暴力服务和住房援助（包括紧急租赁援助）等。该机构有超过 14 000 名员工，2016 年的年度运营预算为 97 亿美元。

1. 简化服务

纽约市人力资源管理局希望通过让市民使用移动和在线技术申请福利和服务来削减成本并改善服务。2008 年，纽约市人力资源管理局开始寻求改善服务的方法。纽约市人力资源管理局当时正在寻找在不降低其服务的可用性或质量的情况下减少开支的方法。在考虑了几个选项后，纽约市住房管理局确定，在福利和服务提供方面的资本投资将减少业务的总体成本，同时改善客户体验和结果。为此，该部门建议建立一种筛选工具 ACCESS NYC，以改变服务提供模式，从需要市民多次亲临现场的模式改为允许市民从多个渠道申请和管理福利和服务。负责业务流程创新的助理副局长阿伦森解释说："如今，人们进行的大部分业务都是简便的，人们期望社会服务也应该以这种方式提供。"

ACCESS NYC 网站基于 IBM 软件开发而成。该解决方案于 2006 年首次推出，获得了许多赞誉，比如，获得了纽约公民预算委员会颁发的 2007 年公共服务创新奖和数字政府中心颁发的 2007 年纽约最佳机构间 IT 合作奖。

在 ACCESS NYC 解决方案成功实施的基础上，纽约市人力资源管理局决定使用较新的 IBM 版本，利用模块化的 IBM 软件的额外功能，进一步扩展市民访问 ACCESS NYC 门户网站的功能。通过使用 IBM 软件中的收入支持模块，纽约市人力资源管理局将会重点关注市民通过门户网站提交福利申请和福利重新认证的可能性。

2. 增加获得福利的机会

该项目的一个关键重点是把市民的需求放在第一位。阿伦森解释说："当我们将 ACCESS NYC 的所有组件升级到最新版本时，我们花了很大力气确保用户界面非常容易使用，简单的图标可以准确显示流程中的每一步。"IBM 社会项目管理平台软件通过多种功能支持该部门的工作。该软件的预置社会项目组件、特定项目工具集和清晰的用户界面使整个社会管理生命周期（从受理到结果）变得更加自动化和简单化。为了提升对该解决方案的使用程度，纽约"补充营养资助计划"（Supplement Nutrition

Assistance Program, SNAP）为纽约市 16 个补充营养援助计划中心中的 15 个添置了计算机，以便市民可以直接通过 ACCESS NYC 工具提交补充营养援助计划申请。这有助于确保来自全市各地的人们不仅能够获得补充营养援助计划申请，而且能够获得他们在其他方面可能无法获得申请的技术。阿伦森指出："来到补充营养援助计划中心的人中有 75%~80% 愿意并能够使用我们的计算机。我们每月收到约 40 000 份新的补充营养援助计划申请和同样数量的重新认证。在这一点上，大约 80% 的人来自在线渠道，包括移动设备、个人计算机、公共计算机、补充营养援助计划中心的计算机。"

纽约市拥有极其多样化的人口，纽约市人力资源管理局努力使来自不同国家和文化的人都能获得服务。为此，ACCESS NYC 工具有七种语言版本，包括英语、西班牙语、汉语、俄语等。纽约市人力资源管理局还通过语音访问界面向视力障碍者提供该工具。阿伦森表示，测试语音访问界面是一项相当庞大的工作。一个产品仅仅符合语音访问界面的标准是完全不够的，还需要满足其他需求。幸运的是，IBM 公司的解决方案符合要求。

3. 削减成本，改善服务

纽约市人力资源管理局还将一个移动应用程序纳入补充营养援助计划系统，允许申请人拍摄资格文件的照片并以电子方式提交。然后，该系统将文件传入纽约市人力资源管理局现有的无纸化办公系统（POS）中进行处理。ACCESS NYC 通过简单易用的技术使补充营养援助计划可供更多人使用，从而显著改善了客户服务。

最重要的是，升级后的 ACCESS NYC 使更多的纽约人能够享受到福利。支持语音访问界面和多语言，加上可免费使用的计算机和直接的申请程序，这意味着该部门已经在向数字渠道转变。这使得纽约市人力资源管理局有可能在未来接收更多申请，同时进一步改善所提供的服务。

阿伦森解释说："对纽约市来说，最好的事情是每个可能有资格获得食品券的人都能申请并得到它。简单地说，确保每个有资格的人都能得到他们应得的食品券，这没有什么坏处。"

· **思考题** ·

1. 绩效评价的特征包括哪些?

2. 岗位分析在战略与组织管理和人力资源管理中所发挥的作用分别是什么?

3. 数字技术在员工招聘过程中起到什么作用?

4. 数字技术是如何促进薪资和奖惩系统公平的?

5. 如何利用大数据技术进行员工培训需求分析?

第 8 章

数字财务管理

在数字经济时代的大环境下，财务信息化已成为企业财务实现数字化转型的一种重要方式，尤其是人工智能技术，其发展既带来重大的机遇，也面临着挑战，人类已经步入第四次工业革命。财务信息化将由人工财务向智能财务转变，财务智能化水平也会随之提高。人工智能迎来了新的变革，给智能财务提供了一个全新的发展契机。随着企业规模的扩大、业务结构的复杂化及市场竞争日趋激烈，传统财务面临着诸多问题，迫切需要进行财务数字化转型以应对未来的不确定性。财务管理转型和人机信息博弈、财务领域数字化转型与新发展模式的识别，能够为企业整体决策提供支持，并且确保财务数据真实可靠，为企业经营决策提供更精准的数据依据与信息支持。企业应立足大数据和智能财务建设，从发展战略方面推动整个财务战略的有效整合，从商业模式方面促进组织架构的重构，从业务流程方面梳理引导组织转型的变革。财务数据的技术分析、财务共享的科学实施、财务文化的重塑升级、智能财务的理念创新，共同构成了企业整体财务数字化转型的重要动力。

8.1 预算管理

8.1.1 运营资金预算

企业预算管理是通过对内部各部门的财务、非财务资源优化配置、考核和统一管理，推动企业的持续发展，最终实现其战略目标。目前，我国许多企业在预算管理上存在着一定程度的问题，这些问题严重影响了企业战略目标的顺利实现。伴随着时代的不断发展和变迁，企业预算管理信息化建设已经成了一种必然趋势，它可以有效地促进预算管理质量与效益的提高，能较好地帮助企业实现发展目标。

预算目标规划是预算管理流程的开端，为其发展指明具体的方向，是立足于企业发展实际，并结合企业长期发展的战略目标而制定出的方案规划。传统的预算管理数据主要来源于企业内部，并由财务部门独立完成这些数据的分析，在此过程中，财务部门数据分析的滞后性或局限性往往会导致其分析缺乏科学性。而在数字时代背景下，大数据技术的应用能够有效解决这一不足。首先，大数据技术通过对数据规模、多样性、准确性及时效性进行全方面分析，能够有效减少片面性和粗放型管理带来的预算目标的种种弊端，切实提高预算目标规划的科学性、合理性。其次，借助数字技术还能够建立企业预算管理数据中心，获取和存储企业相关的海量数据信息，并通过大数据技术过滤掉其中的无用数据，挖掘出有重要价值的信息，以直观且精准的数据报告呈现出来，从而有效提高数据分析决策的科学性。最后，通过大数据技术采集的数据大多是企业在信息流通过程中的实时数据，其时效性和精准性远高于传统预算管理，因此能够确保预算目标规划的先进性。

借助数字技术构建的预算管理系统，支持多个层级的操作同时进行，并且其交流变化都是实时记录的，这使得信息交流不再局限于不同的系统，极大地促进了不同部门之间的交流互动，同时也促进了上下级实时沟通。数字技术的应用一方面降低了工作成本，从而提高了工作效率；另一方面还能加强不同管理系统之间信息的交流互通，为各个部门的预算编制提供数据分析支撑，从而提高预算编制的水平。例如，人工智能可以自动进行证件票据验证、纸质文件录入、提取数据等固定的工作流程，极大地提高了预算编制效率，减少了预算编制的成本。

8.1.2　融资需求预测

金融数字化模式的出现可以使企业信息达到公开透明的状态。有关企业可借助互联网平台，拓展宣传面，从而增加投资双方的信息真实度；对投资收益和成本进行精确的估算，间接地降低企业或者金融机构的融资风险。同时，金融数字化模式也会带来诸多新挑战，如监管难度变大、金融风险增加等。金融数字化模式可以规避道德问题，规避逆向选择带来的危险，切实提高融资成功率。

融资成本问题对企业发展具有关键性的约束作用，在市场经济体制下，企业在面临巨大竞争压力时，需要另辟蹊径，寻求额外融资途径。在我国中小企业融资难的背景下，金融机构越来越关注融资成本。在大数据、物联网等技术普及的今天，金融机构已逐步开拓出新渠道，利用互联网平台作为交流的主要手段，发挥其操作性强的优势，满足融资需求。有投资意愿的单位或个人能够根据相关数据针对融资机构进行分析，从而了解每家企业的真实还款能力和信用情况，减少企业融资成本，增强市场竞争力。

金融行业尚未数字化时，企业融资方式以银行借贷为主，而在金融数字化模式推行的背景下，基于互联网搭建交流平台，可以有效地减少融资过程的烦琐步骤，提高中小企业融资效率。同时，在该环境下，平台也可以对相关人员及资金情况进行全面监控，并将这些信息及时反馈给投资者。另外，某些专门用于数据分析的软件还可以基于平台用户上传的数据进行集成和分析，发挥核查作用，保证重要信息真实可靠，从而减少信息不完善所带来的负面影响。

8.1.3 风险智能预测

风险是指特定不利情况的可能性和后果的组合。在企业管理中，风险分为财务风险和操作风险。财务风险是指企业在生产经营的过程中，由于内外部环境和各种不可预知或不可控因素，实际财务业绩与预期财务业绩出现偏差，在一定时期内遭受损失的可能性。对于财务风险的理解有两种，一种是狭义的理解，认为财务风险只存在于企业融资过程中。在这种理解方式下，财务风险是指企业债务到期未能偿还而带来的风险。另一种是广义的理解，认为企业的财务风险不仅存在于融资过程中，而是只要有资金流动就会存在财务风险。因此，广义的财务风险是由各种不可预测的情况，以及资本运作全过程中实际收益与预期收益不一致造成的。

任何企业资本的运作过程都应包括融资、投资、资本回收和资本分配。资本运作过程的各个环节都会存在财务风险。

一是融资环节。企业在前期募集资金时，可能由于融资数额或融资方式选择错误，到期后没有办法、没有能力偿还贷款，因此存在风险。二是投资环节。企业在投资时，如果在投资前没有进行可行性分析或投资决策失误，到期后的实际收益率很容易与预期收益率相差较大。这种投资回报的不确定性就是投资风险。三是资本回收环节。当企业在经营过程中产生的现金流出不能按时或直接收回时，就会有资本回收的风险。四是资本分配环节。企业年底纳税后实现盈利，如果资金分配不合理，不能满足股东的预期要求，也不能保证企业的发展需要，此时，风险必然存在于资本分配环节。因此，财务风险存在于企业资金流动过程中的每一个环节，只要一个环节存在风险，就有可能引发金融危机。

在数字化时代背景下，企业财务风险复杂多样，企业只有不断转变财务风险处理意识，优化管理决策模式，才能推动企业健康快速发展。在这种背景之下，很多企业都开始引入数字化管理模式，对自身财务管理工作进行改革创新。数字化管理模式的最大优点之一是利于资源共享。财务共享服务是一种新型财务管理模式，在很大程度上提高了企业财务管理效率，同时降低了财务工作成本。资源共享既能使企业各部门间产生快捷、精准的信息链接；也能使总公司与分公司沟通更快、更清晰，便于企业管理；还能使财务信息更合理、更合法，减少传递过程中的失真现象。通过财务共享平台进行数据整合，能够为企业提供更多的财务数据资源。此外，财务资源共享也将使顾客对企业建立起更深厚的信任感，提高企业经营的透明度、可信度。因此，在财务管理方面采用数字化管理模式是非常必要的。数字化管理模式能够把企业各部门及分公司、总公司各财务岗位员工连接起来，形成一个网络，提高工作效率，让员工按时完成经营及结算业务。财务共享服务中心的建设，使企业内部资源实现有效整合，大大减少运营成本。在数字化转型背景下，企业应紧随信息技术高速发展，运用信息技术，实现财务管理模式的转型，推进资源共享，提升经营效率，减少财务风险，形成与时代相适应、与自身经营模式相适应的信息化管理方式。

数据分析对企业的运行起关键作用。随着经济的不断发展，市场竞争日趋激烈，为了提升自身竞争实力和经济效益，企业必须重视对数据的利用与分析。传统企业在财务管理工作开展过程中，通常要依靠企业某一环节或年终结算中的结算数据生成的数据报告，才能对预算的合理性进行分析，评价企业经营情况。但这一模式太被动了，只能靠已有数据片面地进行分析。预算报告缺乏针对性，有失客观性，将其用于确定企业后续经营方案有失科学性、准确性。随着互联网时代的到来，企业开始向信息化管理转变，而财务信息化管理系统则为企业提供了新的管理手段，帮助企业提高管理水平。在数字化转型背景下，数据库在企业财务预算中起着决定性作用。企业需要将其与其他信息化系统结合起来，形成一套完整的财务信息系统。基于信息技术，企业可对数据库进行实时分析与调整，能按时产生预算报告。通过建立的数据库，企业的管理人员能快速得到企业内部各部门的财务信息。实时的数据随时进入数据库，每项数据既新鲜又精确。通过将企业的实际情况与相关信息进行结合，从而得出相应的预测结果，并以此为基础制定出科学、合理的发展规划，这样就能够在全面分析的过程中形成对企业经营方向和下一步经营计划的整体预算。

8.2 数字化资产投资管理

8.2.1 资产数字化

在互联网时代，加快资产流通，提高资产价值，成了各行业的迫切要求。对社会来说，资产数字化已成为必然趋势；对企业来说，资产数字化更是势在必行。近年来，滴滴、美团在业务上发展得热火朝天，两个关键点缺一不可：资产流通与共享经济。资产流通的最方便方式是资产数字化，因为数字是最容易达成共识的。资产数字化可以使资产流动更方便，让资产变得更具价值。共享经济的实质，就是将实体资产通过智能数字化的形式更加便利地进行资源共享。

　　资产数字化建立在密码学的基础之上，是透过分布式共识系统，将实物资产电子化，并促成电子资产的安全、快捷、方便流通的过程。资产数字化本质上属于信息加密范畴。在数学语言视野下，资产数字化其实就是用一个强度很高的私钥和公钥作为电子符号对资产进行刻画，由此，数字资产具有唯一性，交易具有唯一性，并对使用流程进行授权、对交易过程进行认证，是一个资产上链的过程。

　　资产数字化至关重要。通过风控确权、估价等措施将资产数字化，以真实资产背书通证，与区块链的去信任特性相匹配，便可以确保数字资产价值稳定。把区块链与现实传统经济生活联系在一起，这样就能够减少信用成本，提高经济生活的效率。

8.2.2　动态资产评估

　　在我国资产评估发展的最初阶段，评估对象多以固定资产为主，评估工作比较简单，老一辈人手写资产评估报告，用算盘评估资产。改革开放以后，市场经济体系逐步完善，企业产权关系逐渐明晰，企业内部管理逐渐规范，评估人员的专业水平不断提高。进入 20 世纪 90 年代中期，国有企业的改革成了考核的主要内容，评估对象为企业的整体资产，资产评估的规模也开始扩大，随着计算机和办公软件等设备的使用，评估人员开始使用现代办公设备，以促进工作效率的提高。进入 21 世纪以后，资产评估事业迎来了快速发展期，评估范围扩大到无形资产、流动资产、权益性金融资产、债权性金融资产等，评估方法不断翻新。随着我国经济的快速增长，我国企业也日益壮大，评估的对象日趋复杂，资产评估的工作量也在不断增加，评估行业利用搜索引擎、信息资讯网站、数据库、办公自动化工具，助力资产评估工作，工作效率大幅提高。同时，资产评估从业人员对资产评估工作重要性认识程度提高，评估职业素养得到提升，评估队伍结构进一步优化。尽管充分运用了现代化的手段与工具进行评估，在劳动强度大、信息数据量庞大、时间紧张时，评估机构仍然很难平衡质量与效率。2018年10月29日，中国资产评估协会发布了修订后的4项资产评估执业准则，其是一套在社会上形成共识、标准化的资产评估工作流程，评估机构能够依据该准则对特定的评估程序进行解构，借助互联网信息技术，使评估专业人员分工协作，减少人工错误概率，为实现资产评估的高质量、可持续发展而努力。

1. 大数据技术有助于资产评估方法的改进

就资产评估而言，大数据技术的应用，使得传统资产评估方法不断完善。资产评估行业需要利用大数据技术来优化自身的工作流程，从而提高工作效率，并提升企业经济效益。在资产评估业务发展过程中，资产评估机构能够依托于大数据技术，有效采集并融合相关的数据。具体地说，资产评估的方法主要有成本法、收益法与市场法。就成本法而言，大数据技术能够在评估时对所需的所有资产成本参数进行及时更新，帮助评估人员对待估对象的重置成本及减值额进行核算，得到及时、准确的数据。收益法是通过对历史价格和未来收益的相关性分析来判断待估对象是否具有投资价值的一种方法。就市场法而言，由于该方法是将待估对象与类似资产进行对比，然后校正有关因素后决定待估对象之值，因此同类资产的选择显得特别重要。而评估人员使用大数据技术搜集互联网中的大量类似资产实例，对估价对象进行相关分析，提高了评估的准确性。在成本法与市场法对评估结果的影响程度上，大数据技术能够使评估人员从复杂的人工判断转为更加科学准确的自动决策。在收益法方面，若采用传统的方法，评估人员会根据自身经验和主观认知来确定折现率、收益年限和未来净收益。这种方法不仅效率低，而且主观性强，会导致资产评估结果存在一定偏差。而借助大数据技术，评估人员能够高效率地搜集大量的有关资料，然后使用云计算和新经济预测模型相结合的方法评估资产。结合大数据技术的收益评估法，比传统的收益评估法更具客观性。

2.大数据技术有助于资产评估效率的提升

将大数据技术运用到资产评估工作中，能够提升工作效率。从事资产评估工作，资产评估人员需要经历签订约定书、编写评估计划、查找评估数据、分析演算数据、撰写评估报告和资料归档等过程。传统工作方式下，完成这些任务要花几个月的时间。同时，由于资产评估业务涉及多个部门，因此每个部门都有自己独立的数据库，数据无法共享，工作效率低。在运用大数据技术后，资产评估人员可将采集到的有关数据信息上传至信息服务运营供应商提供的云端数据信息系统中，信息服务运营供应商使用模型进行数据分析与处理，资产评估人员仅需要通过询价平台得到最终参数，由此资产评估工作效率得到了大幅提高。

3.大数据技术有助于控制资产评估风险

资产评估工作在引进大数据技术后，资产评估人员可在信息服务运营供应商提供的云端数据信息系统中，上传与待评估对象有关的参数，由专业信息服务运营供应商全面处理数据，这样可以通过拓宽相关数据的选取范围，提高评估结果的可信度与准确性，从而控制资产评估工作可能面临的各类风险。

8.3 数字化财务系统

8.3.1 多业务统一

"大智移云"等技术催生了新的经济形态，在资源和技术准备充分的条件下，通过业务端到财务端的适时联动智能应用，搭建财务费用报销系统、财务资金税务系统、财务成本核算系统、报表分析决算系统，整体规划形成基于财务生命周期的财务业务一体化体系。以业务需求为导向，实现业财融合发展，重新构建智能时代内部控制流程，保持持续有效的内控运行状态，充分提高企业决策的科学性。改变企业现有商业运营体制的管理模式，体现内部组织模块和管理系统之间的依存关系，提高数据的利用效率，形成快捷高效、科学可靠的经营决策依据，促进企业的规模化成长和综合实力的提升，最终实现业财一体化。

构建企业业财一体化发展模式，是一个长期而又连续的过程。企业管理层需要详细的数字化转型的实施方案，制定 KPI 考核目标。业财融合作为一种全新的管理模式，将成为未来会计信息化发展的重要趋势之一，它能够提升财务管理水平、提高财务信息披露质量，进而推动企业价值创造能力的不断提升。企业财务变革的方向就是在企业全面预算的引领下，建立基于业务事项驱动的财务一体化处理流程，使企业经营中的业务流程、财务流程、管理流程、内部控制紧密融合，财务为业务的发展提供良好的支撑，为企业的战略决策和执行提供数据支持，并通过企业数据池构建财务风险预警和防控体系，让业财融合从理念变成一个完整的管理系统。

1. 会计科目统一

传统会计科目承载着多维度信息，如业务活动、管理范畴等，在会计科目中加入管理维度，数量便几何级地增加，科目的不统一极大地影响了工作效率。大数据技术发展，对企业应用提出更高的要求，如何实现会计科目的统一是亟待解决的问题。在规范的科目体系中，若业务与财务在统计口径上一致，系统实现了统一集成，效率将切实提高。企业若想实现会计科目的统一，有必要以现行核算体系为依据，对会计体系进行梳理和简化，与单位共性需求相结合，设置规范、统一的一级科目体系，以一级科目为基础提炼二级科目等，逐步建立科目统一的核算体系。

2. 主数据统一

企业数据可以分为三类：主数据、业务数据和配置数据。主数据与企业核心业务相关，如会计科目、供应商、经销商等，业务数据与配置数据都需要使用主数据。主数据是企业标准化管理的基础，并直接影响企业标准化管理的实施效果。主数据不仅影响业务集中管理的推进，集团企业业务能力的对比和考核、各业务应用系统的集成、总部信息系统的展现和分析都依赖主数据。所以，主数据统一是实现数字化财务的重要基础。

3.财务制度统一

财务制度，就是财务工作中应当遵守的办法、规定、程序与标准的总称。企业应以国家统一财务制度为依据，根据企业自身经营管理的需要，建立内部财务制度。大型企业的数字化变革需要集团内财务制度的统一作为数字化的支撑，也是实现财务数字化的基础保障。

4.财务流程统一

财务流程包括财务数据收集、处理、存储与输出，是业务流程与管理流程之间的一座桥梁。在整个企业管理系统中，财务流程是其重要组成部分，它不仅反映了财务管理工作的质量与水平，而且对整个企业管理系统起着至关重要的作用。财务流程是否统一，直接影响到数据采集是否高效、准确，因此，统一财务流程是实现财务信息化最基本的条件。

以信息技术为支持，传统的财务核算系统正在不断地改变，在财务转型中，典型的突破模式是财务共享中心模式。财务共享中心模式是管理与数字化相结合的一种模式，需分阶段进行建设。财务共享中心具有以下优势。一是运营成本下降。由于集中核算后各单位之间可以实现数据共享，财务工作流程更加清晰透明，从而有效减少管理成本。二是财务管理水平有所提高。财务共享中心运用了大数据、人工智能等技术，实现数据处理的实时化，报表编制实现了自动化、多维化。三是为企业战略发展提供支撑。财务共享中心不仅仅处理流程化的财务核算，企业智能化的大数据分析构建起企业战略管理决策驾驶舱，为企业的战略决策提供多维支持系统，支撑企业的管理层决策，服务企业集团战略。

8.3.2　数字财务机制

数字化技术产生之前，在传统财务会计工作中使用的数据信息，大部分都与业务有关，信息内容比较单一，财务信息的利用比较局限，数据挖掘程度较低，并且信息传递方向比较单一。随着互联网信息技术发展速度日益加快，大数据时代已经到来，大数据逐渐成为当前社会经济活动中不可缺少的部分。以数字化技术为依托，企业内外、企业内部各部门间信息壁垒都会被打破，企业可利用的数据信息日益丰富，使用、发掘、传送信息的费用也在减少，信息内涵价值不断提升。与此同时，企业内部与外部，以及企业内部不同岗位人员获取和利用信息的途径更加多样化，从而为企业财务信息化建设奠定了坚实的基础。这决定了企业财务工作人员必须持续积极地创新，拓展数据信息采集和可提供领域，多搜集企业经营管理相关资料。企业财务工作人员要从过去的以会计为主转变为以财务管理为主，并通过多种途径来进行信息传递与沟通，从而达到提升财务管理水平的目的。企业中使用财务管理信息的用户已经不限于管理层，而延伸至各业务部门各级职工，从而对财务管理信息进行多向传递和反馈。

在传统财务管理阶段，财务组织以"价值评估"为重要职能，大多采用事业部制的组织结构。随着企业规模不断扩大，业务日益复杂多样，财务职能逐步从价值评估转向价值创造。以地区为单位设立的事业部和事业部下设的各产品部门，各自拥有财务组织，财务组织各行其是，仅注意其下属各科室财务情况，没有考虑到业务部门的要求和对整个企业发展所造成的冲击，财务流程分散、效率不高。随着信息技术和网络技术的快速发展，传统的财务组织已经无法适应企业的战略要求和市场变化。在互联网出现并融入财务管理的阶段，财务组织以"价值创造"为主要目标，事业部制传统组织结构导致管理层级偏高、管理效率低下等缺点突出，为了增进财务部门和业务部门之间的交流，加快推进业财融合，实现组织目标，大多数企业在财务组织上都选用矩阵式的组织结构。这种组织结构设计使企业财务职能分工明确且相互关联，但由于没有充分考虑到业务部门和其他人员对财务决策的重要作用，财务部门的预算控制功能较弱。大数据技术出现并融入财务管理的阶段，财务组织以"价值发现"为主要目标，在纷繁复杂的各种资讯中，洞悉未来、发现价值、指导业务发展，成了财务组织所要追求的。随着大数据时代的来临，企业财务工作需适应更复杂和更快速的变化，传统财务组织已不能适应新形势，必须变革组织架构和管理方式，建立基于大数据的财务系统。这时，大多数企业都选择网络型财务组织，财务流程从后台转移到前台，显著提升财务预测能力，加强财务指导经营；强化财务共享中心的建设，集中传统的财务核算，提高财务活动的效率；构建财务共享服务中心体系，将财务工作重心前移，优化业务流程，提升管理绩效；打造融合、网络型财务组织，加强信息收集、分析和预测能力，促使价值发现目标的达成。此外，财务流程再造还能有效提升企业治理水平，使企业成为一个更加开放的平台，以适应不断发展变化的市场环境和客户需求。企业财务组织结构的变革与发展趋势如图 8-1 所示。

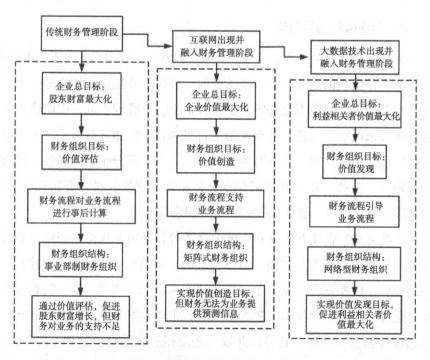

图 8-1　企业财务组织结构的变革与发展趋势

8.3.3 风险预警与控制

企业财务管理面临的风险，可从外部风险因素和内部风险因素进行分析。

1. 外部风险因素分析

企业在发展过程中会受到国家政治、经济、文化、社会等方面诸多因素的影响，这些外部因素会对企业的财务管理带来风险，主要表现在以下三个方面。一是随着我国企业市场化改革的深化，对外开放的加大，一些海外投资企业在我国投资建厂，对国内企业造成一定的冲击，客观上会造成一定的财务风险。二是经济波动导致的市场不景气，乃至利率上调等，增加了国内企业的财务风险，如融资风险、投资风险等。三是市场竞争带来的不利影响迫使企业通过成本核算降低运营成本，这也增加了国内企业的财务风险。

2. 内部风险因素分析

企业财务管理在内部也存在诸多风险因素，主要表现在以下三个方面。一是由于目前我国企业财务管理结构的合理性有待加强，如许多企业财务管理理念落后、制度不完善等，会导致企业财务管理混乱，进而给企业财务管理带来风险。二是一些企业为了自身利益，在预算过程中"巧用会计手段"增加预算支出，引发财务管理风险。三是部分企业的融资、投资缺乏合理性，这些企业通常使用自有资金和银行贷款开展融资和投资活动，债务资金占比较大，增加了企业的债务偿还风险。

由此可见，企业在生存和发展中伴随着各种财务风险，因此企业要加强财务管理风险预警与控制。财务管理的控制功能主要分为"硬控制"和"软控制"。硬控制有强化企业的规章制度和组织结构等，软控制有打造企业文化等。在数字化技术背景的影响下，企业的财务管理控制功能必须进行相应的创新与变革，其可以开发与企业相适应的财务管理、财务控制、财务预警方面的软件，提升财务风险预警与控制的信息化、网络化、数字化、智能化水平，以适应激烈的行业竞争，提高财务管理工作的实效性与准确性。同时，要加强财务管理人员队伍建设。数字化技术改变了信息传递的方式，有效地减少了信息传递的时间，促使企业朝着扁平化组织结构发展。企业只有做到人尽其才、物尽其用，才能实现健康发展。

8.3.4 数字化财务治理

在财务管理过程中存在一些问题，当这些问题出现时，就需要进行财务治理。财务治理可以帮助企业解决发展中遇到的问题，促进企业健康可持续发展。

财务治理，主要就是科学地处理财务管理问题。在财务管理过程中，会牵涉一些比较复杂的问题，财务治理则主要针对这些复杂问题，运用科学的方法加以处理，以免损害企业的整体利益。财务治理能够保证企业发展稳定，同时也能促进企业经济效益的提升。企业有必要通过有针对性的治理方法确保企业当前经营水平与效益。当前我国财务治理尚无统一标准，就财务治理而言，有关人员将根据内部财务管理实际采取有针对性的治理方式。在实际的财务治理工作中，很多时候因为管理不到位等出现了许多问题，因此要采取有针对性的措施进行解决。由于财务治理缺乏统一标准，在管理过程中，多数企业采取由高到低的治理方式，高层的管理人员会对基层的工作人员进行治理，但是采取的治理方法较为单一，不可能应用于各个领域。这就要求相关工作人员不断优化财务治理的模式和方式，保证企业财务治理质量，增强企业核心竞争力。

在数字化转型的大潮之下，数据成为推动企业实现数字化转型的重要生产要素。企业要想实现快速发展，必须不断提升自身管理水平和创新能力，而财务管理作为企业管理的重要组成部分，也应与时俱进地融入数字化转型。同时，因为财务部门对企业核心数据有充分了解，其整理、记录与处理的财务数据将对企业数字化转型过程与结果产生直接的影响。如何利用大数据分析技术实现财务数据与业务活动的深度融合，提升企业财务分析水平是目前众多企业面临的难题。在这样的背景下，更多的企业加快了建设数字化、智能化财务数据治理体系的步伐，对财务数据资产进行综合梳理，旨在全面激发财务数据价值创造的潜力。

财务数据治理的内容如下。

1. 制定财务数据治理战略

战略是组织持续稳定发展的基础。制定财务数据治理战略的过程包括财务数据治理目标的制定和财务数据治理组织的建立。首先，根据财务部门总体战略目标制定企业的财务数据治理目标。根据财务数据治理目标，财务数据治理组织的组织架构、人员分配、职能设定都得以建立。其次，依据企业实际业务活动，利益相关者明确财务数据治理权责范围，建立数据问责及绩效考核机制，从而有效落实财务数据治理目标。

2. 进行财务数据处理

在盘点财务数据前，需要对财务数据进行预处理，财务数据预处理的具体任务包括数据标准管理、数据质量管理与数据安全管理。数据标准管理就是对财务与业务数据的口径、来源、计算公式等进行统一。企业应根据自身情况制定相应的数据标准体系。业财部门首先应划分数据指标，以及在每个数据标准类别中指定主数据及其性质，进而构建业财数据指标库，以确保数据规则的统一、数据口径的统一。此外，还需制定相应的数据管理制度，确保数据规范完整且符合相关要求。数据质量管理在数据处理中至关重要。要保证数据真实可靠、准确完整、及时有效，就要从数据采集开始就加强数据质量检查工作，及时发现问题并予以解决。高质量数据信息为正确决策提供了先决条件。因此，应根据不同业务领域及行业特点制定相应的数据质量标准。评价数据质量的标准通常有准确性、完整性、一致性、及时性和唯一性。其中，准确性、完整性与及时性是衡量数据是否真实可靠的标准，而唯一性则是对数据进行审核后才可使用的重要标准。业财部门根据这五个数据质量标准，对数据进行探讨、分析和甄别，并且最后总结到一个地方以便核查。在此基础上，结合企业实际情况制定相应的制度规范，以保障数据质量。数据安全管理在大数据时代受到了众多企业的重视。企业内部控制制度不健全、缺乏有效的信息安全管理机制等因素都可能会造成信息泄露或被篡改，给企业带来巨大损失甚至危及企业生存。业财部门可以通过企业利益相关者分析检查各业务、财务往来数据是否存在安全问题，及时记录并处理隐患，以防企业遭受重大损失。

3. 盘点财务数据

盘点数据，旨在梳理出对企业有价值的数据资源。盘点的数据包括财务数据、业务活动数据及其他方面的数据，以财务数据为主。在盘点前，财务数据治理组织应划定盘点的范围。财务共享服务模式下的企业应按照业务需求划分盘点范围。按照划定的范围，财务部门对涉及财务数据的过程及制度进行盘点，确定可重用数据资源并形成数据资产目录。

4. 建设数据治理平台

财务数据治理最后一项内容就是数据治理平台建设。企业应通过梳理财务数据治理工作中的问题和需求，分析财务数据治理的主要任务及流程。根据数据资产目录，各部门可合作搭建一个企业总体层面的数据治理平台，再把数据标准、数据质量、数据安全方面的治理要求落地，实现不同系统对业财数据的调用，并利用数据成熟度模型评价组建的数据治理平台。

8.4　案例说明

📖 案例 8-1　数字赋能，精细管控——兴发财务共享中心数字化转型之路

突如其来的新冠肺炎疫情（以下简称"疫情"）并未打乱兴发集团前行的脚步，兴发集团在疫情期间既做到了科学防控，又保证了各项工作高效有序运转，这都源于企业携手元年科技，打造兴发财务共享中心，打通业

财融合经络，开启了企业数字化转型。兴发集团借助财务共享充分发挥线上零接触办公优势，依托大数据和财务共享平台，做到了疫情防控和共享服务工作两不误。

疫情让兴发集团董事长李国璋对数字化转型有了更清晰的认识：面对疫情挑战，企业的数字化转型势在必行，经营效率不高、数字化管理能力较弱的企业，将在严峻的市场形势面前举步维艰。数字化转型已经成了一道"必选题"，不能及时跨越数字鸿沟的企业或将被发展潮流淘汰。财务共享作为企业数字化转型的突破口与主阵地，正在通过云化方式打破物理世界的"围墙"，实现企业端到端的全连接，加快推动企业向感知型、敏捷型组织转型，以应对不稳定、不确定性环境，助力企业在危机中育新机，于变局中开新局。

以下内容介绍兴发财务共享中心，展示"零接触""零见面"等助力兴发集团科技战"疫"的数字化成果。

1. 线上报销——业务单据"零接触"

兴发财务共享中心使用企业微信、影像系统、发票自主扫描系统等多个客户端应用。财务人员将报销单据通过影像扫描方式上传至财务共享平台，在完成影像的上传与单据匹配后，在手机 APP 上即可查看报销内容、流程进度、影像文件等，随时随地完成审批工作。

2. 线上稽核——核算过程"零见面"

共享员工直接在共享平台稽核电子影像与发票认领情况。作业人员通过抢单派单，进行上线单位报销单据的会计专业稽核。各级核算人员借助共享平台展示的单据信息，参考影像即可便捷与高效地完成审核，确保业务的连续性。

3. 线上办税——税务报送"自动化"

为保证在纳税期限内高效准确地完成报税工作，兴发财务共享中心依托共享服务平台，实时进行发票验真查重，勾选认证与报表统计，线上管理进、销项发票，及时统计增值税情况，已将办税业务全部线上化，并为上线单位提供业务的申请、办理、查询等服务，真正实现"非接触式"办税。

4. 线上结算——资金状况"实时化"

兴发财务共享中心资金管理采用银企直连模式，与数十家开户银行进行实时交互，通过共享平台与网上银行进行在线支付与网络结算，实现了资金的安全高效运转，同时线上结算规避了人员流动引发的风险。

5. 线上归档——影像档案"远程化"

在疫情防控时期，兴发财务共享中心打破时空限制，通过扫描方式将票据实物、合同等纸质文件转换为电子档案，通过电子影像实现全电子化的审批流程，顺利完成影像档案"无接触"远程化归档工作，强化了档案风险管控，提升了数据共享价值。

📖 案例 8-2　蔚来已来——NIO 财务共享进化之路

一、智能汽车发展的引领者

蔚来是全球化智能电动汽车企业，创立于 2014 年 11 月。蔚来已经完成了一系列具有里程碑意义的研发项目，并进入布局量产阶段。在发展过程中，蔚来始终秉持着技术创新、设计驱动和服务为先这三大理念，瞄准智能、电动和自动驾驶，专注于持续创新行业领先的技术，引领变革；设计中致力于打造纯粹、易用、有向往感的产品，给用户带来全感官愉悦感受；在运营模式上，坚持自主研发和商业模式探索相结合的策略，不断开拓市场，并实现盈利。在服务方面，蔚来通过提供高性能智能电动汽车和极致用户体验，对所有为用户服务的流程进行了重新界定，给用户打造一种超越预期的全流程快乐体验生活模式，用电动和智能、联网界定了汽车未来的发展方向，成为智能汽车发展的引领者。如今，在科技高速发展的时代下，汽车也逐渐步入智能化阶段。2018 年 9 月 12 日，蔚来在纽约证券交易所成功上市，近年来，蔚来相继发布了蔚来 ES6、蔚来 ES8、蔚来 EC6 等产品。

二、业财融合——财务系统正式落地

伴随着企业规模的发展壮大及独特的生产模式和运营布局，蔚来的财

务部门面临着大量的、高频发生的交易。随着业务不断拓展，业务量与日俱增，而现有的财务管理体系却不能很好地应对如此大规模的数据存储与运算。对集团外部来说，蔚来对用户的直接销售量（售车、维修、精品销售）与日俱增，并与上游供应商维持高频交易，进销两旺，给财务部门带来很大压力；同时，在集团内部，集团内各公司间业务往来频繁，资金流转过程中产生大量数据，而这些数据都需要通过网络进行传递与存储，企业内部交易的管理更加复杂。对集团内部来说，立足全产业分布这一特殊结构，在许多子公司间，内部交易也很多，传统信息化系统已经不能适应企业快速处理交易的要求。这些外部压力和现实处境，使得蔚来必须思考财务信息如何透明化、共享化，并且对其进行很好的控制。

1. 业财融合关键突破

蔚来的财务总监指出，实现业财融合，不只是系统中业务数据和财务数据相衔接，还是在企业的生产经营中，业务部门和财务部门要跳出各自所属领域，不局限于本身范围内的经营，从蔚来的全局出发，重新构建整体业务流程，联合拟定有关规章和准则。

具体来讲，财务部门应深入集团内部进行研究开发，在生产和销售及其他经营中，了解员工每天的工作流程和遇到的问题，考虑怎样互相配合，才能更有效率地生产经营；业务部门则应根据财务部门提供的信息进行分析，并将这些数据反馈给集团管理层，为集团决策提供数据支持。与此同时，业务部门还应主动了解财务部门有关情况，以不断减少日常经营中的费用。除此之外，财务部门还需对业务部门进行一定程度上的监督和指导，从而为集团管理层提供决策依据。要使财务部门和业务部门真正接轨，集团各部门之间需加强沟通交流，集团内可以定期组织有关的讲座和分享交流会，从集团整体出发，制定出相应的准则，真正推动企业业财融合。

经过大家的不懈努力与配合，在解决了人员这一关键难题后，蔚来财务3.0系统整体架构正式落地。随着大数据时代的来临，财务信息化也成为企业管理的一个重要组成部分，并得到快速普及与推广。蔚来正在对大量重复劳动的信息进行系统自动化，在从手工向系统过渡的基础上，进一步由企业内部财务过渡到整个集团。同时，完成不同线上业务系统与线下手工数据的综合，通过搭建系统和平台，业务和财务互联互通，为企业发展决策提供综合数据信息支撑，由独立信息向全面数据过渡。目前，蔚来已经有多个项目正在开发部署，并取得了初步成果。经系列设计、建设、搭建、集成，新上线的财务 3.0 系统已经落地执行。

2. 财务系统落地架构

蔚来以企业业务为基础，以实时会计、智能财务、精准税务、敏捷财资为核心，构建了集财务会计、管理会计、税务服务、报账服务、财资服务、企业绩效管理、电子档案服务、共享服务平台等于一体的新一代财务系统，各模块功能如表 8-1 所示。蔚来运用现有的大数据和互联网等新技术，搭建了实时、智能、可视、生态的数字化系统，加速了集团财务数字化转型。

表 8-1 蔚来财务 3.0 系统整体架构

财务平台模块	具体功能
财务会计	包括总账、往来核算、资产核算、存货核算在内的实时核算体系，支持多会计准则、多账簿
管理会计	包括成本控制、责任会计、获利分析三大体系，实现包含 PDCA 循环的管理会计体系
税务服务	以业财税一体化、全流程应用、全税种管理与核算、税企直连自动化和税务风险评估为核心的创新应用
报账服务	实现商旅费控在线一体化的服务，覆盖从费用预算到差旅标准的制定，从申请到预订、报账、支付的全流程，员工信用的管理等
财资服务	以企业现金流活动管理闭环为主线，提供企业流动性、资本运营、投融资和风险管理，将金融服务嵌入企业经营活动，银企联云新模式打通了与银行的连接通道
企业绩效管理	包括全面预算管理、集团的法定合并与管理合并，基于预算与合并数据的绩效分析等，构建基于多维模型的企业绩效管理新体系
电子档案服务	实现了财务全线电子化的最后一公里，从著录采集到归档管理，从电子发票到电子凭证到电子档案，全面线上一体化解决
共享服务平台	构建开放的共享服务平台，接入各类共享业务数据，集中作业处理，提供共享中心的绩效考核与运营管理平台

3. 财务系统优势体现

自财务 3.0 系统落地以来，财务部门人员显然领略到了该系统给他们带来的便利。第一是速度。财务信息化建设不仅改变了传统的记账方式和账务处理模式，还对整个企业内部控制体系产生了深远影响。该系统不仅加速企业收集信息，还解放出集团内大批劳动力，减少了会计人员人工输入作业，部分资料可直接在平台上提取，从而相应地降低错误发生的概率，使得集团能够做到业务发生后实时处理，及时产生财务报表和进行管理分析，达到快速反馈和调节的目的；另外一个好处就是节约了人力成本。第二是效率。通过信息化建设，集团内部各个层级之间统一协调运作，同时各部门之间的联系更加紧密，提高了工作效率，为企业创造了更多效益。尽管财务人员在系统应用初期也面临着操作难题，但在磨合了一段时期后，在效率、准确率等方面都有明显提高。第三是准确性。特别是在全球化的发展背景下，企业面对币种、格式、会计准则与税制之间的差异等，进一步增加了财务核算难度，以财务 3.0 系统为后盾，能很好地解决这一难题，实现集团财务高效、准确、标准化运作。第四是数据。收集与整合数据信息，使企业经营管理更加科学有效，从而推动集团整体管理水平的进一步提高。财务 3.0 系统落地不仅带来了流程改进和效率提升，更为重要和值得研究的问题提供了海量数据。集团可根据这些数据进行进一步发掘和分析，合理分配有关资源，减少企业经营风险，真正达到降本增效的目的。

三、未来发展——拥抱财务 4.0 时代

信息技术不断创新发展，不可避免地导致商业模式、财务体系、运营策略与运作流程的改变。随着互联网经济的兴起及移动智能终端的普及，企业之间竞争加剧，传统的会计管理模式已经无法满足现代企业对财务管理模式的要求。在财务领域，大数据、云计算等新兴技术得到了运用，财务 4.0 时代来临。在这一时代背景下，传统企业只有顺应这一潮流才能获得生存与发展空间。蔚来目前正处在财务 3.0 时代，在外部环境持续发展变化下，蔚来不会止步于此，而会更进一步发展，正式进入财务 4.0 时代是蔚来财务共享中心的目标。

1. 智慧—自动—整合：实现财务共享三轮驱动

蔚来财务共享中心进一步发展的目标是实现智慧—自动—整合的三轮驱动开发。智慧是指利用互联网技术，对企业现有资源进行深度开发和优化配置。整合就是在财务3.0基础上进行整合，使财务系统和业务系统进一步密切结合起来，以前台业务系统为支撑，实现财务共享，实现从传统的行政职能向为企业提供切实支持的业务流程的转变。自动是指将人工和机器相融合，利用先进信息技术手段，对流程进行重新设计，使之更加符合企业运营需求。通过实现全球信息互联，提高跨部门的工作效率，实现企业内各共享中心和外包服务供应商的结合。同时，以财务共享为手段，进一步完善企业治理，以更好地推动企业业务的发展，最终达到财务信息化、管理会计化、决策智能化等目的。整合自然推动了自动化的发展，而要实现自动化的发展，关键在于要有自己的数据中心和数据工厂，通过综合运用数据和先进技术等，构建高度整合的自动化系统；利用物联网等新技术，对企业中的各个生产经营活动进行智能化管理。自动化的发展，将进一步为企业智慧发展赋能，推动"数据＋智能平台"建设，在海量数据不断累积的情况下，持续增强企业大数据挖掘和数据分析潜力，达到智能控制、智能预测的目的，让财务工作变得更智慧。

2. 构建系统，助力决策：搭建全场景信息蓝图

经过对三轮驱动总体框架的清晰界定，蔚来财务部门从深度实现业财融合的角度出发，进一步搭建财务共享平台的全场景信息蓝图。该体系是基于"互联网＋"，结合企业自身需求设计开发而成的，旨在提高财务管理效率、提升经营效益。这一平台以集团业务为起点，实现审批、合同管理、预算、资金管理和发票管理等的一体化管理，以基础设施、数据管理、影像管理和档案管理为基础，主要搭建报账、共享、会计、运营和资金五大模块。在这一过程中，平台将企业内部所有的财务工作整合到一起，实现财务资源的高度共享。其中，报账模块属于平台的前端，在进行费用、应付、应收、资金和总账等报账收付款后，将有关资料分发给各子公司或科室，由其对有关单据进行核对和复核，然后会计部门采取相应账务处理措

施，并且通过该平台，实现计划内资金分配。纵观整个加工过程，该平台构建了绩效考核指标模型，提取各模块数据，测算考核指标，并制定考核表，并且将结果以绩效看板形式进行动态展示。此外，平台还提供了财务共享服务功能，方便财务人员及时掌握各业务部门的工作情况。同时，该平台对业务办理全过程进行监控，实现部分质量控制点的自动监控。在此基础上，进行集团整体的运用分析，以促进集团实现高效率与高质量的发展。除此之外，企业通过与银行、税务实现后台接口方式，实现支付、涉税业务的电子化，提高处理与支付的效率和安全性，同时实现自动对账，大大减少了相关部门的工作量。

在整个财务共享平台的搭建过程中，融入了新技术、新方法，实现了财务革新，进一步体现了业务整合、自动化发展与数据整合。在平台内部，实现了审批、报账、付款一体化流程，并且集团内不同企业间实现了规范核算，形成了信息互联与数据档案集团管控，不同国家子公司之间也实现了多会计准则、多账簿、多币种核算，形成了快速外币报表折算。在平台外部，直联银行，实现实时支付并获取实时余额与交易明细；直联税务，实现发票认证与纳税申报；直联客户和供应商，实现多方高效协同交易。综上，财务共享平台成了组织重构、流程再造的利器，深入推进了蔚来业财融合的标准化、精细化、信息化，重新构建了财务分析系统，满足了集团智能决策的需要。

由此可见，企业财务共享使集团内部财务人员所处的环境和格局发生了变化。财务共享中心的建立使企业内部的各部门之间产生密切联系，为企业提供更加全面、快捷、高效的服务。传统的财务并未进行分工，财务人员执行大量的任务，数据获取不及时、不准确，很难适应企业的发展需求。随着财务共享中心的应用和更新，有关的财务管理工作真正实现了整合、自动与共享协同的发展，将集团内外部信息在平台上一览无余，提高了信息透明度。财务共享中心会实时反馈财务信息与业务信息，实时更新相关数据；同时，财务共享中心能够对企业内部的各种财务数据，以及其他资料信息等进行统一管理，有效地提升财务管理工作效率，降低成本投入，并能在各部门之间形成高效的协同式管理模式。更为重要的是，财务共享中心不仅可以对有关数据信息进行处理，还可以对信息进行集成和预测，实现了精确、及时地挖掘和整理数据，对集团内部各项业务提供了决策支持，切实地发挥了财务辅助业务决策功能，使企业财务由核算过去转向预测将来。

📖 案例 8-3 SaaS 开路，数智奠基：每刻科技注入财务变革新动力

每刻科技有限公司（以下简称"每刻科技"）一直致力于顺应财务数字化变革趋势，推进企业实现业务无纸化和业财税一体化。每刻报销与每刻档案产品线，更是为企业提供了从报销、入账到归档全流程的财务无纸化解决方案，助力企业稳步迈入全面无纸化时代。

一、SaaS 理念革新路，每刻研发恰逢时

近年来，我国软件即服务（SaaS）行业的融资数量快速增长，SaaS 领域已经发展成为云计算最大的细分领域，市场规模远超基础设施即服务（IaaS）和平台即服务（PaaS）领域。根据中国信通院的数据，2021 年，中国 SaaS 市场规模达到 666.2 亿元，同比增长 33.72%。2020 年，全球 SaaS 模式的代表企业 Salesforce 的市值超越了传统软件巨头 Oracle，这代表着更多的企业用户开始接受互联网的服务形式，并且主动拥抱云计算带来的变革。

以往企业用户购买管理软件，付费服务的费用通常被分成三个部分：软件费用（包括软件许可费用和承载软件运行的硬件使用费用）、软件咨询实施费用和软件运维服务费用。软件的安装与调试过程必须由企业自己来完成，因此通常企业用户购买管理软件后只需支付少量的安装及维护费。就拿买 ERP 软件来说，企业用户在购买软件时，常常要同时支付软件许可费用及软件咨询实施费用的基本等值（全球领先的 SAP 系统咨询实施费用往往是软件许可费用的 2～3 倍），并对软件运维服务费用进行若干年内的

计划，因此一次性投入成本非常大。

然而，SaaS 模式以"订阅"替代了"购买"，将软件费用、软件咨询实施费用、软件运维服务费用合并成年费供用户选择。这种方式使得厂商和用户之间形成了长期合作的关系，软件厂商需要通过软件功能和应用体验来满足用户的要求，用户只需按使用时间支付费用（见图 8-2）。随着长期的合作过程中用户需求的不断变化，软件功能也不断更迭，再加上 SaaS 是基于 B/S 模式运行的，用户节省了配置升级和维护的成本，厂商可以通过持续的自我调整来实现盈利和企业升值。最重要的是，SaaS 模式下企业的数据全部储存在云服务器上，服务商有专业的 IT 人员设置防火墙进行监管，可以确保企业数据的安全。

软件费用　　　软件咨询实施费　　　软件运维服务费用　　　SaaS订阅年费

图 8-2　管理软件费用变化

鉴于以上优势，财务共享服务市场上也逐渐兴起了一阵"SaaS 之风"。应用以"订阅代替购买"为创新理念的财务软件，企业可以省去大额的研发与搭建成本，同时可以在短时间内迅速上线应用。但任何事物都有双面性，在各企业享受 SaaS 软件带来的便利时，SaaS 软件逐渐不能满足市场的种种需求。由于 SaaS 软件的受众是市场上的绝大多数客户，因此无法做到传统自主研发和搭建的精准度。而处于不同阶段、不同行业和具有不同规模的企业对财务管理的要求也各不相同，中小型企业也许只需要常规的财务技术支持即可满足要求。但是对资金链庞杂、运营风险高、业务量多的大型企业来说，普适性的财务软件已经无法满足其需求。同时，很多财务软件提供商为了获得 SaaS 红利盲目采用该服务模式，普遍的 SaaS 软件很少因为个别客户或一部分客户提出的需求而进行改动，在对客户需求了解不充分、系统不适配的情况下，导致客户在发展中需要推出新功能或调整旧功能时无法得到响应，服务群体限制条件越来越多。

面对市场上逐渐浮出水面的供需矛盾，如果无法同时满足既通用又精准的要求，那么 SaaS 软件也只能是财务转型道路上的一个"临时加油站"。企业只能在通用的 SaaS 软件中取舍可以适用自身的业务，而全面财务数字化转型的愿景难以实现。鉴于此，每刻科技利用敏锐的洞察力和精湛的技术水平抓住了这一市场缺口，立志于打造一个既普适又满足个性化需求的智慧财务生态平台，成为财务数字化转型道路上"真正的加油站"。

二、传统业财难互通，每刻砥砺破旧俗

每刻科技立志于打造一个"群智共生"财务生态平台。在技术层面，每刻科技团队首先建立了包括客户企业内部财务系统数据的信息仓库，实现对各类数据资源的统一存储、统一管理；其次采用分布式技术架构、机器学习、语义分析、数据索引等，提升数据分析与挖掘能力，将数据重新排列组合以形成庞大的知识图谱；最后在海量数据支持的基础上，利用 AI 自我学习训练功能，将管理环节与市面上主流的 OA、ERP 软件相互打通，建立起完整的财务生态数据链。

仅仅做到内部技术支持是远远不够的，还需要构建一个以每刻科技为中心的外围朋友圈，因此在选择生态合作伙伴时，整个团队围绕日常生活中的"吃、住、行"等消费 APP 建立合作关系，最终使其朋友圈覆盖了用餐、住宿、打车和支付等主要消费场景，实现了企业差旅申请、审批、管控、预订、结算和开票全流程费控解决方案闭环。

"每刻报销"作为每刻科技首个也是最核心的产品，在业内率先应用基于深度学习的人工智能发票智能 OCR 光学字符识别技术，支持 10 多种发票的群拍群读群验真，一键拍照即可对发票信息进行识别，极大地方便了员工报销。通过接入第三方消费平台、企业办公平台和国家税务总局，直接获取消费平台的电子数据，再自动生成凭证，进而通过费用大数据分析，每刻报销能够灵活分析展示企业费用数据。强大的自定义报表功能能够将企业费用数据进行可视化呈现，帮助企业进行有效的费

用管控，为企业业务决策赋能。同时，财务内部核查报销标准、预算控制、补贴计算都在系统内完成，极大地减少了传统的基础手工工作。每刻报销一经推出，立即就凭财务与云计算巧妙合理的结合方式占据市场主导地位。

每刻科技继每刻报销之后推出的产品是"每刻档案"。每刻科技为企业打造了一套从采集、归档、借阅到鉴定、移交、销毁的全流程解决方案。与其他产品一样，每刻档案对接市面上主流的财务核算系统（如 SAP、金蝶、Oracle、用友、鼎捷等），支持存储财务相关的各类数据及其附件、影像，并建立各类数据之间的关系，可实现银行回单、会计凭证、业务单据等原始凭证归档全面自动化、电子化，即从耗费大量人力、物力来对纸质档案进行管理和储存，转变为档案存储 0 工时占用、0 空间占用，将归档查档效率提升 90%。

继每刻报销和每刻档案成功上线并获得众多企业客户的青睐后，每刻科技也未停下在财务数字化转型这条路上的探索。2021 年，每刻科技在新品发布会上宣布推出"每刻云票"，进一步拓展了每刻云产品矩阵。每刻云票是每刻科技打造的新一代数字化业财税融合的增值税发票管理和协同云平台，主要涵盖应收共享、应付共享、增值税发票管理与电子发票服务平台四大业务模块，能够完美解决企业采购、销售业务智能配票、一键开票及增值税业务处理的需求，实现应收/应付共享。同时，每刻云票通过高效连接上游供应商和下游客户，构建企业采销业务生态数据网络，大幅提升企业内外协同与数据采集效率，为经营决策提供更科学的依据，并随着时间的推移提升各种能力来提升价值。

从每刻报销到每刻档案再到每刻云票，每刻科技的智能财务解决方案均基于生态化、协同化的理念，通过打通消费生态、银行金融生态、供应商生态、客户生态、税务生态等，让数据流动起来，让数据成为企业真正的"富矿"。每刻科技的研发之路始终践行"释放财务创造力"的理念，持续创新引领行业进入新格局，与生态合作伙伴、客户携手打造企业财务数字化的未来。

· 思考题 ·

1. 借助数字技术构建的预算管理系统给财务工作带来了哪些便利？

2. 为什么说资产数字化是必然趋势？

3. 大数据技术给资产评估工作带来了哪些影响？

4. 企业业财一体化模式的建设是一项长期持续的工程，其中包括哪几个方面的统一？

5. 简述在数字化技术的支持下，企业财务组织结构的变革与发展趋势。

第 9 章

政府数字治理

9.1 基本概念

9.1.1 政府治理

数字治理是现代政府治理的重要标志，而治理数字化为政府治理能力的提升提供了技术手段和历史机遇。从国家层面来看，随着信息化时代的到来，我国正处在全面深化改革的新阶段。在数字化转型中，治理主体和治理方式正在经历着重大的变革，政府需与时俱进，掌握治理的时代特征。

数字政府治理作为数字时代政府治理的新形态，是加快推进国家治理体系和治理能力现代化的重要举措。数字政府治理是一个复杂而庞大的系统工程，涉及信息技术、管理技术及社会组织等多个领域。蓬勃发展的数字政府实践，赋予了数字政府治理丰富的理论内涵。数字政府治理具有以下三个方面的特征。一是在技术层面上，数字政府治理是政府利用云计算、大数据、人工智能等新一代信息和通信技术实现政府治理方式、手段和过程的数字化、网络化、平台化、智能化。从制度层面来说，新技术在促进政府管理理念转变和提高行政效率上发挥着不可替代的作用。一方面，新技术带来的冲击将渗透到治理的每一个环节，如组织形式、治理模式、决策过程、政策实施等；另一方面，技术革命使整个社会运作方式发生颠覆性改变，即政府管理者面临新的治理对象，这又迫使政府治理方式必须随之改变。因此，数字政府治理将成为未来政府管理的主流方向之一。二是在数据层面上，数字政府治理以政务数据、社会数据为关键要素，实现了数据的安全开放、数据驱动决策。三是在组织层面上，数字政府治理更加重视政府内部组织，以及政府和市场的关系、社会关系重构和转型。

政府治理是一个动态的过程，受社会经济、政治结构、技术变革、文化环境等多个因素的综合影响。可以发现，数字政府治理强调的并不只是政府在技术上进行数字化转型，从更深的层面讲，它强调了对政府存在方式的改革。

　　我们处在一个大数据的变革时代。大数据在为人类提供海量信息服务的同时，也正在给经济社会生活各领域带来深刻影响，并成为未来国家竞争新优势来源之一。移动互联网、智能化终端、新型传感器迅速渗透到地球的每一个角落，它们所带来的革命性影响会重塑生产力发展模式，重建生产关系的组织结构，促进产业效率与管理水平的提高，增强政府治理的精准性、高效性、预见性。大数据必将打造下一代的互联网生态、下一代的创新体系、下一代的制造业形态及下一代的社会治理结构。

　　在大数据时代背景下，社会会更加开放、权力更加分散，社会是网状的，社会会有更强大的流动能力，并且表现出个性化、社会化、网络化等特点。这些新变化和新特征，或多或少地对政府治理产生了影响。

9.1.2　数据孤岛

　　数据孤岛源于"信息孤岛"理论。从本质上来说，数据孤岛就是数据资源被分散地存储在不同的数据库中。从字面上理解，数据孤岛是指数据被分散地存放于不同主体或者不同部门，形成一个个独立的数据集，不能互联互通、彼此共享、整合利用，近似海面上的一座座彼此隔绝、不能交流的小岛。从本质上来说，数据是一种商品，它需要经过一系列流通过程才能为用户所获得。这一现象有悖于数据天然属性，究其原因，是数据和信息一样，难以独占利用。在这样的情况下，任何一种数据都是稀缺的资源，即使你拥有可用数据，但如果你想从这些数据中获得自己需要的东西，也必须花费时间和金钱。依据信息经济学理论，信息拥有者绝不可能因为传送这些消息而丢失它，数据亦然。用户就算拥有了自己需要的数据，他们还是会对其进行处理。假设每一位用户（包括科研机构、政府、企业和公众等）可以很容易地得到他们想要的数据，然后会考虑数据自身的特点，这意味着任何数据在被利用之前都会得到一定程度上的保护。一位用户对这些数据的使用不妨碍其他用户的使用，也不造成资料（如物质产品）的损失，数据固有价值并不因多位用户分享而降低。为此，在数据自然可共享性维度上进行思考，在人工智能时代，数据孤岛是不应该出现的。

现实中的情况却恰恰相反，在实践中，存在着大量数据孤岛现象。数据孤岛既包括物理孤岛，又包括逻辑孤岛。所谓物理孤岛，是指将数据集存放于不同主体或者部门，或者存储于各种硬件中，造成数据集相互隔离、相互独立存储和维护，在相同主体或者硬件中很难运动的现象。逻辑孤岛是指不同的主体或者部门从各自的视角出发，以自身为中心进行信息交互时出现的"信息鸿沟"现象，即由于各主体、部门之间存在认知差异而形成的信息加工障碍。对于相同的数据或者数据集，各主体、部门有不同的认识与定义，造成相同的数据或者数据集被赋予了不一样的意义，由此跨主体、跨部门数据合作交流十分困难。

数据孤岛产生有其必然性，其是由多种因素综合影响而形成的。首先，客观地说，信息化不可避免地要经历一个由初级向中级、高级阶段发展的过程。处于初级阶段的人，一般根据某种特定的业务来研制应用系统，以及从本部门需要来定义数据，并且不考虑数据标准与信息共享。随着信息技术发展水平的不断提高，人们开始逐渐意识到信息共享与数据安全保护存在严重冲突。其次，因为数据存储要依赖某种载体，甚至虚拟"云存储"都依赖于它的终端服务器，所以在人工智能时代，数据同样根据主体、行业、部门、地域及其他因素的不同独立存储与维护，相同的数据集，甚至被赋予了不一样的意义，数据之间内在的关联性被割裂，物理孤岛和逻辑孤岛由此而生。再次，随着大数据技术的发展和互联网技术的普及，数据主体间通过网络实现数据共享成为可能。最后，各个数据主体为了主观保障自身利益，常常不愿把自己拥有的数据与其他主体分享。数据孤岛现象在政府与企业这两类典型的社会组织中表现得尤为明显。具而言之，政府主体回避权力异化风险及保障部门利益，企业主体对数据资源存在"垄断"趋势，社会公众担忧隐私信息泄露，均决定数据主体不容易分享其所拥有的信息，形成数据孤岛是必然的。

大数据越关联就越有价值，越开放就越有价值。大数据正在改变着人类社会的生产方式和生活方式，对政府部门治理模式提出了新要求。政府正在逐渐公开政府治理中形成的公共领域行政记录、公共资源和其他公共数据，以及鼓励各事业单位和其他非政府、非营利机构提供公共服务期间所形成的业务数据，着力促进企业和其他营利性组织开放在生产经营、网络交易及其他过程中所形成的有关资料。同时，政府还应当积极引导社会力量参与到数据共享中来，以提高公众对数据资源利用的积极性。经济社会发展过程中所需要的各类数据资源，需要在政府信息公开不断加强的基础上，加大数据的开放与共享，建立起公共服务领域的数据公约组织。政府数据开放是一个复杂而又漫长的历史演变过程，从最初的封闭到逐渐放开，再由完全开放到部分开放，最终实现所有公民都可以使用数据的目标。在数据管理日趋规范的今天，对数据隐私的保护措施日趋完善，技术能力不断提升，分享与公开数据会释放出数据更大的价值。

以破除数据孤岛为切入点，深入开展综合化、网格化、信息化服务管理改革等，把社会安全感、群众的满意度、群众的幸福感、居民健康指数、流动人员的管理、社会治安隐患及其他城市化过程中突出的社会问题，梳理为综合数据，继而形成大综合、大服务、大管理的公共服务模式。

9.1.3　国家治理现代化

国家治理体系是在党领导下管理国家的制度体系，包括政治、经济、文化、社会、生态文明和党的建设等各领域的体制机制、法律法规安排，是一整套紧密相连、相互协调的国家制度。国家治理能力则是运用国家制度管理社会各方面事务的能力，各方面事务包括改革、发展、稳定、内政、外交、国防等。国家治理体系和治理能力是一个有机整体，相辅相成。国家治理体系讲国家的制度，国家治理能力讲制度执行能力。

总的来看，与现代化相结合的方面很多，如农业现代化、工业现代化等，国家治理体系与治理能力同现代化相结合，则是新时代对国家治理提出的更高要求。国家治理体系是指一个国家为实现其政治目标而进行的制度安排、组织结构及其运行规则所形成的总体系统，它包括政治体制、经济体制及其他方面。国家治理体系并不固定，必须随着社会的发展和进步，不断地进行调整。国家治理能力也需要随着社会环境的改变而不断进行完善升级。国家治理能力还应随着越来越复杂的发展情况而得到优化和提高，国家治理现代化也应随着时代变化的需要而不断地进行调适。

在大数据时代，随着信息技术的发展，产生了一种以"云计算、人工智能、量子信息、区块链"为载体，高度智能化的新型社会形态。大数据广泛应用，深刻改变着人类的生产方式与生活方式，由此带来社会变革，对国家治理能力、治理方式等都提出了新的要求。作为社会治理重要组成部分之一的政府治理，也面临着前所未有的机遇与挑战。从国家治理现代化的视野来看，政府正在从传统治理走向智慧治理，国家治理现代化指向政府治理智能化、协同化、精准化。随着互联网技术、物联网技术和移动通信技术的快速发展，大数据作为一种新型信息资源，正成为推动社会信息化进程的重要力量。要实现国家治理体系和治理能力现代化，大数据需要在转变政府治理理念、优化政府治理体系和提升政府治理能力等方面发挥作用。

全球化、多元化、信息化的发展催生出了全新的政府治理时代，继新公共管理改革之后，现代公共管理部门步入了第二轮改革的大潮。新一轮改革以"大数据"为主要标志，其核心理念在于通过信息技术与思维方式创新来提升政府治理能力。从政府"管理"向政府"治理"演进，其核心特征表现为多主体在公共服务进程中"跨界"合作，从内容到形式都包含了中央政府与地方政府跨级合作、同级地方政府跨区域合作、同一地方政府的不同部门之间跨部门合作、政府与企业和社会等不同治理主体之间的内外合作。随着互联网技术的迅猛发展和普及，传统的以政府部门为主导的纵向一体化的管理模式受到巨大冲击，各职能部门之间开始尝试开展横向合作与交流，构建起一个更为开放和包容的新型服务型政府。协作以信息共享为前提，而要实现信息共享，就必须以数据共享与联系为前提，"大数据＋政务服务"，可以有效破解公共服务碎片化难题，在多元主体协同治理中破除行政壁垒，使新时期政府治理多元共治得以实现。从这个角度讲，大数据与政务服务之间有着天然的耦合性，构建一个统一高效的数据共享平台，可以使各级各类政府部门允分挖掘自身拥有的资源潜力，从而获得更大的发展空间。另外，在海量数据的支持之下，政府也可借助对外沟通机制与结果反馈机制，为社会组织与个体提供差异化、多样化的公共服务，提升政府服务对象的感知。大数据作为一种新型技术形态，其应用于政治领域不仅能提高公民参与意识和公共决策水平，而且能够推动政治体制改革。为此，国家治理体系和治理能力现代化对大数据在政治运作过程中的运用提出了迫切的现实性需求，大数据是推进国家治理现代化的坚实基础，两者在信息时代的背景下完美契合。

9.2　数字化建设

9.2.1　网络基础设施

在当代，以人工智能、云计算、量子信息技术等为代表的数字技术革命席卷全球，它深刻地改变了人们的传统生产方式与生活方式。随着数字技术与实体产业深度融合，数字经济已经渗透到生产要素配置、社会组织形式、人民群众消费习惯乃至国家安全保障中，对各国经济增长和国际竞争力提升产生重大影响。抓住新的数字科技革命的契机，占领数字经济发展制高点，已成为当前经济社会发展中的一项重要任务。我国在"十三五"期间大力发展数字经济，并提出把数字技术与实体经济深度融合作为推动产业结构调整升级的重要途径之一。把握好数字经济的先机、占领未来发展制高点，意味着要打造新的发展格局、落实新发展理念。网络基础设施是支撑数字经济发展的基础条件，也是实现数字经济高质量发展的关键要素。大力发展数字经济、推动经济数字化转型，离不开网络基础设施的建设。在"互联网＋"时代，网络基础设施对信息和数据等资源进行汇聚与交换，实现互联互通，为创新驱动、"大众创业，万众创新"提供坚实支撑。完善的网络基础设施是推动数字经济发展，打造具有国际竞争力的数字产业集群的重要保障。

网络基础设施作为新型基础设施的核心内容，是近年来我国重点投资建设的项目。在数字经济背景下，大数据时代的网络基础设施包括云计算、物联网、互联网，可简称为云、端、网，它们是与大数据关系最为密切的三个事物。物联网是与互联网感觉和运动神经系统相对应的。云计算则是互联网大脑结构的延伸和扩展。云计算集互联网核心硬件层与核心软件层于一体，也是互联网中枢神经系统的萌芽。互联网作为一个整体，其发展依赖于互联网上存在的海量的数据资源。大数据代表了互联网的信息层（数据海洋），是互联网智慧和意识产生的基础。云计算技术将成为新一代互联网发展的基石。物联网、传统的互联网、移动互联网不断向互联网的大数据层聚集数据，接收信息。

1. 云计算

面对互联网时代的海量数据，传统的数据处理方式已经不能适应大数据的收集、整理、存储、检索、共享、分析等多重功能。云计算使得大数据的存储、分析、运算在技术上成为可能。云计算的基本原理是使计算分布在大量的分布式计算机上，而非本地计算机或远程服务器中。

美国国家标准与技术研究院（National Institute of Standards and Technology，NIST）将云计算定义为一种模型，实现无处不在的、方便通过网络按需访问的可配置的共享计算资源池（如网络、服务器、存储、应用程序、服务），这些资源可以通过最小化管理成本或与服务提供商进行交互快速提供。它具有三种服务：SaaS、PaaS 和 IaaS。SaaS 为用户提供软件或应用程序，以访问将在云中运行的应用程序。因此，用户只需使用应用程序，而无须考虑系统配置问题。在 PaaS 中，用户可以选择更好的操作系统，并使用云中支持的资源开发个人软件。例如，用户可以将数据存储在云中，并在需要检索信息时将任何查询请求发送到云中。在 IaaS 中，用户可以设置个人操作系统，配置计算环境和开发软件。云提供了强大的处理核心和具有可配置计算资源的海量存储空间，供用户在其上进行计算。通过这种架构模型，从上到下，用户可以对可用的计算资源有更多的控制。云服务的特点是按需、弹性、保证服务质量和按使用付费。在数字时代，云计算将会成为人类新的"大脑"。

2. 物联网

物联网被称作"物物相联的网络"，在国际上又被称为"传感网"，有"全球神经系统"之称。物联网是继计算机、互联网与移动通信网之后的又一次信息产业浪潮。物联网连接的范围不断扩大，超出了基本的机器对机器（M2M）通信。

物联网设备采用广泛的网络协议、应用程序和网络域。物理对象通过各种类型的短距离无线技术连接到互联网，促进了物联网技术的发展。根据思科互联网业务解决方案事业部（IBSG）的说法，物联网作为独特实体出现，实际上是在连接到互联网的无生命物体比人类用户多的时候实现的。物联网技术的发展是一个加速的过程，特别是随着思科的"行星皮肤"、智能电网和智能车辆的推出。物联网将使互联网的影响在人们的日常生活中变得更加普遍、个性化。

除了网络协议之外，物联网设备目前在连接到互联网的方式方面没有严格地标准化。物联网可以采用额外的管理和安全功能来连接，例如，车辆电子、家庭环境管理系统、电话网络和家庭公用事业服务控制。物联网的扩展范围及使用它来连接各种不同的网络的方式如图 9-1 所示。

物联网数据具有不同于普通大数据的特征。普通大数据是基于大量的结构化、半结构化或者不完整的原始数据进行分析而得出的结果，而物联网中的数据量相对较小。物联网数据具有异构、多样和非结构化的特征，与普通大数据更大的区别是物联网数据增长率更高。物联网数据主要来自

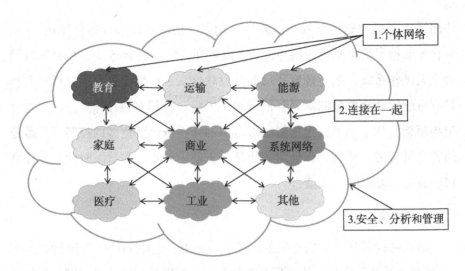

教育　运输　能源

1.个体网络

家庭　商业　系统网络

2.连接在一起

医疗　工业　其他

3.安全、分析和管理

图 9-1　物联网可以被视为网络中的网络

移动设备中的传感器网络。物联网数据具有明显的颗粒性特征，它一般包含时间、地点、环境和行为及其他信息。物联网数据中包含了大量的用户关系信息，如用户在物联网上的使用习惯、对产品或服务的评价等。物联网数据又可称为社交数据，但其不是人与人的交往信息，而是物与物、物与人的社会合作信息。

3. 互联网

由于个人移动和物联网设备的普及，以及通信和网络技术的空前扩散，互联网正在以指数级的速度扩张。目前存在三个主要的扩展方向。第一，从设备的角度来看，这种扩张主要发生在互联网的边缘，而非其核心基础设施。用户的个人和物联网设备数量已经超过了核心设备数量，而且这种趋势会持续存在。第二，从数据相关的角度来看，互联网，特别是其边缘，正在成为一个以数据为中心的网络，从某种意义上说，越来越多的用户利用互联网来访问数据，而不是连接到特定设备。第三，互联网正在向物理世界扩展，物理世界和网络世界（互联网和互联网应用）之间的界限越来越模糊，产生了一种网络物理融合，数据在物理和网络维度之间流动，其中一个维度中所发生的活动立即影响另一个维度。通过无所不在的网络服务，可以提升政府移动执法、应急指挥、治安管理等应急处理能力。未来，随着 5G 的进一步完善，移动互联网将为"互联网 + 政务"领域的信息化发展贡献更大的力量。

9.2.2 城市物联网

数字城市建设的内容繁多，也十分复杂，涉及城市公共安全、平安城市、智能交通、智能安防、环境环保、智能楼宇、智能电网、物流管理、数字城管、智能社区、智能家居等项目。物联网作为新兴技术正在迅速发展，并被广泛应用。借助物联网，能够对城市进行产业优化升级，让城市环境变得完备智能、城市服务有效灵活、城市治理准确有效，增进物人互动，让城市变得更智慧，让人的生活变得更加精彩，物联网是增强城市竞争力至关重要的因素。

事实上，当前以物联网为主导的技术发展正在改变城市的各个领域，包括能源和医疗保健，并通过包容性工业化促进创新。这些技术发展由终端设备（如传感器和可穿戴设备）和强大的计算机系统组成的异构基础设施进行集成，以监测城市状态并相应地做出自动决策。由此产生的生态系统正在推动数据驱动型社会的发展。

以物联网和云计算为代表的新一轮信息技术革命，为信息技术向智能化发展提供了重要的技术基础。智慧城市是指通过信息通信技术基础设施、认证、安全平台建设，充分利用信息技术，加快攻坚关键技术难题，构建城市发展的智能环境，形成基于海量信息和智能过滤处理的生活、产业发展、社会管理新模式。数字城市是具有多分辨率、多尺度、多空间时间和多物种的城市三维描述。物联网通过基于商定协议的信息传感设备将任何物品与互联网连接起来，实现信息交换和通信，实现智能识别、定位、跟踪、监测和管理。智慧城市可以通过结合数字城市和物联网来实现。

城市物联网以互联网为基础，它对今后的网络整合具有基础性的作用。物联网是基于信息技术与先进传感技术相结合的新型产物。物联网技术特指通过射频识别等手段，按照标准、统一的网络协议，在物品和互联网之间建立联系，并对事物和虚拟物品进行编码，在智能界面的帮助下，实现信息共享，完成物品分辨、空间定位、实时追踪、全面监测和其他有关工作。通过物联网可以实现智能化管理，提高管理效率与水平，降低人力成本投入。物联网代表了信息化的实际应用，在信息交互的帮助下，实现物理空间与信息网络紧密集成。目前，物联网技术已经广泛应用于人们生活当中的各个方面，包括农业生产领域、工业生产领域、交通运输领域及国防安全领域等，具有十分广泛的发展前景。总之，物联网技术可以实现信息捕捉与处理等功能，借助射频识别和红外传感器对物体进行综合监控，同时在通信网络中传输以上信息，以达到交互共享的目的。

9.2.3　政务云平台

政务云通过提供统一的虚拟主机、软件、安全等政务云服务，实现基础保障服务和共性支撑服务的集约共享，为各部门政务信息系统提供服务支撑和运维保障。在电子政务发展过程中，政务云作为一种新的技术形态，对提高政府信息化水平具有重要作用。政务云提供的具体服务如下。

（1）政务云通用资源服务，主要分为两类：一类是计算、存储、网络、备份、基础软件支撑、机房云托管和视频云等常用服务，服务于基础资源；另一类为计算资源灵活定制、容器、微服务、人工智能、云数据库和云中间件等服务，为扩展资源服务。

（2）政务云安全资源服务，以政务云平台的基础环境符合三级标准为前提，可以依据用户实际业务需要和等级保护标准，提供漏洞扫描、堡垒机、Web 应用防火墙、网页防篡改、主机加固、数据库审计、日志审计、VPN 及主机防病毒及其他安全服务，提供安全的基础资源。在此基础上提供流量监测、数据加密服务，以及未知威胁的探测、敏感数据的保护等安全服务，服务于资源的安全拓展。

在政府数字化转型过程中，政务云平台起着核心作用。政务云为地方政务数字化转型提供了关键性基础设施。政务云建设要从顶层设计出发，遵循系统性原则、协同性原则、开放性原则。地方政府以政务云建设为抓手，使地方电子政务集约化，为政务大数据的建设、"互联网＋政府服务"等方面的发展打下平台基础，为可持续发展创造条件。因此，基于顶层设计思路构建一个具有良好扩展性和可扩展性的省级政务云生态系统至关重要。政务云建设的过程不仅是一个技术平台构建的过程，还是一个地方电子政务的研发体系、服务体系、运营体系生态共建与提升过程。同时通过层级化的结构可以明确地将任务责任分离出来，根据任务需要或者升级需求进行层级解耦，从而极大程度地方便了系统整体迁移与备份工作。

9.3 数字政府创新

9.3.1 数字政府转型

数字政府关注并强调政府在数字化时代转型，它关注的焦点不是技术本身，而是怎样运用现代数字技术来推动政府的数字化转型。从这个角度出发，数字政府转型可以理解为以信息化手段改造传统政府而不是对现有体制进行彻底改革。所谓数字政府转型，是利用数字技术来变革政府结构、职能、工作流程、提供服务的途径和文化，再造政府的履行职能与治理模式。数字政府转型将使政府在组织架构上产生根本性变革，从而实现政府职能转变，提升公共服务能力。所谓的数字政府，是指运用数字技术创造公共价值，它是整体政府现代化战略的一个不可分割的部分。

数字政府演进主要分为四个阶段。

1. 第一阶段：政府中的数字化技术

数字化阶段的首要目标是现代化，其次是内部效率和获取，涉及技术环境的开发、运营和维护，其中包括政府机构内部的技术能力、服务和基础设施的可用性。基于这种环境，该阶段需要以数字格式表示数据、文件和其他信息，而这些东西以前由政府组织以实物或模拟形式持有。同时，以数字格式向政府组织内外的工作人员、合作伙伴等提供信息，而以前通常以物理或模拟形式向同一利益相关方提供信息。在数字化信息和通过数字网络交换信息的基础上，使现有程序、服务和办公自动化。除此之外，大众以往大多以物理或模拟形式进行访问，现在则可享受数字化格式和数字网络访问服务。

2. 第二阶段：政府数字化转型

转型阶段旨在通过应用数字技术改善政府组织的内部流程、结构和工作。这种改进往往是政府更大的行政和体制改革的一部分，目的是实现内部效率、效力更加合理化。改革包括但不限于在一个组织内进行的改进——在现阶段与其他政府组织合作，甚至包括整个部门和各级政府的工作安排。进行此类改革的主要机制是技术和组织创新，主要推动力是数字和技术环境。

3. 第三阶段：参与电子治理

参与阶段旨在使用数字技术改变政府与民众、企业和其他非政府组织之间的关系。转型追求公共服务提供系统的获取，便利性和有效性的增加，并让民众参与政治和民政事务。同时，将知识更加充分地融入社会和经济的发展，并追求实现其他高价值的公共政策目标。参与也是实施数字政府和开放政府原则的一部分，后者旨在提高政府运营和公共服务、提供商运营的透明度，进而在民众和政府之间建立信任。

4. 第四阶段：情境化或政策驱动的电子治理

情境化阶段的目标是实现数字政府，支持国家、城市、社区的发展，如致力于实现具体的公共政策和可持续发展目标。虽然该阶段是打造数字政府（数字化阶段），改善政府内部运作（转型阶段）和改善政府与民众之间的关系（参与阶段）的重要一步，但它也是在前几个阶段的基础上，将其成果用于公共政策和发展。发展的主要目的是现阶段数字政府计划的专业化，包括其目标、设计、运营和成果，以适应不同的地区。具体情况和发展目标的结合是这一阶段的基石。

数字政府演变阶段和主题见表 9-1。

表 9-1　数字政府演变阶段和主题

阶段	主题
数字化	• 以电子方式获取政府信息 • 开发、分析和运营政府网站 • 数字政府的技术基础设施
转型	• 组织变革管理 • 项目、计划和项目组合管理 • 信息共享和协作
参与	• 增加民众的参与度 • 透明度、问责制和开放政府 • 文化发展与信任建设
情境化	• 将数字政府情境化 • 国家背景下的数字政府 • 部门背景下的数字政府 • 数字政府支持发展 • 解决与政策相关的问题 • 解决弱势群体的需求

9.3.2　数字政府建设

所谓的数字政府，指的是以大数据、云计算、人工智能、物联网、5G、区块链等新兴信息技术作为支撑系统，重构政府办公流程与运作机制，简化政府办公、群众办事手续，让公共服务更便民利民、社会治理精准施策、经济决策更科学的政府治理新过程、新模式。

数字政府建设是一个长期、复杂、系统的工程，搞好顶层规划和设计，是促进政府数字化转型发展的重要前提。在推进数字政府建设时，必须结合国家战略需求和地方发展实际情况来确定具体规划目标，并以此为依据制定切实可行的实施方案。唯有站在大局高度，统筹兼顾，才能对数字政府整体架构及各项目关系进行全面把控。顶层规划设计站在架构体系设计层面，重视各部门、各系统、各要素间的耦合性与协同性，从而促进数字政府建设整体性、系统性发展。

通过顶层规划设计，达到基础设施、数据中台共建共享，解决数据孤岛、数据壁垒等问题，实现数据互通、业务协同的目的。

打造集约共享数字政府技术架构，使各级政府机构都尽量按照统一技术架构办事，为后续整合集成和数据共享提供便利，减少由异构导致的数据共享方面的问题。要明确数字政府建设目标和定位，建立以服务为导向的组织架构体系，实现信息资源开放与共享。从顶层设计上看，架构设计给数字政府建设带来了迅速适应变化的动力、迅速迭代升级的基因与思维。政府各个部门在统一架构、统一计划的基础上进行信息化项目建设，同时，通过建立相应的体系、机制增进各部门之间的交流，避免政务信息化项目的重复。数字政府的总体架构见图 9-2。

数字政府构建历程可以大致划分为三个重要阶段，分别是信息化阶段、数据化阶段、智能化阶段。从这三个不同阶段中可以清晰地看出，推进数字化进程的动力机制及推动力量。第一阶段信息化，它的助推力是网络的普及、电子计算机技术的发展，主要体现在从无纸化办公、政务信息化向云上系统的转变，以及线上办公、网上服务等变革。第二阶段数据化，它的助推力为数字基础设施的完善和各项数字技术的进步，主要体现在政务数据资源化、政务应用服务创新等。第三阶段智能化，它的助推力是数据与智能技术的发展变化，主要表现为个性化、智能化的公共政务服务。这三个阶段循序渐进，不能直接越过上一阶段到达下一阶段。

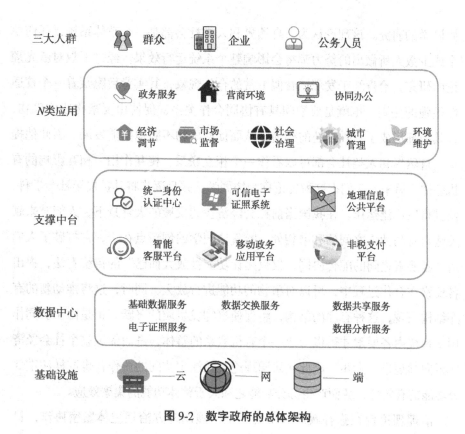

图 9-2 数字政府的总体架构

9.3.3 协同治理

协同治理就是以网络技术和信息技术为支撑，政府、民间组织、企业、公民等社会多元素相互协调，合作治理社会公共事务，以追求最大化的治理效能，最终达到最大限度地维护和增加公共利益的目的。协同治理理论最早源于西方国家，逐渐被引入政治学领域，成了一个具有重要学术价值和现实意义的新兴研究方向。就其产生的时间及包含的内容，毫无疑问，协同治理理论属于新生理论，它把本属于自然学科的协同学和属于社会学科的治理理论糅合在一起，但是，它并不是协同学和治理理论简单的加总。

协同治理理论主要源于德国物理学家赫尔曼·哈肯（Hermann Haken）对

协同学的研究。该理论认为，自然界和人类社会都是一个整体系统，任何单个或少数人所做出的努力都将会影响整个系统运行效果。经过无数对激光理论的研究，哈肯终于发现，看似平常的合作现象，其实背后隐藏着一个普适性很强的法则，也就是要素间具有协同合作关系，促使由要素构成的事物，在其内部形成了一种全新的构造，从而促使事物不断地向前发展。因此他提出，自然界和人类社会都可以看作一个相互联系、相互作用、相互影响的有机整体。后来，人们把这种理论称为协同学，并且逐步将其扩展至社会学科，使其得以广泛运用。在我国当前社会经济快速发展的大背景下，人们越来越关注自身与他人之间的和谐相处。哈肯协同学的创新点在于，它打破了人们对"各要素之间的配合协同，仅仅是让功能被放大而已"的传统看法，提出各要素在合作过程中，可以对事物的功能进行放大，同时，这将推动新的有序结构出现，这种有序的结构，将促使事物发生质的飞跃。正是由于协同作用，系统内各要素才得以形成一个有机联系的整体，进而促进整个社会经济体系向前迈进一大步。因此，协同理论既关注主体间的协作，也同样注重部分功能的有效性，从而产生部分功能之和大于整体功能的集聚效应。

治理理论旨在弥补政府和市场不足，强调多方治理主体紧密协作，目的是创造最广泛、最高质量的公共利益，要求治理主体间设定统一目标等。在这一理论的指导下，协同治理应运而生并迅速发展起来。可以说，治理理论和协同理论之间存在着颇为一致的地方，两者均注重主体间互通合作，有效协调工作。

9.4　案例说明

📖　案例 9-1　博思软件：构建创新求变的数字建设之路

博思软件自 2016 年于深圳证券交易所创业板成功上市以来，结合自身优势，对其原电子政务业务内涵做了进一步延伸，参与和逐步带动智慧城市发展，业务范围和服务对象也更加多元化，业务规模迅速扩大，经营风险逐步下降。在公司不断发展壮大的同时，公司的核心竞争实力及盈利能力得到了明显提升，公司的主营业务收入和净利润均实现稳步增长。近年来，博思软件营业总收入保持 80% 以上的增速，2018 年，公司营业总收入为 5.59 亿元，销售毛利率为 64.54%。博思软件已成为一家高成长的数字科技企业。在当前高速发展形势下，博思软件管理团队认为，探索出一条符合企业发展特色的战略路径是企业发展的关键，在这个阶段，企业仍应继续在电子政务领域深耕，做强品牌、做大市场，发挥企业在电子政务方面具有的天然优势，对延伸业务内涵进行可行性探索，逐步拉开智慧城市建设序幕，以及引导智慧城市的发展，最终发展成为非常具有竞争力的世界智慧城市信息化综合服务商。

一、紧握政策机遇，发力非税收入信息化

21 世纪初，根据我国国库管理制度的改革要求，各级财政部门在规范财政收入管理方面开展各类信息化建设的探索活动。创立于 2001 年的博思软件及时发现市场需求，先后开发了财务管理软件、会计集中核算软件、学生收费管理软件等产品，并在福建省内进行推广，为其在财政信息化领域的业务发展奠定了基础。经过多年来对财政信息化系统的研究和实践，博思软件积累了丰富经验，形成了一整套成熟的应用模式，取得了较好的社会经济效益。与此同时，博思软件发现，相对于完善的税收体系，公共财政收入体系中政府非税收入的管理相对落后。随着中央政府将非税收入管理权逐步下移，非税收入项目不仅繁多且收费标准复杂，加上资金规模庞大，征管人员不足与手段落后等问题，一时间成为困扰地方财政部门的一大难题。

为了实现对非税收入规范、科学的管理，博思软件经过对福建省非税收入体系的多轮调研，逐步研发出财政票据电子化管理软件、非税收入收缴管理系统等核心产品，其中财政票据电子化管理软件和非税收入收缴管理系统分别获得第十三届和第十六届中国国际软件博览会"金奖"。同时，该系列产品已被全国多个省财政部门应用并取得良好成效。这一系列产品

大大提高了我国地方公共财政体系管理效率，福建省财政信息化建设也随之成了其他各省市竞相借鉴的典范，由此，博思软件确立了在福建省这一领域的龙头企业地位。

二、根植非税收入信息化，做精电子政务业务

抓住政策机遇成为推动博思软件发展的重要因素，然而，政策红利并不是一家优质企业可持续发展的关键因素。全球互联网竞争白热化及政策改革思路不确定，令博思软件前期较为单一的非税收入管理信息化业务面临考验。此时，公司管理团队不仅在思考如何根植原有业务领域，继续做精品牌，做宽市场，还在思考如何利用现有优势走出一条特色的数字建设之路。

博思软件在植根于原财政非税收入管理业务的基础上，实现了管理信息化。博思软件从 2010 年开始，将信息化业务向政策管理、收缴管理、资金划转等财政非税收入方面纵深推进，不断壮大信息化品牌；同时，博思人也积极拓展新领域——在政府采购管理、税务征收管理、行政审批管理和国库集中支付等领域进行应用实践，以提升自身竞争力。此外，博思软件利用业务模式可复制性强的特点，将财政非税收入管理信息化业务横向扩展至福建以外的地区，如江西、黑龙江、北京、云南、广西等地区及财政部的部分直属机构，成为一家全国性非税收入管理信息化软件提供商。在探索特色数字建设之路的过程中，作为企业的创始人和领袖，董事长陈航认为，财政非税收入项目关系到多数公共服务，如各种资格考试考务的收费、公安或者行政证照的收费和罚没收入、教育行政事业性收费、彩票公益金等。由于这些业务涉及众多部门和人员，因此，如果能够实现政府对这些业务进行集中统一监管，不仅可以减少重复工作，提高管理效率，而且还能有效降低财政资金的运行成本。博思软件拥有天然的优势，把非税收入信息化经营内涵延伸到公共服务信息化领域，由此扩大了它在电子政务中的业务范围。

电子政务是公共管理部门运用现代信息技术与管理理论，优化组织结构和业务流程，超越时间、空间与部门分隔的限制，全方位地向社会提供

优质、规范、透明的公共服务，实现民生服务信息化的"最后一公里"，是政府行政管理现代化的核心内容。我国从"十二五"时期启动国家政务信息化工程以来，利用"互联网＋政务服务"模式，破除政府部门"各自为政、条块分割、烟囱林立、信息孤岛"，实现信息与资源共享，使"放管服"改革成为电子政务的主要发展方向，这给信息化服务提供商提供了巨大的市场商机。

2011年，国家政务信息化工程的启动激发电子政务领域巨大的市场需求，也令博思软件意识到自身的优势，以及其特色的数字建设道路。广义的电子政务不仅包括财政非税收入所涉及管理项目的信息化内容，还辐射交通、医疗、教育、金融、旅游、能源等领域的信息化建设。博思软件于2012年推出"e缴通公共缴费网"，该产品是一个集政务服务与公共服务于一体的公共缴费平台，正式宣示博思软件非税收入信息化的业务内涵向公共服务信息化延伸。e缴通公共缴费网推出初期主要应用于网上处理道路交通违章行为和缴纳罚款、网上缴纳福建省司法考试考务费、网上缴纳会计从业资格考试报名费、网上缴纳福建省自学考试和公务员录用考试报名费等业务。博思软件利用原有财政非税收入信息化管理接口将卫生教育部门、社会团体、协会、学会等收费单位及金融机构和社会公众连接在一起，从而向社会公众提供交通、教育、医疗等领域的公共缴费服务。一站式网上服务，可节约大量社会成本，若每年有3000万元资金通过平台缴费，基于缴费所占用的时间和交通成本测算，可节省社会成本约5.7亿元，社会效应巨大。

三、参与智慧城市建设

2016年7月26日，博思软件于深圳证券交易所成功上市，公司发展翻开了崭新的一页。博思软件此前将非税收入信息化的业务内涵延伸至公共服务信息化，进而推动e缴通公共缴费网系列产品的成功发展。公司计划在上市后进一步拓展业务内涵，利用其在电子政务领域的独特优势，参与智慧城市建设。

"智慧城市"源于IBM公司提出的"智慧地球"概念，基于互联网、物联网和通信网架构以及云计算、移动互联网、人工智能、大数据等技术手段，不仅集合电子政务的各项功能，还包括交通、商贸、物流、教育、医疗、城管、安全、环保、旅游、应急管理等各项城市数字化功能模块。智慧城市也被认为是电子政务的高级阶段，代表电子政务效率的最高水平。福州作为全国首批智慧城市试点城市，历经多年数字化建设，已成为全国智慧城市建设的样板工程。

2018 年，博思软件在 e 缴通公共缴费网的基础上，研发统一公共支付平台产品，公司于首届"数字建设中国峰会"发布全国首创公共二维码——福码，代表博思软件进一步将其业务内涵向外延伸，正式参与智慧城市的数字化建设。"福码"是一款一站式公共服务平台，其基于博思软件所开发的公共支付平台，利用电子缴费二维码技术，应用于政务、公交、地铁、医院、教育等场景，为福州市提供一站式便民缴费服务。2019 年，博思软件于第二届"数字建设中国峰会"上再次展示智慧城市新产品——公采云和通缴云。前者针对公共组织或企业在公共采购方面效率低、成本高的痛点，通过整合信息化资源实现"一体化采购、全业务覆盖"的解决方案；后者在公共支付平台基础上，继续拓展应用范围，在政务缴费、交通出行、看病就医、教育缴费、交警罚没、不动产交易等场景，实现"一网通办"和"一码通行"。

在数字经济迅猛发展的今天，智慧城市的建设蕴含着无限的商机，博思软件走出了一条具有鲜明特色的数字建设道路，由初探电子政务领域，转向引领智慧城市建设。博思云平台是基于"互联网＋"理念而打造的新一代信息化系统。公司产品由最早的会计集中核算软件开始，到票据管理电子化、非税收入收缴及政策管理系统，再到 e 缴通公共缴费网，最后，公司通过整合资源，提供一系列数字化综合解决方案。博思软件经过不断探索与实践，形成了以技术为支撑，以客户需求为导向，以业务应用为核心的全流程数字化运营管理模式。公司的产品和服务极具延伸性，无论从发展广度还是深度来看，都有很大的发展空间。公司的服务对象包括国家机关、事业单位、具有公共管理或者公共服务职能的社会团体及其他组织等，扩展至全体社会公众，真正履行"注重技术和创新，为社会公众提供更优质的服务"的企业使命，开创了智慧城市的新型服务模式。

📖 案例 9-2　深圳智慧城市

深圳是一个快速发展的城市，拥有超过 1200 万常住人口（截至 2017 年）。深圳是 1980 年中央政府建立的第一个经济特区，迅速发展成为拥有强大高科技产业的经济强市。腾讯、中兴、华为等国内数字科技巨头的总部都位于深圳，深圳拥有充满活力的高科技创业场景。深圳的 GDP 在 2018 年超过香港，在 2019 年达到 2.69 万亿元人民币。

在我国的新兴智慧城市中，深圳受到密切关注。第一，深圳的智慧城市发展速度超过了北京、上海或杭州等其他城市。第二，深圳的数字城市规划非常先进，从 2010 年的小型试点转变为 2018 年的全市综合规划。2011 年，深圳坪山新区是参加住房和城乡建设部组织的第一轮智慧城市试点的 90 个司法管辖区之一。2012 年，《智慧深圳规划纲要（2011—2020 年）》发布。2018 年，深圳市发布了最新的智慧城市发展总体政策——《深圳市新型智慧城市建设综合规划》（以下简称智慧城市规划）。第三，深圳是几家主要科技公司（包括腾讯、华为和大疆等）的所在地。第四，深圳数字化发展的相关性被提升，在推进我国的泛珠三角区域发展规划中发挥了主导作用。2019 年 2 月，中共中央、国务院将深圳列为建设横跨珠三角区域的区域一体化智慧城市群的牵头城市。该地区旨在试点新型智慧城市，并作为区域大数据试验场，在区域层面制定通用数据标准和进行数据共享实践。国家支持深圳带头，这表明"深圳数字模式"被视为其他地区的榜样。深圳 2018 年智慧城市规划的关键指导原则是数据统一和集成。智慧城市规划的目标是通过建立全面的数据管理系统，全面改善不同领域的公共服务提供和城市治理能力。该市的规划与"网络大国""数字中国""智慧社会"等中央举措紧密相连。该市的智能治理被设想为一个集成的大数据聚合网格，将广泛的信息馈送到城市治理中，以使政府、行业和公众受益。该系统通过集中的市级机构进行数据收集、管理和应用。深圳的智慧城市规划以两个中心和两个平台为核心，反映了对国家政策核心目标的精简和对整合平台的重视。深圳智慧城市规划见图 9-3。

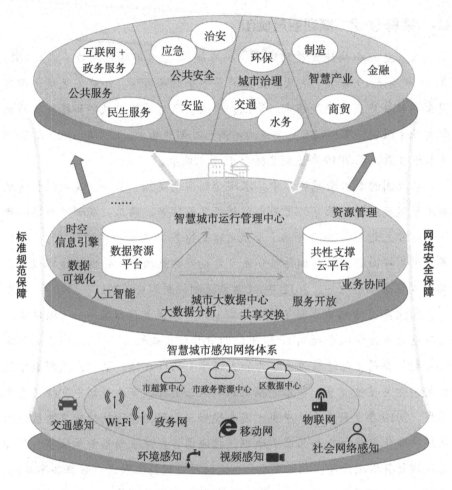

图 9-3　深圳智慧城市规划

城市级系统的结构分为三个层次，两侧是标准规范保障和网络安全保障。底层专用于通过智慧城市感知网络体系生成数据，该体系由数据源和收集基础设施组成。该图层的外圈显示了收集交通、环境质量、监控视频片段和社会网络管理信息的传感器。下一个圆圈代表由 Wi-Fi、政务网、移动网和物联网组成的网络基础设施。该基础设施连接到三个云中心的核心圈子，分别用于超级计算、政府资源计算和地区级数据计算。智慧城市感知网络体系上方是该结构的中心层，围绕两个中心（城市大数据中心和智慧城市运行管理中心）和两个平台（一个用于数据资源，另一个用于共性支撑）进行组织。中心和平台被一系列大数据技术所包围，包括人工智能、大数据分析、数据可视化等。在结构的顶层，为大数据应用设想了不同的城市治理领域，包括公共服务、公共安全、城市治理和智慧产业。

　　整合不同来源的城市数据的优势对当地政府来说早已显而易见。在2000 年代初期，城市网络管理系统开始整合一些数据，并根据需要与相关行政部门进行沟通。此外，新技术相继用于收集数据并提高政府效率，如 GIS 技术。然而，由于收集和分析来自不同来源的数据具有挑战性，这些举措在整合方面仍处于试验阶段。针对这些问题，《智慧深圳规划纲要（2011—2020）》要求"打破区、部门、行业和系统之间的壁垒，实现信息基础设施和城市公共信息资源的全面融合"。2018 年，智慧城市规划的分层结构通过实施设想的综合信息基础设施，在以前的举措的基础上建立和扩展。市级中心和平台通过一个总体的全市数字系统简化、整合和扩展数据收集和分析。

· 思考题 ·

1. 可以从哪几个方面来理解数字政府实践的蓬勃发展赋予数字政府治理丰富的理论内涵？

2. 在数字经济背景下，大数据时代的网络基础设施包括哪些？它们与大数据联系紧密，发挥的作用分别是什么？

3. 数字政府的演进分为哪几个阶段？每个阶段的特点是什么？

4. 数字政府的建设过程可以分为哪几个重要阶段？

第 10 章

智慧城市交通

10.1　基本概念

　　智慧交通推动城市交通向现代化交通转变，显著提高了城市交通运输系统的管理水平和运行效率，解决了多个方面的交通问题。智慧交通也为车辆与行人提供更加全面的交通信息服务，以及更加智能的交通运输服务。除此之外，智慧交通同时也为交通管理部门提供及时、准确、全面和充分的交通信息，借助智慧交通模式还能够对城市交通多个方面，如应急交通调度、民众出行等，进行全面管控。

　　智慧交通包括以下几个组成部分：智能基础设施（道路、铁路、轨道、水道、桥梁、隧道、车站）；领域内的专家；智能车辆；智能信息通信和控制系统；智能优化原则、智能决策和法律法规，如交通规则，以及可以解决交通堵塞、事故、污染、燃料成本高或保险成本高等问题的相关规定。智慧交通系统中囊括了所有的交通方式和基础设施，如公路、铁路、地下隧道、桥梁或多式联运枢纽等。快速交通技术的发展、社会流动性的变化、经济的转变，以及更加先进的数字技术（物联网领域的数据驱动的智能系统）共同推动智慧城市引入下一代的交通系统，即智慧交通系统。智慧交通是智慧城市最重要的构成部分之一，智慧交通借助数字平台、大数据、人工智能、物联网、机器人和无人机等技术，打造集分析和展示于一体的交通平台。

10.1.1　交通拥堵

　　交通拥堵是一种全球现象，该现象主要受经济发展、人口增长、交通基础设施建设及汽车日益普及等因素的影响。根据美国联邦高速公路管理局的数据，交通拥堵的原因被分为六种类型，包括交通流遇到瓶颈、交通事故、恶劣天气、道路施工、交通信号系统不合理和特殊事件。交通拥堵带来的负面影响，包括时间损失、城市污染的增加，以及交通事故的增加等，这些情况在许多城市中都是普遍存在的。交通拥堵造成的负面影响使商业市场遭到冲击，降低了城市经济发展水平，并提高了生产成本。除此之外，交通拥堵在增加车辆在路上停留时间的同时，诸如空气污染和燃料损失等也成了严重的问题。综上，交通拥堵已成为阻碍社会发展的重要因素。

从 20 世纪 90 年代开始，中国城市化进程逐步加快，随着城市面积的不断扩大和道路建设的不断增多，汽车的数量不断增加，城市交通快速发展与城市规划之间的矛盾也逐渐显露出来。很多城市在发展过程中都遇到了交通拥堵问题，并且拥堵状况日益严重。例如，北京市曾经在 2010 年发生长达 135 千米的大堵车事件，并持续了 12 天之久。在我国，机动车辆增多、路网系统不完善，以及交通管理技术水平较低也是交通拥堵的重要成因。第一是机动车辆增多。随着我国经济实现飞跃式发展，我国居民收入不断增加，并且我国汽车产业正处于快速发展阶段，私家车的购买费用在不断下降。因此，城市小汽车保有量不断增加。第二是路网系统不完善。我国路网系统在一定程度上受城市布局模式的影响，许多路网存在设计问题。尽管经过了多年的改造和完善，但仍有部分城市的路网设计存在缺陷。这就不可避免会导致交通瓶颈问题日益严重，进而降低道路的通行能力。第三是交通管理技术水平较低。在我国，智能化和信息化的交通管理系统仍有完善空间，符合我国实际情况的智慧交通系统的构建仍大有可为。

10.1.2　绿色交通

绿色交通是一种低污染、多元化的城市交通运输系统。绿色交通作为一种全新的交通发展理念和城市发展模式，是以人为本的可持续发展理念在交通运输领域的体现，本质是构建以减少交通拥堵、减少环境污染、减少温室气体排放、促进社会发展等为目标，使环境、资源和社会发展相协调的多元化综合交通运输系统，以满足人们的交通需求，以最小的社会成本实现最高的交通效率。

绿色交通理念倡导建立以公共交通为核心的多元化城市交通体系，这不仅可以促进城市交通的发展，还可以带动城市的可持续协调发展，可以有效提高交通效率，还能够保护生态环境。绿色交通理念指的是将先进的科学技术、方法与城市经济发展的需求相融合，进而打造完善的城市交通体系。绿色交通的基本特征包括协调性、可持续性和系统性。协调性指的是倘若要实现可持续发展的绿色交通目标，就必须做到交通系统与城市布局、土地利用、环境保护等外部系统协同共生。可持续性指的是人类的经济建设和社会发展不能超越自然的承载能力，社会经济可持续发展的物质基础是自然资源的可持续利用。系统性指的是作为生命系统的人类和作为支撑系统的自然一起构成了一个复合系统，体现的是以"人是自然的成员"为价值导向的现代生态文明发展方式，包含着一种对自然的新态度。

📖 相关链接 10-1　舟山市绿色交通城市建设

清澈的水和连绵的山是无价的资产。推进绿色交通发展，是转变交通方式、调整交通结构的必然选择，是建设"美丽新区"的重要方式。2015年以来，舟山市以"打造绿色海岛交通，打造美丽群岛新区"为主题，全面启动绿色交通城市建设，主要包括进一步优化 BRT 1 号线，优化公交网络，提高公交站点覆盖率，使用节能环保产品，打造慢速绿色高速公路体系，减少对生态环境的污染。自舟山市全面启动绿色交通城市建设以来，已投入资金 19.45 亿元。通过绿色交通城市建设，舟山市每年可节约 4 万吨标准煤、年减少二氧化碳排放量 10 多万吨。舟山市绿色交通城市建设取得了良好成效。据舟山市交通局统计，截至 2022 年年底，全市公路总里程达 1967.2 千米，公路密度达 134.9 千米/100 平方千米；共有运输企业 73 家，营业性客车 1750 辆，新建成智能化公交候车亭 600 余个，城区公交站点 500 米覆盖率 100%；拥有陆岛交通码头 163 座，拥有客渡运船舶 164 艘，总客位 43 037 客，已开通水上客渡运航线 83 条，还在主要岛屿之间构建起了"两小时交通圈"。

10.1.3　智慧交通

　　智慧交通建立在智能化交通系统基础之上，是将物联网、云计算、互联网、人工智能、自动控制、移动互联网等多种现代化数字技术应用于交通运输管理体系中的一种综合交通运输管理系统。智慧交通是智能环境下市民生活质量的核心部分之一。智慧交通包括多种车辆控制系统，如汽车导航系统、交通信号管理系统、数字识别系统、速度监控系统等。智慧交通系统性构件包括大数据、终端操作系统、终端传感器等。大数据分析是智慧交通管理的基础管理方法，智慧交通中的大数据分析在交通监测和监控中扮演着不可或缺的角色。大数据分析可以从智慧交通环境中的各种物体生成的数据中提取有价值的信息。智慧交通系统中的大数据信息具体包括通过传感器实时采集的道路图像信息和道路视频信息，通过网络接收采集到的交通事故发生位置信息和交通流量信息等。智慧交通系统中信息终端传感器包括车牌辨识设备、车体分析设备、信息映射设备等，其被设置于交通路口和交通路线上进行定期或不定期摄像操作。

　　我国高度重视智慧交通的发展。我国从 20 世纪末就开始对智慧交通系统展开研究，涉及智慧交通系统发展战略、体系框架、标准体系等方面。对于部分关键技术，还开展了一系列的专项攻关和试点示范。2013年，交通运输部提出了"综合交通、智慧交通、绿色交通、平安交通"的发展理念。2017 年，党的十九大报告中首次明确提出"交通强国"发展战略。2019 年，中共中央、国务院正式印发《交通强国建设纲要》，为智慧交通的发展指明了方向。2022 年，交通运输部、科学技术部联合发布的《"十四五"交通领域科技创新规划》提出要推动智慧交通与智慧城市协同发展，大力发展智慧交通，推动云计算、大数据、物联网、移动互联网、区块链、人工智能等新一代信息技术与交通运输融合，加快北斗导航技术应用，开展智慧交通先导应用试点。

10.2 智慧交通网络

城市智慧交通网络架构如图 10-1 所示。城市智慧交通网络架构的基础为物联网,主要技术包括高精度位置管控、大数据应用基础和人工智能决策模式,分别对应底层基础、通用技术和平台应用。其中,底层基础包括云计算、AR/VR、通信网络传输技术、大数据和边缘计算等,通用技术包括远程控制、路面协同系统、智能监控和无人机等,平台应用包括航线、公路等交通节点。

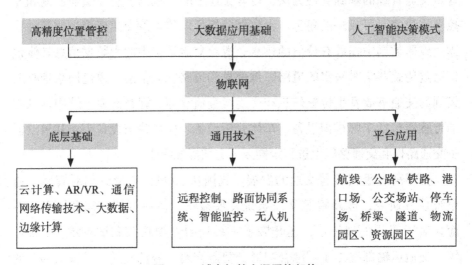

图 10-1   城市智慧交通网络架构

10.2.1   车联网管理

车联网是新一代信息通信网络、智能网联汽车、智慧交通等行业融合的战略性新兴产业,同时也是先进制造业和现代服务业深度融合的新业态。车联网产业融合创新发展对于落实制造强国、网络强国和交通强国战略具有重要作用,对推动我国数字经济发展具有重要意义。车联网覆盖行业较广,车联网与先进数字技术相融合,将会深刻地影响汽车制造业、服务业、电信业、公安交通管理业、金融保险业及其他相关行业，将会推动这些行业的转型升级和经营模式变革。同时，车联网能够增强行车的安全性、便利性，能够实现全局性优化和控制，并且能推动物联网、云计算、大数据等信息技术实现创新。

　　在交通基础设备逐步完善和车辆管理难度逐渐加大的背景下，车联网技术实现了从提出到大力发展的跨越。经过多年的发展，当前已基本形成了一套车联网系统结构，包括车联网系统平台、车联网系统终端零部件、车联网影音娱乐系统、车联网系统手机 APP，如图 10-2 所示。

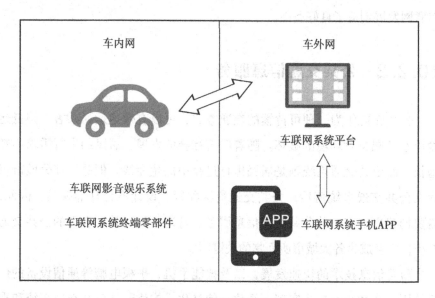

图 10-2　车联网系统结构

　　（1）车联网系统平台是整个车联网系统的核心。车联网系统平台能够连接车内网和车外网，能够处理车内网、车外网，甚至车辆和车主的数据并进行分析。

　　（2）车联网系统终端零部件主要的功能是收集和传输车内数据信息，提供网络数据流量。同时，车联网系统终端能够实现车内网与车外网的连接。

　　（3）车联网影音娱乐系统的功能有提供在线音乐、在线电台、在线导航等。

（4）车联网系统手机 APP 是用户实现车联网功能的渠道之一，其能够触发车联网功能，并且能够显示车辆状态。

国外车联网技术出现的时间较早。日本早在 1960 年左右就开始对车间通信展开研究。21 世纪初，美国和欧洲为推动车间网联系统的发展，先后开启了多项车联网项目。宝马等汽车厂商积极推动建立开放的欧洲通信系统标准，实现不同厂家汽车之间的相互沟通。与国外车联网产业发展相比，我国的车联网技术起步较晚，但发展很快。我国政府高度重视车联网相关技术及产业发展，工信部等部门陆续出台车联网相关政策和措施，为我国车联网发展创造了良好条件。

10.2.2 公共交通信息服务

公共交通作为一种可持续的交通方式，可以有效地运送乘客，降低运输成本及减少对环境的破坏。随着经济社会的发展，居民的出行需求不断增长，而公共交通系统则是居民出行过程中的生命线。但是，部分城市仍存在公共交通系统落后，公共交通资源配置、设计不合理等缺陷。因此，需要构建更加完善的公共交通信息服务。打造更加高效、合理的公共交通系统，已经成为各大城市所面临的关键问题。

随着信息技术的快速发展，以及智能手机、平板电脑等通信设备的广泛使用，公共交通逐步实现可视化、信息化，构建起了公共交通系统和乘客间的沟通平台。用户在手机上就可以实时关注公交车、地铁的运行情况，如还有几分钟到站、预计乘坐时间等。数字技术丰富了公共交通运营的管理手段，通过对地图、公共交通运行实况等数据进行整合分析，再结合多种运输方式，全方位对乘客的出行过程进行综合的管理。数字技术为建立以乘客出行为核心的一体化联合运输方式提供了基础条件和技术支撑。

📖 相关链接 10-2 让赫尔辛基继续前进

赫尔辛基坐落在芬兰的一个半岛上。赫尔辛基地区交通管理局（HSL）

负责组织整个地区的公共交通。HSL 为九个城市提供服务，并监督公共汽车、轻轨、火车、渡轮等的运营。确保公共交通服务的连续性并提供快速、高效的票务和信息是 HSL 的使命。因此，当其现有的票务和服务基础设施接近使用寿命时，HSL 首席信息官汉努·海基宁（Hannu Heikkinen）咨询了数字服务提供商和 IBM 业务合作伙伴叠拓公司，讨论后续措施。

叠拓公司建议将 HSL 的票务和服务引擎从 IBM Integration Bus 迁移到 IBM Cloud Pak。而向新软件的过渡不仅是无缝的，它还将为 HSL 未来扩展做好准备。海基宁说："我们已经知道 IBM 技术很棒，因此我们会将我们的系统迁移到 IBM Cloud Pak，这是迈向数字化和云端系统的漫长旅程的第一步。"

叠拓公司帮助海基宁和他的团队将 HSL 的票务和信息系统转移到 IBM Cloud Pak 进行集成。该解决方案能够将现有系统中的应用程序和数据直接进行转移，而无须任何代码。"IBM 解决方案使我们能够取代传统的虚拟机，该解决方案具有可扩展性、可恢复性等特性。"海基宁说。由于新冠肺炎疫情暴发，芬兰的企业开始关闭，乘客量因此减少了约 35%，但公共交通仍需要像以前一样运营。这意味着尽管速度放缓，票务和信息仍需要保持准确和可靠。幸运的是，在各合作伙伴以及数字技术的帮助下，系统顺利完成了升级。借助 IBM 的技术，HSL 开启了其数字化之旅。

10.2.3　城市轨道交通

城市轨道交通指的是采用轨道结构进行承重和导向的车辆运输系统，依据城市交通总体规划的要求，设置全封闭或部分封闭的专用轨道线路，以列车或单车形式，运送相当规模客流量的公共交通方式。

在智慧经济时代，5G、云计算、无人驾驶、大数据等技术正逐渐与城市轨道交通相结合。当前多个城市都在探索基于数字技术的智慧城市轨道交通的发展方向，智慧城市轨道交通成为当前轨道交通领域的发展前沿。未来智慧城市轨道交通将逐步实现自动化、信息化、数字化、智能化。

智慧城市轨道交通系统是由列车运行系统、通信系统、信号系统、自动售检票系统、乘客资讯系统、综合监控系统、综合安防系统等多个子系统构成的典型复杂系统。当前，城市轨道交通体系数量普遍较多，线路呈网格化，并且运量较大。与此同时，相当一部分城市轨道体系存在系统过于繁杂、网络过于混乱等缺陷，这让城市轨道交通运营的安全、质量、效率、效益等方面面临非常严峻的挑战。在数字经济时代，利用数字技术提高城市轨道交通安全保障、养护检修和乘客服务的智慧化水平，可以使城市轨道交通的管理更高效、运营更安全、服务更优质、业态更创新。

（1）安全保障智慧化。

安全是城市轨道交通运营的首要目标，在安全隐患排查、检修等工作中引入数字技术，可以提高工作效率，提升安全预警能力。例如，引入客流监控系统、轨道环境主动检测系统等，能够分析并识别设备故障、轨道上出现的障碍物等，快速识别和判断客流状况，及时预警并处理公共安全事件和突发事件。

（2）养护检修智慧化。

养护检修智慧化指的是借助数字技术对轨道设施和列车设备进行智能养护和检修，进而提升养护工作和检修工作的效率。除此之外，借助数字技术构建列车全方位的智能监测体系，实时对轨道设施、列车设备状态进行诊断，可在轨道设施、列车设备出现缺陷和故障时及时给出维修预警提示。

（3）乘客服务智慧化。

借助数字技术，可以更好地满足乘客智慧出行的需求。在乘客入站前，可以借助移动设备帮助乘客规划路线，安排行程；在乘客上车后，引入车内环境智能控制系统，根据车厢实时监测数据智能调节车厢内的温度、湿度、亮度等，提高乘客的乘坐舒适度，并在车内及时播送到站信息、安全提示信息等。除此之外，借助大数据等数字技术，可以对乘客所反馈的信息进行分析，进而在政府规划、设施建设、行业监管等方面，进行更加智慧化的决策，从政策角度更好地满足乘客的需求。

10.3　智慧交通管理与控制

10.3.1　智慧公共交通系统

随着经济社会的快速发展，交通需求不断增大，交通问题成为社会各界关注的热点。在这种情况下，由于严重的道路拥堵问题，城市智慧交通成为未来全球道路交通发展的趋势和现代城市进步的标志。截至 2020 年 4 月初，住房和城乡建设部公布的智慧城市试点数量已经达到 290 个；再加上相关部门所确定的智慧城市试点数量，我国智慧城市试点数量累计近 800 个，我国正成为全球最大的智慧城市建设实施国。但我国仍然存在公共交通基础设施建设不够完善、交通供给能力较低等问题。面对交通资源的压力，智慧交通系统可以进一步改造道路交通，提高城市交通网络的应用效率，从而通过通信技术和物联网平台，缓解城市交通问题，减少相应的经济损失。

先进公共交通系统是智慧交通系统的重要组成部分。先进公共交通系统应用了尖端信息通信技术来协调指挥和控制车辆。随着智能终端的普及，海量数据可以通过人工智能进行分析，极大地丰富了先进公共交通系统。例如，打车软件 Uber 在全球大部分城市为乘客和司机提供个性化的实时服务；名为"车来了"的实时公交软件可以提供我国许多城市的公交车实时信息。这些应用的成功证实了先进公共交通系统可以支持交通调度，提升出租车和公交车的服务质量。

当前，随着移动互联网、云计算、大数据、人工智能等信息新技术的快速发展，对智慧交通系统的研究成为众多国家战略产业的共同需求。智慧交通系统可以通过大量的分布式传感器，如车载传感器、路边传感器等，来收集数据，并基于各种交通场景和计算实验，对城市的公共交通系统进行监测和分析。借助人工智能和大数据可以打造一种融合数据和 AI 模型的方法，用于交通系统流量的预测和资源调度。在智慧交通系统中体现了人工智能与大数据的融合，实现了数据预处理和人工环境建设。对于蜂窝网络、社交媒体等数据，采用无监督学习（如文本特征提取、聚类）等技术对原始数据进行过滤，可以对不同时空下的出行需求进行归纳和总结，进而实现交通网络的数字化、智慧化。

10.3.2 智慧交通信号灯控制

智慧交通信号灯是引导行人和车辆规范通行的重要指示物，能够保障各种车辆在不同交通方向上顺畅通行。新兴信息技术的发展促使城市交通系统朝着更加智能的方向迈进。信息技术在智慧交通信号灯控制系统中的应用，可以使信号灯的运行更加科学合理。借助信息技术，可以对道路的车流、人流等进行分析和评估，进而对信号灯进行灵活调整，减少车辆和行人的等待时间，保证交通信号灯处于正常工作状态，提高城市道路行驶的安全性。

智慧交通信号灯系统利用数字技术收集海量的交通信息，再利用智能算法对交通状况进行预测，进而对交通信号进行调节和控制。智慧交通信号灯的运行有效地保障了城市交通道路的规范通行，使城市道路交通按照既定的规则秩序运行。采用智能化的交通信号灯能够提升道路通行的效率，降低交通事故发生的概率，满足城市化交通的需求。

10.3.3 多式联运系统控制

根据我国现行国家标准《货物多式联运术语》（GB/T 42184—2022），多式联运指的是货物由一种且不变的运载单元装载，相继以两种及以上运输方式运输，并且在转换运输方式的过程中不对货物本身进行操作的联合运输形式。在多式联运系统中，将数字技术和组织手段相结合，能够使整个运输交易过程变得可视、透明，提升运输交易的便利性和高效性。多式联运利用现代信息技术、金融服务等组织手段，促进运输交易透明化和便利化。同时，在整个运输过程中，还能够将陆运、水运、空运等多种运输方式融为一体，实现精准匹配，为整个供应链系统提供更加高效的运输服务。

多式联运的本质是将不同的运输方式进行无缝衔接，同时在运输过程中，还能实现商品的快速转运和换装。在多式联运系统中，联运枢纽、联运通道等基础设施为多式联运的支撑；技术装备、信息平台、标准体系等运输组织为多式联运环节的纽带；体制机制、政策保障等制度政策为多式联运的保障。同时，多式联运系统的建设也离不开政府、企业和市场的共同参与。政府、企业和市场是多式联运系统中向规划施加影响的行为主体，基础设施、运输组织、制度政策则是多式联运系统的客体要素，是规划的直接作用对象，如图 10-3 所示。

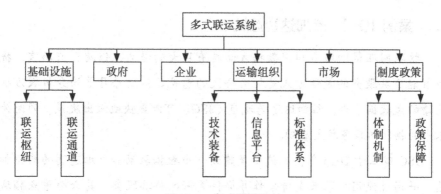

图 10-3 多式联运系统

多式联运系统的价值主要体现为以下五点。第一，多式联运系统能够降低企业成本、提高运输效率，促进可持续发展和物流体系的革新；第二，多式联运系统能够实现运输服务模式及生产生活方式的现代化；第三，多式联运系统能够打破货物运输的局限性，扩大货物运输的范围，带动周边区域经济发展；第四，多式联运系统能够与产业链和供应链相结合，打造系统化产业组织优势，提升国家整体竞争实力；第五，多式联运系统能促进各要素的跨境流通，进而形成空间集聚与辐射效应，重新构建国际物流体系及国际经济贸易规则。

随着共享平台的发展，定制化的公交、共享单车、网约车等成为新的发展潮流。对于客运系统，高铁运输、地铁交通、公交系统等与网约车、共享单车系统等相结合，成为运送乘客的重要多式联运系统。尤其在地铁站旁，结合共享单车、共享电动车等，可以更好地提高出行效率，使得出行更加便捷、高效、绿色，同时打通了出行的"最后一公里"，能够在一定程度上缓解交通堵塞问题，使人流不淤积、车辆不闲置，提高车辆循环利用率和城市出行效率。

10.4 案例说明

📖 案例 10-1 雅加达智慧城市

物联网在帮助城市利用数据方面具有巨大的潜力，但就目前而言，提供智能公共服务的最佳方式是倾听公民的意见。借助每月平均分析数万项反馈的大数据平台，雅加达智慧城市（JSC）可以更快地做出决策，同时为未来的物联网服务奠定基础。

JSC 建立于 2015 年，其使命是建设一个数据驱动和更加透明的新雅加达，并通过使用技术来支持合作并提供更好的公共服务。其六个重点领域是智能生活、智能移动、智能治理、智能环境、智能经济和智能人。为了寻求通过技术提供公共服务的智能方式，JSC 希望通过自动收集和分析公民的反馈来确定需要改进的领域。

1. 建设以公民为中心的公共服务

随着物联网成为政府越来越基础的技术之一，城市正在将传感器嵌入从公共汽车和垃圾车到供水系统和公共建筑的所有单元中。通过分析来自这些传感器的数据，现代城市将能够设计更智能的公共服务，做出更明智的政策决策，并更有效地管理交通日常运营。

然而，即使没有对传感器网络进行任何投资，今天的城市也已经包含了数百万个有史以来最智能、最通用的"传感器"：人类。对政府机构来说，拥有智能手机的热心公民是非常有价值的数据来源，因为他们将实时提供有关城市系统状态的准确反馈。

唯一的问题是如何足够快地收集和分析数据。在雅加达，市政府平均每天通过其定制的 Qlue 移动应用程序收到上千条消息，该应用程序允许用户提交有关公共服务的反馈。

JSC 的数据与分析主管迪奥瑞·保卢斯（Diory Paulus）解释说："当公民发送有关公共服务的反馈时，倾听并保持过程透明非常重要。但在像雅加达这样大的城市，如果您手动处理每条消息，那么无法快速响应。我们希望找到一种方法来更快地处理反馈，并分析和确定重要问题的优先级。

"与此同时，我们知道这只是涉及大数据分析的众多项目之一。因此，JSC 决定构建一个通用的大数据平台，可用于捕获、存储和分析大量数据。"

2. 建立在充分数据治理基础上的数字政府

JSC 知道它需要一个能够进行大数据收集、管理和分析的平台。它需要获取大量不同类型的数据，包括从社交媒体上的文本到来自网站的各式各样的数据，以及来自传统数据库系统的关系数据。JSC 还需要应对文化变革，因为一些政府部门才刚刚开始从基于纸张的流程转向数字工作流程。

"数据治理非常重要。"保卢斯说，"IBM 是为数不多的能够回答我们所有问题的供应商之一，并且拥有真正全面的能力，包括大数据收集、数据仓库构建、数据分析和数字治理能力。"

IBM 帮助雅加达智慧城市团队设计了一个解决方案，该解决方案将提供一个大数据中心，用于集成来自应用程序和社交网络的公民反馈信息，以及交通、医疗保健、配水等政府服务单位的公民反馈信息。

"我们正在通过其中许多技术迈出第一步，我们获得的指导和培训非常有价值。"保卢斯说，"我们非常渴望学习并与国际上的其他政府组织分享我们的知识。"

3. 倾听公民心声

JSC 已经开始使用大数据平台来简化处理公民反馈的方式。保卢斯表示："信息技术给予我们一个真正的机会来利用数据做出更明智的政策决策。例如，我们可以分析收到的所有反馈，并确定处理公民反馈的模式。最近，我们查看了按投诉数量排名前十的村庄。我们看到，其中一个村庄连续两个月投诉量最高，我们调查时，发现大多数问题都与垃圾收集有关。我们将所有事件绘制在地图上，并绘制了垃圾车的路线，这表明大多数投诉来自垃圾车不驶过的一些地区。然后，我们能够与村委会和雅加达废物管理部门合作，改善垃圾收集的路线。果然，投诉数量减少。一旦你可以有效地收集和分析大数据，其所带来的力量是非常强大的。交通管理是另一个关键领域——我们可以将交通投诉数据与公交车 GPS 的数据相结合，并重新洞察问题所在。"

除此之外，JSC 还在研究如何利用数据分析来打击欺诈行为，具体的方法是研究公民用于补贴学费和其他服务的智能卡的使用情况。雅加达正在推出新的"Jakarta One"卡，该卡将整合范围更广的支付服务。

保卢斯总结道："有了 IBM 平台，每当政府部门向我们寻求数据方面的帮助时，我们都可以欣然接受。我们可以收集和存储需要的任何数据，并且拥有分析能力来处理这些数据并快速提供结果。

"我们对这一旅程的后续步骤感到兴奋。例如，使用文本分析可以更轻松地对我们通过电子邮件和短信等收到的消息进行分类和优先级排序。这可以节省许多手动处理时间，并帮助我们确保始终尽快处理最重要的问题。

"最重要的是，分析能够帮助我们向公民展示他们的反馈已经传递给了我们，并发挥了作用。通过向雅加达人民展示我们正在倾听的声音，我们可以让他们参与并帮助我们建设一个更加美好的城市。"

📖 案例 10-2　Lunewave 公司：利用机器学习技术全速驶向无人驾驶的未来

Lunewave 成立于 2017 年，总部位于美国亚利桑那州，是一家开发创新型天线和雷达传感器技术的毫米波雷达公司。公司的产品面向各种市场，包括汽车、电信、航空航天和科学研究等，用于无人驾驶、无线通信和无人机等应用。无人驾驶汽车将彻底改变现有的交通模式，但倘若要使无人驾驶汽车大规模投产，仅仅依靠现有的技术，其成本过于高昂。自动驾驶汽车制造商依靠许多昂贵的传感器来帮助他们的车辆在道路网络中行驶。而 Lunewave 如何使传感器技术更准确、更具成本效益呢？

1. 让梦想成真

无人驾驶汽车不再局限于银幕或科幻小说。2020 年年初，许多世界先进的汽车制造商和技术公司都希望发布半自动驾驶汽车或全自动驾驶汽车。为了实现这一雄心勃勃的目标，汽车制造商正在努力开发能够对周围环境进行安全导航的无人驾驶车辆——这是一项技术复杂且耗资巨大的工程。找到一种方法来确保自动驾驶汽车能够将乘客从 A 地运送到 B 地，同时适应不断变化的路况，是自动驾驶汽车研究人员面临的最大挑战之一。即使研究人员攻克这一难关，自动驾驶汽车中使用的传感器技术也非常昂贵，以至于制造商难以大规模生产无人驾驶汽车。

凭借数十年对传感器技术的研究，Lunewave 开发了一种功能强大且用途广泛的传感器，这种传感器具有降低自动驾驶汽车制造成本的潜力。Lunewave 首席技术官兼亚利桑那大学电气与计算机工程系教授辛皓（Hao Xin）解释说："我们开发了一种基于 Luneburg 透镜设计的专有传感器——一种完美的球面透镜，可以从各个角度检测光波。与其他类型的传感器相比，Luneburg 透镜具有许多明显的优势——它可以对周边物体进行 360 度无死角检测，并同时与多个不同的设备进行通信。"

用传统工艺制造 Luneburg 透镜非常耗时且昂贵。但是，利用 3D 打印，可以在几分钟或几小时内制造出高精度的 Luneburg 透镜，而成本仅为传统制造工艺的一小部分。

认识到这种传感器的巨大潜力，Lunewave 着手为新兴的无人驾驶汽车行业改进技术。

2. 借助数字技术

为了寻求一个支持产品开发目标的平台，Lunewave 与 IBM 合作，IBM 建议使用 IBM Watson Studio（前身为 IBM Data Science Experience）来发展公司的专有传感器技术。

辛皓教授继续说道："我们决定与 IBM 合作，因为我们希望利用他们的数据科学专家的专业知识和建议。我们目前正在与 IBM 工程师合作，使用 IBM 解决方案的机器学习功能和我们自己的算法来校准传感器。我们的目标是训练传感器屏蔽来自其他雷达设备的干扰，学习如何对不同类型的物体进行分类，并了解如何避免驾驶员在道路上遇到危险场景。

"借助 IBM Watson Studio，我们可以利用先进的数据科学和分析工具来实现实时物体检测，这将使传感器在无人驾驶车辆中移动，倘若附近有物体移动，系统就能及时发现并做出响应。这将使汽车行驶在路上更安全。"

使用 IBM 解决方案除了能更准确地检测物体外，IBM Watson Studio 还帮助 Lunewave 的工程师使新型传感器的设计自动化，并简化新型传感器的设计。

"3D 打印和机器学习技术的力量是巨大的。"辛皓教授说，"例如，3D 打印为工程师提供了数百万种方法，可以将复杂的材料组合在一起。"然而，随着潜在设计数量的增加，为新产品选择最有效的蓝图和材料组合变得更加困难和耗时。"为了优化和简化新传感器的设计，我们可以利用 IBM Watson Studio 的机器学习和 AI 功能自动搜索数百万个潜在蓝图并找到最佳组合。虽然我们还没有在 Luneburg 透镜上使用这种自动化设计过程，但我们真的很高兴在未来几个月内使用 IBM Watson Studio 进一步完善产品。"

3. 在快车道上创新

借助 IBM Watson Studio 推动尖端传感器技术的发展，Lunewave 可以专注于加速自动驾驶汽车领域的创新。辛皓教授说："功能丰富的 IBM Watson

Studio 为我们提供了开发传感器所需的所有工具，以避免雷达干扰并打造实时安全高效的导航道路网络。多亏了 IBM 提供的解决方案，我们每天都在改进传感器，以便它们在发现和避免道路上的危险方面比人类驾驶员更有效。更重要的是，由于 IBM Watson Studio 是一个灵活的平台，我们可以应用它来解决许多不同的问题，因此，我们能够简化传感器设计流程，并为新产品制定原创的尖端蓝图，帮助我们站在物体检测技术的塔尖。"

目前，Lunewave 正专注于为自动驾驶汽车市场开发传感器，但是，该技术可以应用于更广泛的方面。辛皓教授总结道："通过在 IBM 专家和技术的支持下发展传感器技术，我们正在为汽车制造商生产可靠、功能强大的传感器，这些传感器将会运用到自动驾驶汽车上。我们的第一站是彻底改变自动驾驶汽车市场，但在这之后，我们打算开发可用于其他方面的传感器，如无人机等，而 IBM 将帮助我们开发传感器技术，使之成为现实。"

📖 案例 10-3　宾夕法尼亚州交通部：优化数据库性能以保障居民出行

每年，宾夕法尼亚州交通部都会承担价值数十亿美元的项目，以保持其道路平稳运行。但是每个新项目都会给数据库带来巨大的压力。基于此，宾夕法尼亚州交通部与 IBM 合作实施了 Db2 数据库的维护，确保数据库运行状况良好，并降低成本。

宾夕法尼亚州交通部负责监管和制定高速公路、城乡公共交通、机场、铁路、港口和水路的计划和政策。宾夕法尼亚州交通部年度预算的四分之三以上用于投资宾夕法尼亚州约 120 000 英里（1 英里 ≈1.6 千米）的州和地方高速公路及 32 000 座州和地方桥梁。宾夕法尼亚州交通部还管理该州超过 1200 万辆汽车的登记和 880 万张驾驶执照，并监督安全和排放检查计划执行情况。宾夕法尼亚州交通部每年管理数百个建设项目，希望实现底层 Db2 数据库实用程序流程的现代化和自动化，以保障该州数百万居民的出行。

1. 保持宾夕法尼亚州的运转

每次旅行，无论商务旅行还是休闲旅行，居民都希望踏上安全并且维护良好的道路、机场和自行车道。宾夕法尼亚州交通部致力于确保全州居民顺畅无阻地出行。

宾夕法尼亚州交通部大型机数据库管理经理萨姆·斯坎尼拉（Sam Scannella）谈到了这件事："作为一个部门，我们管理价值 25 亿美元的新建项目，是我们几年前的两倍。我们的工作是维护近 40 000 英里的高速公路，在美国所有州中排名第五。"

为了保障部门的正常运转，宾夕法尼亚州交通部利用了在 IBM 操作系统上运行的多个 Db2 数据库。在部门内外工作的人员有时需要快速访问存储在 Db2 中的数据，例如，该部门为数百名从事道路建设和维护项目的检查员提供通过移动平板电脑设备远程访问数据库的权限，这些检查员必须能够立即输入项目数据。

宾夕法尼亚州交通部的 Db2 顾问佩里·辛德尔（Perry Shindle）说："我们的用户依靠数据库环境的高性能来执行日常任务。随着我们每年处理的项目越来越多，我们增加了新的工作负载并增加了数据库的容量。但是随着数据量的迅速增长，Db2 的环境变得越来越复杂，性能降低的风险也越来越大。"

以前，宾夕法尼亚州交通部依靠耗时的手动流程进行数据库维护。每个周末，数据库管理员往往需要花费 10 个小时进行数据库的维护，并且使用了大量昂贵的 CPU 资源。为了确保未来的高性能，宾夕法尼亚州交通部意识到需要找到一种更智能、更高效的数据库管理方法。

2. 数据库自主维护

为了改变数据库的维护方法，宾夕法尼亚州交通部选择了 IBM Db2 Utilities Solution Pack for z/OS。IBM 的解决方案结合了自动化技术及支持对 Db2 进行自主管理的技术，以帮助确保数据库的高性能。

辛德尔说："我们本可以提升现有的手动流程的精确性，通过整周的检查来挑选出需要维护的每个数据库对象。但我们知道这种策略会占用数据库管理员越来越多的时间。当第一次了解到自主维护方法时，我们知道已经找到了我们所需要的智能解决方案。"

　　对宾夕法尼亚州交通部来说，转向自主维护是里程碑式的一步。宾夕法尼亚州交通部正在摆脱多年来一直依赖的手动维护，并对功能强大的自主维护模式印象深刻。在实施过程中，宾夕法尼亚州交通部还对关于哪些数据库对象需要维护和重组进行了彻底的重新考量。

　　辛德尔表示："与 IBM 的合作是一次很好的经历，其所提供的支持非常到位。在实施的早期阶段，我们每两周与 IBM 团队进行一次电话会议，以帮助我们了解新解决方案的功能，也便于解决我们提出的问题。作为该技术的早期采用者，我们发现 IBM 特别乐意接受我们的反馈，并热衷于将我们的建议纳入其未来的版本。总而言之，我们相信 IBM 为我们从手动维护成功转向自主维护起到了重要的作用。"

3. 提升数据库性能

　　宾夕法尼亚州交通部显著缩短了数据库维护的时间，提高了整体运营效率，这有助于在数据量增长时保持 Db2 数据库始终处于最佳运行状态。因此，宾夕法尼亚州交通部可以保持价值数十亿美元的交通基础设施项目平稳运行，使数百万人每天都可以正常外出。自主维护的解决方案显示，宾夕法尼亚州交通部执行的许多手动工作实际上是不必要的。而且，由于宾夕法尼亚州交通部只运行基本的实用程序作业，因此采用自主维护模式能够降低 CPU 使用率和相关成本。

　　向自主维护模式的转变也为宾夕法尼亚州交通部节省了大量时间，正如斯坎尼拉所言："自从将自动化引入公用事业管理流程，我们已经将维护时间缩短了 90%。以前，在周末进行维护需要 10 个小时，但我们现在在不到一个小时的时间内就可以轻松完成它。我们的数据库管理员不再需要监督这个过程，而可以将更多的时间投入增值任务中，这将会帮助我们保持经济的持续发展。"辛德尔指出："我们发现一些应用程序在传统维护模式下没有能够实现高性能运行，特别是新的移动检测应用程序，这个程序往往需要额外的维护，以防止性能下降。多亏了自主维护模式，我们现在可以在问题影响用户体验之前发现并解决它。"

· 思考题 ·

1. 什么是绿色交通？绿色交通的基本特征有哪些？

2. 大数据技术在智慧交通中所起的主要作用有哪些？

3. 城市轨道交通的智慧化主要体现在哪些方面？

4. 多式联运系统建设的价值主要有哪些？

第 11 章

智慧医疗管理

11.1 我国医疗现状和主要问题

11.1.1 我国老龄化严重

我国是世界上人口老龄化速度比较快的国家之一,这是经济发展的必然结果,对社会和文化发展也有重大影响。通过多次人口普查可知,我国人口的平均预期寿命一直在增加。2000—2018 年,60 岁及以上老年人口从 1.26 亿人增加到 2.49 亿人,占总人口的比重从 10.2% 上升至 17.9%。未来一段时间,我国人口老龄化程度将持续加深。

与其他国家相比,我国的人口老龄化有六个突出特点。

(1)老年人口的绝对数量多。2020 年,我国 65 岁以上老年人口达到 1.91 亿,占总人口比重为 13.5%。到 2050 年,老年人口总数预计将接近 5 亿,占世界和亚洲老年人口的 2/5 和 1/4。

(2)人口快速老龄化。1999 年,我国老年人口为总人口的 1/10。2020 年,我国老年人口为总人口的 1/6,2030 年为 1/4,到 2050 年,我国老年人口数量可能会达到总人口的 30%。

(3)老龄化趋势明显。20 世纪 80 年代后,我国居民平均寿命从 68 岁提升到 77 岁,预计 2030 年达到 79 岁。1962—1976 年,婴儿潮人口在 2030 年前后进入老龄化阶段。预计 2033 年左右,我国进入老年人口占比超过 20% 的超级老龄化社会,之后该占比持续快速升至 2060 年的 35%。

(4)家庭小型化程度高。我国的平均家庭规模,在改革开放时期为每个家庭 4.6 人,到 2000 年下降到 3.42 人,2030 年将达到 2.61 人,2050 年为 2.51 人。持续的低生育率将减少青少年人口的比例,从而降低新增劳动力人口的年龄。

(5)城市和农村的老龄化差异巨大。2012 年,民政部发布数据称,农村地区的老龄化程度比城市地区高 1.24%。到 2050 年,农村老年人口将达到农村总人口的 39.9%，比城市高 7.7%，在 28 个省份中，农村老年人口的比例比城市高 20%，城乡倒挂的情况将持续到 2040 年。

（6）未富先老问题突出。我国人均 GDP 接近发达经济体下限，但较高的老龄化程度对经济增长和养老均造成压力。因此，存在着一个明显的问题，就是在没有积累财富的情况下变老，经济相对落后，难以应对老龄化社会。

老年人口的特点是高发病率、高残疾率，以及高比率的医疗需求。人类的疾病和损失将迅速增加，健康服务将是至关重要的，并将对我国的社会和经济发展产生巨大影响。

11.1.2　慢性病成为主要威胁

随着大多数急性传染病得到有效控制，人类的疾病谱发生了重大变化：慢性非传染性疾病（简称慢性病）成为人类健康的主要威胁。这已经成为一个备受关注的全球性公共卫生问题。在我国，慢性病已经成为危害公众健康的重要问题。2012 年，卫生部和 15 个部门联合发布的《中国慢性病防治工作规划（2012—2015 年）》显示，慢性疾病，如心血管疾病、癌症、糖尿病和慢性呼吸道疾病，是迄今为止世界上最重要的公共卫生问题。2016 年，中共中央和国务院印发《"健康中国 2030" 规划纲要》，提出实施慢性病综合防控战略。2022 年，国务院办公厅《关于印发 "十四五" 国民健康规划的通知》要求，强化慢性病综合防控和伤害预防干预，提高心脑血管疾病、癌症、慢性呼吸系统疾病、糖尿病等重大慢性病综合防治能力。

在我国，这些疾病是城市和农村地区人口的四大死因。据统计，截至 2020 年，由慢性病导致的疾病负担占总疾病负担的近 70%，导致的死亡人数占我国总死亡人数的 86.6%。全国有 2 亿高血压患者、1.2 亿肥胖患者、9700 万糖尿病患者。9700 万糖尿病患者和 3300 万高胆固醇血症患者中 65% 以上是 18 ~ 59 岁的人。这对劳动力产生了严重的影响，因此也是社会的一个负担。

慢性病的病因非常复杂，通常是从一些隐蔽的问题开始的，并且有延迟愈合的情况。此外，这些疾病与社会心理因素和生活方式密切相关。常见的慢性病包括癌症、糖尿病、心血管疾病、哮喘、慢性阻塞性肺部疾病（COPD）、关节炎和获得性免疫缺陷综合征（AIDS）。慢性病若不能在早期发现，一旦耽误治疗，就会造成预后不理想，引发其他的并发症等问题，会严重影响到个人健康、家庭和社会稳定。

11.1.3　医疗系统面临困难

我国从 20 世纪 50 年代起就启动了社区医疗网络，建立了相对完善的城市和三级医疗网络，该系统可以为辖区居民提供健康服务，最终落实基层医疗卫生组织保障。该系统是我国初级卫生保健的一个优势。每个城市的综合医院都设立了许多卫生科、卫生设施，并有医务人员为居民提供定期服务，如定期随访、医疗咨询、体检、围产期保健和新生儿保健等服务。由于国家的大力倡导，我国已建立相对完善的社区卫生系统。国家通过制定一系列政策，明确了社区卫生的功能和医生在社区卫生保健中的重要作用。

通过有许多实践经验的医生和护士的积极工作，以及社区卫生服务事业的健全保障，传染病的发病率和新生儿的死亡率明显下降。近年来，我国的社区卫生事业有了很大的进步，完善和发展"家庭医生"制度，能够有效缓解群众看病难、看病贵的问题，减轻患者和社会的负担。医务人员为常住居民提供健康服务，向永久居民提供医疗服务，有助于确保医疗服务的连续性。社区医疗同时也构成了人们生活的主要部分，并提供基本的医疗保健服务。然而，全国各地的情况和卫生保健状况还不尽如人意，全科医生极度缺乏，大型综合医院人满为患，专科医生负担过重，但社区医院似乎无人问津，医疗资源分布不均等问题突出。

1. 全科医生匮乏

全科医学以家庭和社区为单位，提供综合性连续性医疗服务，更加注重全人理念，涉及临床医学、康复医学、预防医学、社会和心理相关的医学问题。2018 年数据显示，发达国家每万人有 8 ~ 10 名全科医生，我国的全科医生缺口不容忽视。同年，我国提出了到 2030 年每万人拥有全科医生 5 人，而当时距此目标的缺口在 50 万左右。

2. 社区医院得不到充分重视

由于难以吸引高素质的医务人员，更多的病人涌向大医院。这种情况带来了"两个困难"，即大医院挂号看病难，社区医院看大病难。为了解决这个问题，国家一直提倡分级诊疗、双向转诊，即小病到社区医院，大病上大医院，希望通过社区医院的服务，缓解大医院医疗资源紧张的压力。但是，社区医院的建设任重而道远，应从医疗资源下沉和加深人们对于社区医院定位的认识等多方面入手。

3. 专家负担过重

大医院的医生一般具有较高的专业水平，但由于忙于日常工作等，他们难以履行自己在预防、保健、慢性病管理和康复方面的职责，被称为"四不足"。医生普遍不能在慢性病管理中发挥应有的作用，使得慢性病管理不善，容易引起急性病反复发作，甚至威胁生命。

面对这样的局势，我国在基层实施构建县域医共体。县域医共体是指以县级医院为龙头、乡镇卫生院为枢纽、村卫生室为基础，县乡村三级医疗卫生机构分工协作、三级联动的县域医疗服务体系。希望将专家的知识和能力辐射到基层，同时带动整个医疗体系的就诊能力提升。

我国卫生总费用（2011—2021 年）如图 11-1 所示。我国医疗总费用逐年增加，2021 年全国卫生总费用初步推算为 75 593.6 亿元，其中，政府卫生支出 20 718.5 亿元，占 27.4%；社会卫生支出 33 920.3 亿元，占 44.9%；个人卫生支出 20 954.8 亿元，占 27.7%。人均卫生总费用 5348.1 元，卫生

总费用占 GDP 的比例为 6.5%。我国卫生总费用平均每年增长率在 10%，占
GDP 比例也是逐年提高，基本稳定在 7%。

图 11-1　我国卫生总费用（2011—2021 年）

　　虽然国家不断加大投入，但仍然面临医疗资源分布不均、服务水平差
异大、医疗服务供需缺口持续扩大的基本国情。2020 年中国卫生统计年鉴
显示，我国医疗卫生机构总数约为 102 万，但医院只占其中的 3.5%，并且
作为重要诊疗机构的三级医院数量仅有 2996 个，在所有医院中占比仅达
9%。整体上，无论医院数量、三级医院数量，还是卫生技术人员总数及执
业医师数量，东部地区明显多于中部、西部地区。经济发达的东部地区汇
聚顶尖医疗资源，而人口更密集的城镇、农村及边缘地区甚至面临缺医少
药的问题，这些地区的人民一旦发生重大疾病，就会选择前往大城市就医，
这不仅增加了居民就医成本，还会加剧医疗资源的紧张和医护人员的压力，
以及医患矛盾。

---

① 本图数据列举至个位数。

11.2　医疗信息化建设

11.2.1　医疗信息化的必然

借助新的信息技术和数字化手段，推动卫生医疗服务体系数智化升级是摆脱困境的重要举措。当然，若没有国家顶层设计统筹，医疗信息化的全面铺开只会让马太效应越发明显。具体而言，信息化资金核心来源为医院自筹与财政拨款，三级医院凭借其规模化的医疗 IT 投入、医疗及医信人才吸纳能力，打好信息化建设基础，并能在其业务发展内生需求推动下持续投入，长此以往构筑越来越高的医疗服务壁垒；相较之下，一级及未定级医院若既无医疗服务水平提升的驱动，也无国家政策及资金、人才等支撑，转型只会进展缓慢。

国家一直注重医疗信息化建设。早在 2009 年，《关于深化医药卫生体制改革的意见》明确提出以医院管理与电子病历为重点，加快推进医疗卫生信息系统建设。2011 年左右，对三级医院的信息化水平和程度做出明确要求和标准。2012 年，提出推进基层医疗卫生系统建设，建立三级医院与县级医院的远程医疗体系。2015 年之前，我国主要还处在基础信息系统的建设时期，主要进行基层医疗卫生信息化建设、远程医疗系统建设、公立医院的信息化建设等；在"十三五"期间，逐渐表现出"平台化"的趋势，通过整合医疗子系统、健康大医疗大数据应用，推进电子健康档案建设、"互联网+医疗健康"等。在"十四五"期间，重点发展医疗的"普惠数字化"，包括加快平台标准化、一体化建设，深化新场景、新技术应用，推动医疗体系高质量的发展。更多标准化、信息化的医疗保障平台出现，探索以 5G、机器人、VR 等新技术驱动的新产品、新业态、新模式。以"普惠民生"为核心的医疗信息化将加速推进，打造以患者为中心的卫生医疗体系，建设智慧生态医疗是未来发展的主要目标。

11.2.2 医院应用的信息管理系统

（1）医院管理信息系统（HIS）。

HIS 在早期是个更广泛的概念，主要利用计算机软硬件、网络通信等现代化技术手段，对医院及其所属各部门的人流、物流、财流进行综合管理，并对在医疗活动阶段中产生的数据进行采集、存储、处理、提取、传输、汇总、加工，生成各种信息，从而为医院的整体运行提供全面、自动化的管理及各种服务。HIS 以人员、财务、收费及管理为核心，覆盖从挂号系统到医院信息系统所有的功能模块，是一个"万金油"产品。经过多年市场实践，其功能随着医院内部业务流程的不断梳理与整合，由分散走向集中，与实验室信息管理系统（LIS）、影像存储与传输系统（PACS）、放射科信息系统（RIS）、电子病历（EMR）等偏临床的模块逐渐融合。然而，由于医院内系统建设逐步完成，一家医院信息系统由不同厂商重复建设、信息冗余的问题严重。现阶段针对这些建设问题，医院及厂商改变建设思路及实施方法，加速平台化建设，让 HIS 成为医院流程整合与服务能力提升的核心引擎，实现对患者诊前、诊中、诊后全程追溯与管控，构建起以 HIS 为主的一体化平台管理系统。

（2）医院资源规划系统（HRP）。

HRP 逐渐成为医院精益管理不可或缺的工具。HRP 是对传统 HIS 中人财物事、药品耗材、资产设备等管理模块的深化应用，其核心功能是通过实现业务系统与财务系统之间的集成与共享，提高医院运营效率，并为医院全面经济核算、科学决策提供依据，是提升医疗服务质量的重要手段。HRP 与 HIS 的产品定位及面向客群略有不同，自 2000 年，以经济运营为核心的 HRP 旨在用成本撬动医院资源的管控。随后，厂商发现同样的 HRP 在不同医院的成本控制表现差异大，自此 HRP 产品定位由经济运营逐渐转向深化管理及战略管控，旨在辅助不同医院客户实现精益运营。HRP 建立面向合理流程的扁平化管理模式，最大限度地发挥医院资源效能，可有效提升传统 HIS 的管理功能，从而使医院全面实现管理的可视化，使预算管理、成本管理、绩效管理科学化，使得医护分开核算、三级分科管理、零库存管理、顺价作价、多方融资、多方支付，以及供应链管理等先进管理方法应用于医院管理中成为可能。但是，现阶段 HRP 的核心用户仍然是三级以上的医院，三级以下医院整体对其认知不深、投入不足。

（3）临床信息系统（CIS）。

CIS 服务于病情诊断和处理、医学研究等临床活动，以患者为核心，借助多种软件系统整合患者临床诊疗数据，实现医疗过程管理的质效提升是其核心功能。故 CIS 并非单一的系统，而是一系列临床信息系统的集合，像医嘱处理系统、病人床边系统、医生工作站系统、实验室系统、药物咨询系统等就属于 CIS。相较于 HIS 关注人、财、物等管理信息，CIS 是主要关注临床信息的信息系统。目前，我国大多数医院正处于 CIS 建设阶段，CIS 相较于 HIS 建设难度更大，因为临床数据治理难度大且临床业务变更频繁，尚未形成统一的建设路径，医院需要根据自身特点与需求引入系统。为进一步发挥临床过程辅助功能，CIS 将会结合大数据、人工智能等新技术，由提速增效的信息化管理向数据整合、智能分析迈进，进一步解决医疗资源短缺的核心问题。

（4）EMR 系统。

EMR 也叫计算机化的病历，或称基于计算机的病人记录。它是用电子设备（计算机、健康卡等）保存、管理、传输和重现的数字化的医疗记录，用以取代手写病历。它的内容包括手写病历的所有信息。EMR 系统提供用户访问完整准确的数据、警示、提示和临床决策支持系统的功能，是临床信息化建设的核心。EMR 系统的价值不仅在于其能实现医院业务的信息化管理，提升医疗服务质量，还在于其能够消除院内信息孤岛，实现区域医疗信息共享，为新兴医疗形式需要的远程病患信息传输和共享奠定重要基础。现阶段，医院将继续推进 EMR 系统的建设与升级，EMR 系统市场具备良好的发展前景。应用电子病历信息，与人工智能、数据挖掘等技术结合，可以建立辅助医疗决策系统等。

（5）PACS。

PACS 是基于医学影像存储与通信系统，从技术上解决图像处理问题的管理系统。在现代医学检测中，磁共振成像、计算机断层扫描（CT）、超声检查、X 线检查等涉及影像检测的项目众多，是重要的医疗诊断依据，可以广泛应用于超声影像、放射影像、病理影像等医技科室（非临床科室）。随着现代医学发展，传统医学影像管理方法已无法适应现代医学影像管理的要求，无胶片化影像科和数字化医院已经成为现代化医疗发展的必然趋势。通过影像技术和云端存储技术可以将重要的影像资料和患者病历信息结合，存储在云端系统。PACS 的价值在于通过连接不同的影像设备，存储与管理图像，进行图像的调用与后处理，实现资源共享，降低成本，达到提高工作效率、提升医疗水平的目的。基于医学信息流动、共享的需求，云 PACS 及影像大数据的挖掘已成为 PACS 发展的创新趋势。

当前，PACS 是重要的影像数据存储和读取系统，同人工智能技术相结合，尤其是计算机视觉、知识图谱等技术，能够帮助医生做出重要的诊断。以肺结节筛查为例，PACS 通过分割、提取肺部 CT 中的结节图像，汇总结节特征并完成识别，辅助医生判断患者是否有恶性结节；以脑部 CT 筛查为例，PACS 依据质量分割出若干图像，分别对应脑溢血、脑部肿瘤等病灶区域；以眼底筛查为例，PACS 先增强图像特征，定位出疑似病灶区域，后在该区域进一步细化筛查，检测病灶是否为微血管瘤、出血或渗出物等。

11.3 智慧医疗技术

11.3.1 在线医疗服务

第 50 次《中国互联网络发展状况统计报告》显示，截至 2022 年 6 月，我国在线医疗用户规模达到 3 亿，较 2021 年 12 月增长 196 万，占到全体网民的 28.5%。

2022 年上半年，互联网医疗平台探索多元化服务。与此同时，有关部门发布多项政策法规，为在线医疗行业营造良好政策环境。

（1）互联网医疗平台探索多元化的服务形式。大型互联网医疗平台在提供医疗、药品服务的基础上，进一步拓展数字化健康管理，推动保险、医保支付、医生服务等相关领域创新。例如，百度推出了"有医笔记"，能够帮助医疗行业人员快速记录、整理文档，并能够将图片形式的医疗材料转化成文字；平安健康在消费端和企业端同时发力，打造健康管理、保险等多元化产品，寻求新的增长引擎。

（2）政策法规利好在线医疗行业高质量发展。2022 年 1 月，工信部联合八部门发布《"十四五"医药工业发展规划》，提出积极发展新模式新业态，适应智慧医疗、互联网医院快速发展趋势，形成医疗机构、药品生产经营企业、保险公司、信息技术服务商等共同参与的"互联网＋医药"新生态。2022 年 2 月，国家卫生健康委和国家中医药局联合发布《互联网诊疗监管细则（试行）》，对从事互联网诊疗的医疗机构、医务人员、业务活动等提出了明确的监管要求，以进一步规范互联网诊疗活动，加强互联网诊疗监管体系建设，防范化解互联网诊疗安全风险，保障医疗服务安全和质量。

📖 相关链接　疫情期间北京市医院推出在线医疗服务

为做好新冠肺炎疫情防控期间的医疗服务保障工作，减少人员聚集、防止交叉感染，北京市卫生健康委2021年年底发布通知，要求进一步推进互联网医疗，为患者提供远程诊疗服务。

据北京市医院管理中心介绍，2021年年底，北京友谊医院、北京同仁医院、北京天坛医院、北京中医医院、北京儿童医院等21家市属医院已获批互联网诊疗资质并上线运行，均可提供预约挂号、在线复诊、网上诊前咨询等服务。

1. 北京友谊医院：优化互联网诊疗流程

为了让更多患者足不出户就可以实现全程线上就诊，避免反复奔走医院造成的人员聚集，降低交叉感染风险，北京友谊医院于2021年9月上线了"互联网＋"诊疗服务。患者通过线上预约互联网视频号源，即可在选定时间得到专家远程视频诊疗、开具电子处方、药品邮寄到家等服务。

医院互联网诊疗可通过微信服务号进行预约挂号。患者在微信服务号首页点击进入"互联网诊疗"模块，选择就诊科室中的相应视频号源，选定进行视频诊疗的时间段，并挂号缴费即可。

2. 北京回龙观医院：开展线上复诊、免费用药咨询

为方便疫情期间群众就诊，北京回龙观医院转变医疗服务模式，医院互联网诊疗服务对象是病情相对稳定的患者。医院规定半年内在本院门诊就诊过，病情稳定，需要复诊开药的患者可以预约线上复诊。首诊患者，急诊患者，病情波动、复发加重等患者，须到实体医院门诊、急诊就诊，不能预约线上复诊。

同时，医院积极推进开展非服药患者（心理亚健康人群）的心理治疗和心理测查业务。

患者可以随时预约医生和药师，医院还提供用药咨询免费互联网门诊：关于用药及简单的病情变化，患者可随时咨询医生或药师，医师会根据患者当前情况建议下一步就诊计划。

3.北京肿瘤医院：足不出户，方便复诊患者就医

复诊患者通过北京肿瘤医院微信小程序、医院 APP 等多种方式预约互联网诊疗的号源，即可按照挂号时间等待医生，线上与医生"面对面"交流病情，享受便捷的线上就诊服务。

例如，复诊患者可通过 APP 预约挂号，医生通过网络视频问诊，在线为患者检查、检验及开具处方，并通过 APP 把诊疗单和病历推送给患者。患者可以在线上完成缴费、预约检查日期，可以选择到医院做检查和取药，也可以在当地或就近医院完成后续医疗复查。

截至 2021 年 8 月 20 日，北京肿瘤医院互联网门诊已覆盖全院 32 个科室，累计服务患者超过 9 万人次，日均超过 25 位医生在线服务，包括知名专家、教授，日均患者服务量超 350 人次。

据介绍，从 2020 年 5 月至 2021 年 9 月，北京市属医院已在线服务患者 26.35 万人次，提供线上服务的出诊医务人员数量有 1971 人，其中医生1678 人，护士 158 人，药师 135 人，中高职称人员占比达到 90.5%。

11.3.2 医疗机器人

医疗机器人具有减少误差、模拟手术、实现全面护理，以及节省人力资源的作用，而且机器程序可以设定，在耐心、细心及不易疲惫等方面相比传统医护人员来说具备很大优势。目前，医疗机器人主要用于伤病员的救援、转运、手术和康复，主要产品有手术机器人、康复机器人、辅助机器人、医疗服务机器人等，目前应用最多的是康复机器人，其次是辅助机器人。

手术机器人作为当前先进的医疗设备，融合了当前最先进的数字化技术。手术机器人可以用于微创手术领域，实现高于人类能力的对手术器械的精准操控。目前，手术机器人主要应用于外科领域，其中骨科手术机器人较为成熟，是重要的应用方向之一。骨科手术机器人可用在骨科手术当中，是由医生操控，或按照医生的方案执行手术的医疗器械。常见的可使

用骨科手术机器人的手术有三类，即关节置换手术、脊柱手术和骨科创伤手术，其中机器人辅助关节置换手术应用最为广泛，约占全球骨科手术机器人市场的一半。Stryker 公司的 Mako 置换手术机器人于 2006 年在美国上市，能够协助医生完成全髋关节置换术、全膝关节置换术及单髁关节置换术，到 2021 年，全球范围内装机组超过 1300 台，手术数量超 50 万例。图 11-2 为 Stryker 公司的 Mako 置换手术机器人。

图 11-2　Stryker 公司的 Mako 置换手术机器人

在内科手术及软组织手术上，达芬奇手术机器人（见图 11-3）占据市场统治地位。达芬奇手术机器人以麻省理工学院研发的机器人外科手术技术为基础，由 Intuitive Surgical、IBM、麻省理工学院、Heartport 公司联合开发完成。2000 年，达芬奇手术机器人被美国药监局正式批准投入使用，成为全球首台可以在腹腔手术中使用的手术机器人，2022 年已发展到第四代。我国解放军 301 医院在 2006 年引进了第一台达芬奇手术机器人，并在 2007 年完成了第一例手术。达芬奇手术机器人有较多视野角度，机械操作精确，具有 3D 高清的视野，可将手术部位放大 10 倍以上，医生可以随意调整，不需要像传统手术一样需要助手的配合。其机械臂可以以任意角度扭动，远胜人手的关节自由度。达芬奇手术机器人能广泛应用于肝胆、胃肠、妇科、泌尿、心脏、普胸、小儿等外科领域。

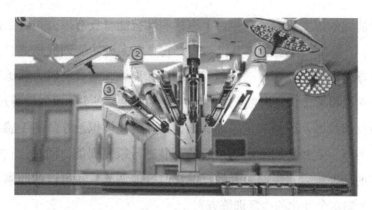

图 11-3　达芬奇手术机器人

　　医疗后勤机器人能够做好各类物资配送、消毒除菌等基础后勤服务，充分做到节省人力资源。自动配送机器人主要负责手术室、静配中心、检验科、住院药房、中心供应室等医疗场景与病区之间的大批量物资配送工作，可实现院内重点科室全覆盖。上海钛米自动配送机器人专门为医疗配送设计，可自主规划路径、自动导航与灵敏避障、自主通过自动门与上下电梯，可实现多台机器人同时配送不间断。它针对不同的应用场景，有着特殊的应用价值。例如，在药品配送上，实现毒麻类药品记、送、存、管一体化，确保流程安全，降低管理成本；针对手术室配送，支持多点配送、手术台清理、术后器械追溯、防护等级 IP55、多点回收分层设计；垃圾回收机器人，安全、高效、无人操作，可以完成一站式医疗废物输运清理工作。另外，医疗设备制造商 Xenex 消毒服务公司生产的消毒机器人可以有效利用脉冲氙灯紫外线技术，净化手术室，消灭隐藏于医疗设备中的可能造成医院获得性感染的微生物。消毒机器人每次消毒需要 4 ~ 5 分钟。机器人每天大约可以为包括病房、手术室、设备室、急诊室、重症监护室和公共区域等在内的 30 ~ 62 个房间消毒。

　　康复机器人面对当前脑损伤、脊髓损伤等导致行动能力受到影响的患者的康复需求，能够最大限度地恢复其身体状态和运动机能。早在 1999 年，瑞士 Hcoma 医疗器械公司与苏黎世 Balgrist 医院康复中心合作研发了第一台下肢外骨骼康复系统 Lokomat。随着新的传感器技术与人工智能的发展，更加智能化的康复机器人产生。上海傅利叶智能科技有限公司自主研发的 Fourier M2 是新一代上肢康复机器人，它具有多种功能训练模式、多样化的任务导向训练，能将运动控制训练和认知训练相结合、肌力训练和关节活动度训练相结合。它内置了各类高精度传感器，在实际康复训练过程中，通过力反馈技术，记录大量的训练数据，并可以模拟治疗师的手感，牵引中风、脑瘫、上肢功能障碍等患者的上肢进行康复训练。同时，它能够判断动作的标准程度，根据患者的反馈实时智能调整，还可以帮助康复治疗师为患者制定个性化的康复训练方案。

11.3.3 医疗健康大数据应用

在"十二五"规划中，国家明确提出加强医疗卫生领域的信息化建设，有关医药、远程医疗的规范性法规相继出台，医疗信息化建设全面展开；"十三五"期间，建设以电子病历为核心的临床信息化系统，加速打通医疗信息系统，多层级医院协同发展成为关注重点；未来在国计民生需求持续增长、新一代信息技术的加持下，以"普惠民生"为核心的医疗信息化将加速推进，打造以患者为中心的卫生医疗体系，建设智慧生态医疗。

当前，5G、大数据、移动物联网、云计算等数字技术成为医疗信息化的技术底座，支撑大量垂直医疗场景的信息化应用。我国拥有全球规模最大、技术最先进的 5G 独立组网网络，5G 与医疗健康领域的结合能有效加强患者与医护人员、医疗机构、医疗设备间的实时互动；云计算技术既可以减轻医院大量电子病历、影像资料的存储和计算压力，还可以提高相关资源配置的效率；多源、异构、海量的医疗数据，蕴含高价值信息的知识库，对于这些重要医疗数据的挖掘与分析，成为当前重要医疗知识和价值的来源。

在医院管理方面，通过网上预约、信息填报、电子病历、诊断流程、电子支付等方法，将整个医院管理中患者行为数字化，为医院内实行智慧管理提供了重要的土壤。例如，充分利用 HIS 与其他的 LIS、PACS、RIS、

EMR 等偏临床的模块融合，形成院内系统统一规划；让 HIS 成为医院流程整合与服务能力提升的重要引擎，实现对患者诊前、诊中、诊后全流程追溯与管理。从基本的患者需求预测、网络预约号发放、医生值班安排、手术室调度，到床位分布安排等一系列优化决策问题，都可以基于当前数据进行决策，提高管理效率。另外，从院内业务管理角度，会计核算系统、绩效考核系统、临床数据分析、影像数据、检验数据、药品管理数据、体检数据等均可实现一体化统一管理。

11.3.4　智慧临床决策支持系统

智慧临床决策支持系统（CDSS）是基于人工智能、深度学习等技术，结合医学知识、临床案例和患者病情，辅助医生分析病历，制定准确有效治疗方案的工具，具备减少医疗差错、提高医疗效率、控制医疗费用支出等优势。CDSS 可以协助医生做出医疗相关决策与行动，可不断自我完善与更新，提高医疗诊断治疗的服务质量。当前专科分类越来越细化，临床医师往往局限于单病种研究，并且在单病种研究中，专科医生中低年资医生占多数，而基层的专科或全科医生的误诊与漏诊率偏高，CDSS 可以帮助医生跨越单病种知识限制、规范医师诊疗行为、把控医疗质量、避免医疗差错、减少不必要的医疗费用支出。

以知识库的形成方式为分类标准，CDSS 分为基于知识库与非基于知识库两大类，二者均遵循相同的系统构建流程。但是，基于知识库的 CDSS 的构建依赖人工预设好的知识库，知识库的内容必须是有证据支持的；非基于知识库的 CDSS 更多依赖机器学习（ML）、深度学习（DL）、NLP 与知识图谱，从大量实例中获取知识，并让计算机学习过去的经验与临床模式，将学到的经验放入知识库中，在诊疗过程中结合机器学习构建的知识库自动识别与实时管控诊疗缺陷。CDSS 的架构及功能见图 11-4。

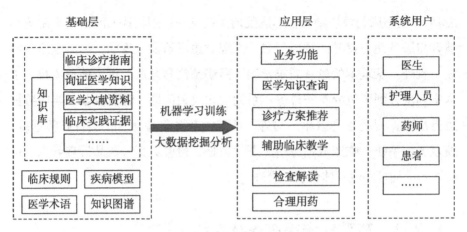

图 11-4　CDSS 的架构及功能

11.3.5　医疗健康案例推理

基于案例推理（Case-based Reasoning，CBR）是人工智能领域的一个重要分支，其基于大数据进行案例组织，并通过匹配最相似的历史案例，利用专家凝聚在历史案例中的经验知识来解决新的管理决策问题。医疗健康案例本身蕴含着丰富的专家知识，可以为医疗健康过程提供正确的决策信息支持。因此，为了实现精细化管理与精准服务，需要对医疗健康案例进行有效的组织和管理，并在入库和使用过程中对案例质量和可用性进行评价，实现案例的"优胜劣汰"，为医院、社区卫生服务中心等机构实现智慧诊疗决策、智慧管理、智慧服务提供知识支撑。

CBR 的知识推理过程极为接近人类决策的真实过程。医生在解决新问题时，时常会回忆过去积累的处理类似情况的经验，通过对过去的经验适当调整和修改，进而形成解决当前问题的方案。CBR 的知识推理包括四个核心过程，即 4R：检索（Retrieve）、重用（Reuse）、修正（Revise）和保存（Retain）。

医疗健康案例推理具有四个方面的显著特征。

（1）医疗健康案例库的构建过程和案例本身均汇聚了众多专家的群体

智慧，包含丰富的知识。

（2）医疗健康案例推理通过获取历史知识进行重用，无须从头进行问题推导，使问题求解效率大幅度提高。

（3）医疗健康案例推理可以推荐较为完整的初始解决方案，可解释性较强。

（4）医疗健康案例推理是一种柔性知识推理技术，可以根据不同的管理决策任务变化和采集的实时时序信息，灵活地进行案例库构建和提供知识服务。

融合基于专家经验的关键信息和基于机器学习算法抽取的关键信息，构建不同应用场景下的医疗健康案例知识库，可以实现对案例知识的有效组织。针对医疗健康管理决策情景，提出了人机协同的医疗健康案例知识组织方法，核心是案例关键信息的抽取。

（1）基于专家经验的关键信息确定。由专家小组面向诊疗决策、成本控制、资源调度、预测等不同管理决策问题的实际需要，根据权威的疾病知识（包括临床路径、诊断指南、疾病共识等）确定医疗健康大数据中的主要特征属性，以及结论、方案等关键信息。

（2）基于机器的关键信息抽取。融合基于专家经验的关键信息，面向多源医疗健康大数据，构建基于自然语言处理技术的案例知识自动化生成算法，抽取案例关键信息，形成案例知识。

案例知识不仅包括关键特征信息，还包括凝结了各类专家经验与智慧的结论、方案等信息。案例知识经过领域专家审核后即可成为正式案例，大量智能化生成并通过审核的案例知识组成了案例知识库，为面向不同管理决策场景的医疗健康案例推理知识的生成与发现奠定了基础。

医疗健康案例推理知识的生成与发现是医疗健康智慧管理决策的关键环节，是知识服务的重要基础。对各级医疗健康服务组织而言，基于医疗健康大数据、案例知识、通用医学知识的推理知识生成与发现不仅可以提供辅助决策、运营、考核、绩效管理、预判预警的精细化管理手段，同时还可以为贯穿事前、事中、事后的全流程医疗质量管理和风险控制提供重要依据。

11.4　智慧医疗大健康管理

随着工业化、城镇化和人口老龄化加速，老年病和慢性病增多，经济社会发展的需求已经从人口红利向健康红利转变。运用新一代信息技术深度整合公共卫生、养老和环境等领域的健康资源，将成为实现全民、全生命周期健康服务的重要保障。智慧健康服务不仅需要集成医院、社区、养老服务机构、公安和互联网医疗机构等跨组织信息资源，还需要实现数据驱动下人员、设备、床位等各种资源的充分整合和协同服务。为此，需要深入研究全过程、跨组织健康资源深度聚合和智能服务机制。

智慧医疗健康管理是指通过人工智能与大数据、物联网、移动互联网、5G、云计算等新一代信息通信技术的赋能，面向未来医疗健康的全生命周期健康、大健康、大医疗、个性化、按需医疗、协同化，以及平台化等新模式和新需求，对涉及医疗健康的资源配置、运行机制、运行过程等，进行实时性、适应性、前瞻性管理，实施全方位、全周期、协同化及精准化决策，提高医疗健康的效能、效率及精准性。

在医疗健康方面，这里所说的大健康、全生命周期，涵盖从人出生到死亡过程中，与健康维护和管理相关的全周期活动，如疫苗接种、疾病预防、疾病治疗与康复、慢性病管理等。同时，服务对象既包括面向个体的医疗健康服务，又包括群体的公共卫生管理。

以人为本的医疗服务，不再以疾病为中心，不再以治疗疾病为主要目标，而更加注重人们的健康，从疾病治疗转向疾病预防健康管理。而关注大健康，就要求从以医院为核心的诊疗到医疗健康服务社会化的大健康转变，更加注重各种渠道、各种类型医疗资源转化和统筹使用。

人工智能等新兴技术应用于疾病治疗领域，同时也拓展到了健康管理领域，使得人们的健康管理越来越趋于主动化。例如，可以通过数据挖掘与分析，了解疾病的发展特点和疾病相关的规律，然后做好健康预防教育，以及对相关重点人群的身体监测。社区卫生院、乡镇卫生所等基层的医疗机构、健康疗养机构等，承载着健康管理的重要部分。基层医疗健康机构能够做好重点人群的健康筛查、健康异常预警管理、个性化治疗方案匹配等。

以疾病诊治为中心的传统卫生服务模式应对不了新的挑战，在这种环境下，以健康管理为中心的卫生服务模式应运而生。现代的健康管理以信息化、共享化为基础技术支撑，系统内信息共享的强大支撑作用使得健康管理可以为个体提供连续性、一体化的服务。同时，先进的检测仪器可以科学地跟踪和评估生命的健康状况，降低系统风险，为健康管理提供技术支持。积极主动参与自身的健康管理，不仅可以改善健康状态、降低大病发病率、促进健康水平的提高，还可以有效节约社会医疗费用的支出。

为了优化我国医疗健康资源配置和提高医疗系统运行效率，需要综合运用新一代信息技术对跨时空的医疗健康管理数据资源进行采集和分析，并通过人机交互和可视化服务实现对医联网医院和医联体智慧运营的有力支持。积极探索大数据驱动的医联网医院和医联体资源协同管理决策和运营服务模式，整合跨组织医疗专家、设备、药品和床位等资源要素，突破时空限制，延伸医疗服务，提升服务的可及性、连续性及知识服务能力和资源利用效率。

11.5　智慧医疗健康管理重要研究方向

（1）医疗健康大数据的管理与治理。

医疗领域是信息化和数字化程度较高的领域，医疗大数据是当前数据市场和相关研究的重点之一。基于信息系统、大数据、云计算、物联网、区块链和高速网络等各种信息技术，医疗健康活动不断产生海量、多源、异构、多模、高维的原始数据。这些海量医疗健康数据对未来的医疗健康领域相关活动提出了数字化管理的挑战，同时也提供了前所未有的决策数据资源。医疗健康大数据的管理与治理就是指针对线上、线下健康和医疗相关活动中产生的海量、多源、异构、多模、高维的原始数据进行挖掘、分析和治理，从而满足数据驱动的全景式医疗健康的管理与决策需求。医疗健康大数据的管理与治理，旨在提高医疗健康数据的质量（准确性、及时性、唯一性、一致性及有效性等），确保数据的安全性（保密性、完整性及可用性），推进智慧医疗数据资源的整合和共享，是运用医疗健康大数据创造社会经济价值的基础。

（2）智慧医疗健康的过程管理与优化。

物联网和5G等的迅速普及，以及数据收集与分析技术（大数据、人工智能）的发展，促使医疗健康向智慧化转型升级。智慧医疗健康突破了医疗健康过程的时空限制，细化了医疗健康过程的感知力度。以个体的组学数据和遗传信息为基础，收集和量化实时数据（生活环境、生活方式、疾病状况、既往病史及诊疗效果信息等），疾病预测、筛查、诊断、治疗、康复等全周期医疗健康过程将发生极大变化，从而实现对人类个体全周期、全方位医疗健康过程的管理与优化，为向精准医疗和价值医疗转变提供实施基础和创新动力。进一步地，智慧医疗健康需要解决的问题还包括：重要医疗资源的调配，治疗流程和医疗过程的优化，以及各医疗机构如何达到协同合作等。

（3）智慧医疗健康的平台化运营管理。

医疗健康的网络化、数字化、智慧化，也带来了平台化运营管理的升级与发展。智慧医疗健康平台集成相关重要医疗服务、技术、数据、支付等要素，提供赋能支撑。平台化运营管理是智慧医疗健康的发展方向。一是技术上的平台化运营，是由面向功能的工具化模块，升级为面向业务的平台化运营的基础类研究，从业务开展的角色和场景角度，可以研究涵盖患者、服务机构、支付方、政府监管方，所面临的平台化运营的障碍因素和解决方案。二是经营上的平台化管理，是利用智慧化平台推进医疗健康市场的多边价值交换和交易的应用基础类研究，根据医疗健康产业链特征，涵盖核心交易、正向网络效应、可扩展性、运行机制等管理体系。三是价值上的平台化共建与共享，是智慧医疗健康平台化运营管理价值链、价值网络、价值空间演化的前瞻性研究，从智慧医疗健康服务价值创造各角色出发，以彼此间的协调整合和支付机制设计角度，研究价值测度标准体系、共建共享激励机制、价值基础上的付费机制设计等问题。

（4）智慧医疗健康生态系统的演化与协同管理。

智慧医疗健康生态系统交互作用和协调机制在满足民众医疗健康需求的过程中，肩负不同职能的各实体机构形成了一个错综复杂的生态系统，其中包括政府医疗健康管理部门、药品器械和耗材生产厂商、药品流通商、医院等医疗机构、银行和保险公司，以及健康服务机构等。在医疗资源（包括人、财、物、信息）稀缺的背景下，智慧医疗健康生态系统通过机制设计和资源配置来提升经营效率和增加社会福利，最终实现医疗健康服务价值最大化，其中要考虑到医疗健康的公平性、安全性、质量、成本、速度、社会影响等维度的目标。在交互决策的过程中，相关机构之间形成了复杂的竞争与合作关系。因此，设计符合我国国情的智慧医疗健康生态系统，探讨能促进其有序高效运营的管理体制和运行机制，对提升我国医疗健康的整体水平、优化医疗资源配置意义重大。

11.6　案例说明

腾讯觅影·影像云在 2017 年首次推出，旨在帮助医生高效地完成食管癌早期筛查，后来结合更多的人工智能技术，以"互联网＋医学影像"的方式连接医院、医生、患者三方，从而实现影像全流程、全协作化的互联网应用服务。

医学影像是医疗重要基础支撑技术，医院现有的数据 85% ～ 90% 来自影像，影像已成为医疗大数据的主要来源和医疗信息化中应用频率最高的医疗信息。医学影像也是医疗诊断的重要依据：对医生来说，影像就是一幅宝贵的生命高清地图，能够让医疗过程更安全、更合理，让医生与医生的沟通与协作、医生与病人的沟通更有效。

传统影像模式及物理医用胶片作为辅助诊断手段发挥了重要作用，但物理医用胶片相对笨重，不方便携带，患者难以有效保存、管理自己的医学影像检查资料。数字影像数据的存储也成为医院的难题。随着检查设备越来越先进，医生对患者的疾病诊断对医学影像处理的功能要求越来越高，产生的医学影像数据与日俱增，导致医院每年需要投入巨额资金来建设物理存储设备。来自基层医院的患者在转诊到上级医院的过程中，往往由于影像数据跨院调阅困难、导出的数据存储在光盘不易查阅、打印的胶片不清楚等问题，需要进行二次检查。这不仅将增加医疗负担，产生浪费，还会使得基层医疗资源无法得到有效利用。

腾讯觅影·影像云面向患者提供个人的医学影像数据管理存储服务。腾讯觅影·影像云平台、医联体或医共体能够实现个人影像数据的互联互通。患者可通过一部手机管理个人医学影像档案，并通过微信将影像资料授权分享，为互联网问诊提供便捷。医生依托腾讯觅影·影像云平台开展院间的远程医疗业务，如远程诊断、远程会诊；同时，医生可通过 PC 端和移动端企业微信进行远程办公及诊断，如远程审核报告、远程浏览影像等。

腾讯觅影·影像云致力于打通上、下级医疗机构之间医学影像数据的协同共享信息通路，建立健全患者主导的医疗数据共享方式和模式，为患者提供个人健康档案管理服务，以及医学影像数据在患者知情状况下的授权分享功能。腾讯觅影·影像云结合互联网医院建设基础，开展线上问诊、远程会诊等服务，创造更好的医疗健康体系，提高检查影像数据使用效率，实现检查影像随身带的效果。腾讯觅影·影像云的主要功能如下。

（1）院内设备 /PACS 将影像上传至影像云。

（2）医生在院内通过前置服务器接入影像云，通过 PC 端 / 移动端查看影像，审核、打印报告。

（3）医生通过 PC 端 / 移动端（企业微信）查看影像、报告。

（4）互联网医院医生通过企业微信浏览影像云档案，提供在线会诊等服务。

（5）患者通过微信小程序，能够对接现有互联网医院，方便查看影像档案，管理个人医学影像档案。

（6）与互联网医院平台集成，实现线上线下一体化管理，有利于医院患者端及医生端医疗健康档案的建立、查阅、存储，方便患者在线就诊及医生在线接诊。

腾讯觅影·影像云通过云端方式打通了医生和患者之间、医院与医院之间、医院与患者之间的信息通路，进一步促进了基于影像数据互联互通的医疗业务发展。

搭建腾讯觅影·影像云，并与院内 PACS/RIS 完成对接，可实现医学影像数据的互通上传，并上线患者个人影像档案管理小程序，通过互联网医院平台提供患者云胶片调阅及互联网医院在线问诊、会诊等服务，提高居民健康服务获得感。

腾讯觅影·影像云将患者的个人医学影像档案上传至云端存储，使患者通过移动端管理自己的医学影像档案，同时，将患者的医学影像档案与互联网医院业务集成。当患者对自己的检查报告有疑问时，可直接通过腾讯觅影·影像云向互联网医院医生发起在线报告咨询，并直接授权将自己的影像分享给互联网医院医生，助力互联网在线问诊业务的开展，促进互联网医院的发展。

腾讯觅影·影像云实现云基础设施、存储安全、影像云应用的全流程服务，保障医疗数据长期在云端安全可靠存储、在线调阅。在不影响院内 PACS 的前提下，将院内影像数据备份至云端存储，借助影像云灵活扩容、存储安全的特色，避免设备故障导致的数据丢失，减少医院每年在影像存储、重复打印胶片耗材等方面的投入。

目前，传统医疗服务加速向互联网医疗、智慧医疗的新业态转化，医疗行业数字化转型提速。医疗数字化的迅猛发展在给人们的就医等带来便利的同时，也增加了安全风险。医疗数据具有真实性、敏感性、数据覆盖范围广等特点。互联网医院相较非互联网医院，一般安全意识更强，在资产脆弱性防护方面相对更好；然而，互联网医院在公共互联网上有更多应用服务和数据接口，安全暴露面更大，僵木蠕毒、漏洞风险等很高。

腾讯安全云鼎实验室专注云安全技术研究和云安全产品创新工作，负责腾讯云安全架构设计、腾讯云安全防护和运营工作，通过攻防对抗、合规审计搭建管控体系，提升腾讯云整体安全能力。同时，腾讯安全云鼎实验室基于前沿领域的研究和探索，发现前沿技术中可能存在的安全问题，守护政府及企业的数据、系统、业务安全，运用前沿技术解决安全问题，以紧贴业务安全的最佳实践为产业数字化升级保驾护航。

值得注意的是，在新冠肺炎疫情暴发初期，因 CT 影像结果可作为"新冠肺炎临床诊断病例"的判定依据，CT 检查需求量激增。为缓解一线医疗工作者压力，腾讯觅影第一时间启动"基于 CT 影像的新冠肺炎 AI 辅助诊断"专项，首批研发人员奔赴武汉，驻扎在武汉大学中南医院，依托深度学习技术及自监督学习方法，在低训练数据依赖下，快速开发出腾讯觅影新冠肺炎影像识别模型，迅速上线了新一代新冠肺炎 AI 辅助诊断系统，供抗疫一线使用。

新冠肺炎 AI 辅助诊断系统通过对肺炎病灶区域的精确分割，提供定量分析，系统在患者 CT 检查后最快秒级就能完成 AI 模式识别，数分钟即可为医生提供辅助诊断参考，助力影像医生在短时间内对患者病情的严重程度及发展过程做出准确评判。在两个多月里，腾讯觅影助力武汉大学中南医院影像科的医生团队，为武汉雷神山医院、武汉客厅方舱医院等抗疫前线提供远程影像诊断服务，先后为 24 000 多人次患者进行了肺部 CT 诊断工作。

正由于上述工作，科技部公开表彰，授予腾讯觅影影像 AI 辅助诊疗团队"全国科技系统抗击新冠肺炎疫情先进集体"称号。

参考文献

［1］ 陈国青，曾大军，卫强，等．大数据环境下的决策范式转变与使能创新［J］．管理世界，2020，36（02）：95-105+220.

［2］ 陈剑，黄朔，刘运辉．从赋能到使能：数字化环境下的企业运营管理［J］．管理世界，2020，36（02）：117-128+222.

［3］ 中国信息通信研究院．全球数字经济白皮书［R］．2021.

［4］ 中国信息通信研究院．中国数字经济白皮书［R］．2021.

［5］ 邵奇峰，金澈清，张召，等．区块链技术：架构及进展［J］．计算机学报，2018，41（05）：969-988.

［6］ 邝劲松，彭文斌．区块链技术驱动数字经济发展：理论逻辑与战略取向［J］．社会科学，2020（09）：64-72.

［7］ 孟小峰，慈祥．大数据管理：概念、技术与挑战［J］．计算机研究与发展，2013，50（01）：146-169.

［8］ 方巍，郑玉，徐江．大数据：概念、技术及应用研究综述［J］．南京信息工程大学学报（自然科学版），2014，6（05）：405-419.

［9］ VAN RIJMENAM M. Why the 3v's are not sufficient to describe big data［J］. Big Data Startups, 2013.

［10］ 梅宏．大数据发展与数字经济［J］．中国工业和信息化，2021（05）：60-66.

［11］ RAHWAN I, CEBRIAN M, OBRADOVICH N, et al. Machine

behaviour［J］. Nature, 2019, 568（7753）: 477-486.

［12］ 曹祎遐, 曹子萱. 人工智能, 带动数字经济跨越发展［J］. 上海信息化, 2018（12）: 28-32.

［13］ 李小丽, 马剑雄, 李萍, 等. 3D 打印技术及应用趋势［J］. 自动化仪表, 2014, 35（01）: 1-5.

［14］ 张楠. 3D 打印技术加速制造业数字转型发展［J］. 中关村, 2022（04）: 62-64.

［15］ 姚岳. 第五代移动通信系统关键技术展望［J］. 电信技术, 2015（01）: 18-21+26.

［16］ 叶秀敏, 姜奇平. 数字经济学管理经济卷［M］. 北京: 中国财富出版社, 2020.

［17］ 盛昭瀚, 于景元. 复杂系统管理: 一个具有中国特色的管理学新领域［J］. 管理世界, 2021, 37（06）: 36-50+2.

［18］ 杨晓光, 高自友, 盛昭瀚, 等. 复杂系统管理是中国特色管理学体系的重要组成部分［J］. 管理世界, 2022, 38（10）: 1-24.

［19］ 盛昭瀚. 从系统管理到复杂系统管理——写于《系统管理学报》创刊30周年之际［J］. 系统管理学报, 2022, 31（06）: 1031-1034.

［20］ 乐云, 胡毅, 陈建国, 等. 从复杂项目管理到复杂系统管理: 北京大兴国际机场工程进度管理实践［J］. 管理世界, 2022, 38（03）: 212-228.

［21］ 汪寿阳, 胡毅, 熊熊, 等. 复杂系统管理理论与方法研究［J］. 管理科学学报, 2021, 24（08）: 1-9.

［22］ 陈德球, 胡晴. 数字经济时代下的公司治理研究: 范式创新与实践前沿［J］. 管理世界, 2022, 38（06）: 213-240.

［23］ 陈晓红, 李杨扬, 宋丽洁, 等. 数字经济理论体系与研究展望［J］. 管理世界, 2022, 38（02）: 208-224+13-16.

［24］ 陈国青, 张瑾, 王聪, 等. "大数据—小数据"问题: 以小见大的洞察［J］. 管理世界, 2021, 37（02）: 203-213+14.

［25］洪永淼，汪寿阳．大数据如何改变经济学研究范式？［J］．管理世界，2021，37（10）：40-55+72+56.

［26］盛昭瀚．管理：从系统性到复杂性［J］．管理科学学报，2019，22（03）：2-14.

［27］叶秀敏，姜奇平．数字经济学管理经济卷［M］．北京：中国财富出版社，2020.

［28］黄丽华．超大城市数字化转型中的复杂整体性问题的新特征［J］．管理世界，2022.

［29］赵卫东．商务智能［M］.4版．北京：清华大学出版社，2017.

［30］周志华．机器学习［M］．北京：清华大学出版社，2016.

［31］李航．统计学习方法［M］．北京：清华大学出版社，2012.

［32］吴树芳，杨国庆，朱杰．商务智能［M］．北京：科学出版社，2020.

［33］艾瑞咨询．中国商务智能行业研究报告（2017年）［R］.2018.

［34］陈欢．广义马氏距离及其在数据挖掘中的应用研究［D］．杭州：浙江工业大学，2012.

［35］李荟娆.K-means聚类方法的改进及其应用［D］．哈尔滨：东北农业大学，2014.

［36］葛孟超．一个数据产品的交易历程［N］．人民日报，2022-11-28（018）.

［37］许宪春，张钟文，胡亚茹．数据资产统计与核算问题研究［J］．管理世界，2022，38（02）：16-30+2.

［38］蔡继明，刘媛，高宏，等．数据要素参与价值创造的途径——基于广义价值论的一般均衡分析［J］．管理世界，2022，38（07）：108-121.

［39］王勇，刘乐易，迟熙，等．流量博弈与流量数据的最优定价——基于电子商务平台的视角［J］．管理世界，2022，38（08）：116-132.

［40］付熙雯，王新泽．我国数据交易研究进展：系统性文献综述［J］．情报杂志，2022，41（11）：137-143.

［41］ 谢卫红，樊炳东，董策.国内外大数据产业发展比较分析［J］.现代情报，2018，38（09）：113-121.

［42］ 熊巧琴，汤珂.数据要素的界权、交易和定价研究进展［J］.经济学动态，2021（02）：143-158.

［43］ 于施洋，王建冬，郭巧敏.我国构建数据新型要素市场体系面临的挑战与对策［J］.电子政务，2020（03）：2-12.

［44］ 蔡莉，黄振弘，梁宇，等.数据定价研究综述［J］.计算机科学与探索，2021，15（09）：1595-1606.

［45］ 叶雅珍，刘国华，朱扬勇.数据资产相关概念综述［J］.计算机科学，2019，46（11）：20-24.

［46］ 冯科.数字经济时代数据生产要素化的经济分析［J］.北京工商大学学报（社会科学版），2022，37（01）：1-12.

［47］ 徐翔，厉克奥博，田晓轩.数据生产要素研究进展［J］.经济学动态，2021（04）：142-158.

［48］ 国家工业信息安全发展研究中心.2022数据交易平台发展白皮书［R］.2022.

［49］ 国家工业信息安全发展研究中心.中国数据要素市场发展报告（2020—2021）［R］.2022.

［50］ 武汉大学大数据研究院.中国数据要素市场发展报告［R］.2022.

［51］ 东方.新发展格局下智慧物流产业发展关键问题及对策建议［J］.经济纵横，2021（10）：77-84.

［52］ 余玉刚，郑圣明，霍宝锋，等.平台供应链的管理理论与方法前沿课题［J］.管理科学，2021，34（06）：60-66.

［53］ 霍艳芳，齐二石.智慧物流与智慧供应链［M］.北京：清华大学出版社，2020.

［54］ 周若涵.流通数字化转型背景下商流与物流融合发展研究［J］.商业经济研究，2022（07）：20-23.

［55］ 王颢澎，赵振智.新发展格局下我国物流业发展的国际比较［J］.山

东社会科学，2021（02）：168-173.

［56］颜丽玲，沙晋明，金彪，等.信息流、商流、资金流与物流视角下的中国信息地理空间特征［J］.中国科技论坛，2018（09）：49-57.

［57］胡晓兰，肖科峰.论物流与人力流、信息流、资金流的整合优化［J］.云南社会科学，2016（06）：68-72.

［58］边宏.企业库存成本控制及其优化研究［J］.中小企业管理与科技，2022（03）：10-12.

［59］马媛.连锁超市库存成本控制研究——以W公司为例［J］.中小企业管理与科技（上旬刊），2021（06）：9-10.

［60］杨亚丽.供应链环境下的库存成本控制［J］.中外企业家，2020（07）：88.

［61］陆勇，刘立.基于供应链管理的流通企业仓储物流优化研究［J］.商业经济研究，2022（07）：103-106.

［62］DING Y, JIN M, LI S, et al. Smart logistics based on the internet of things technology：an overview［J］. International Journal of Logistics Research and Applications, 2021, 24（4）：323-345.

［63］郑真真.物联网技术在仓储物流领域应用分析与展望［J］.物流工程与管理，2022，44（03）：43-45.

［64］慕艳平，周文凤.我国云仓储物流模式发展探析［J］.电子商务，2019（09）：1-2.

［65］AZADEH K, KOSTER R, ROY D. Robotized and automated warehouse systems：Review and recent developments［J］. Transportation Science, 2019, 53（4）：917-945.

［66］FU Y, ZHU J. Operation Mechanisms for Intelligent Logistics System：A Blockchain Perspective［J］. IEEE Access, 2019,（99）：1-1.

［67］王先庆.智慧物流：打造智能高效的物流生态系统［M］.北京：电子工业出版社，2019.

［68］王慧.基于车联网系统的智能物流配送系统研究［J］.自动化技术与

应用，2022，41（01）：144-147.

［69］郭苹.遗传算法在物流多信息协作配送控制优化方法中的应用［J］.物流技术，2013，32（23）：220-222.

［70］宋华，于亢亢，陈金亮.不同情境下的服务供应链运作模式——资源和环境共同驱动的 B2B 多案例研究［J］.管理世界，2013（02）：156-168.

［71］李瑾.基于阿里巴巴电商数据的商品需求预测研究［J］.浙江万里学院学报，2022，35（02）：85-91.

［72］YUE X, LIU J. Demand forecast sharing in a dual-channel supply chain［J］. European Journal of Operational Research, 2006, 174（1）: 646-667.

［73］MORGAN T R, RICHEY R G, ELLINGER A E. Supplier transparency: scale development and validation［J］. The International Journal of Logistics Management, 2018: 959-984.

［74］章文燕.信息时代下的透明供应链研究［J］.中国商贸，2011（18）：175-176.

［75］丁艳.供应链风险控制视角下冷链物流质量风险与质量效益的互动关系［J］.商业经济研究，2021（17）：109-112.

［76］YANG J, XIE H, YU G, et al. Antecedents and consequences of supply chain risk management capabilities: An investigation in the post-coronavirus crisis［J］. International Journal of Production Research, 2021, 59（5）: 1573-1585.

［77］LIANG X, ZHAO X, WANG M, et al. Small and medium-sized enterprises sustainable supply chain financing decision based on triple bottom line theory［J］. Sustainability, 2018, 10（11）: 4242.

［78］游浬，苏景志.数字技术赋能中小微企业供应链融资［J］.印刷经理人，2022（04）：56-58.

［79］陈剑，刘运辉.数智化使能运营管理变革：从供应链到供应链生态系

统［J］.管理世界，2021，37（11）：227-240+14.

［80］姚心怡，曹亚东.企业数字化转型研究框架构建与展望评述［J］.科学与管理，2022.

［81］李树文，罗瑾琏，胡文安.从价值交易走向价值共创：创新型企业的价值转型过程研究［J］.管理世界，2022，38（03）：125-145.

［82］刘洋，李亮.制造企业数字化转型：全球视角与中国故事［J］.研究与发展管理，2022，34（01）：1-7.

［83］赵丽锦，胡晓明.企业数字化转型的基本逻辑、驱动因素与实现路径［J/OL］.企业经济，2022（10）：16-26.

［84］唐晓华，景文治.人工智能赋能下现代柔性生产与制造业智能化升级研究［J］.软科学，2021，35（08）：30-38.

［85］SÁNCHEZ A M, PÉREZ-PÉREZ M, VICENTE-OLIVA S. Agile production, innovation and technological cooperation：Overlapping priorities of manufacturing firms［J］. Baltic Journal of Management, 2019.

［86］Lee C H, LI L, LI F, et al. Requirement-driven evolution and strategy-enabled service design for new customized quick-response product order fulfillment process［J］. Technological Forecasting and Social Change, 2022, 176：121464.

［87］彭俊松.工业 4.0 驱动下的制造业数字化转型［M］.北京：机械工业出版社，2016.

［88］中国电子信息产业发展研究院.协同共生：企业数字化转型之道［M］.北京：电子工业出版社，2021.

［89］任宗强，陈淑娴.人机协同创新：面向智能制造的创新新范式［J］.清华管理评论，2021（11）：24-31.

［90］MA J, ZHOU H, LIU C, et al. Study on edge-cloud collaborative production scheduling based on enterprises with multi-factory［J］. IEEE Access, 2020, 8：30069-30080.

［91］ 朱铎先，赵敏．机·智：从数字化车间走向智能制造［M］．北京：机械工业出版社，2018．

［92］ 周炫辰．精益生产理念下的制造业生产计划探析［J］．中国集体经济，2022（01）：62-63．

［93］ SINGH J，SINGH H，SINGH G．Productivity improvement using lean manufacturing in manufacturing industry of Northern India：A case study［J］．International Journal of Productivity and Performance Management，2018，67（8）：1394-1415．

［94］ 冯伟伟．数字经济时代人力资源管理的创新路径［J］．商业文化，2022（07）：85-87．

［95］ 李燕萍，李乐，胡翔．数字化人力资源管理：整合框架与研究展望［J］．科技进步与对策，2021，38（23）：151-160．

［96］ 王岩，CHVNGWON W．关于企业绩效评价和人员激励机制［J］．中国商论，2022（13）：117-120．

［97］ DHIR K，CHHABRA A．Automated employee evaluation using fuzzy and neural network synergism through IoT assistance［J］．Personal and Ubiquitous Computing，2019，23：43-52．

［98］ 郝英秀．岗位分析在企业人力资源管理中的应用［J］．人才资源开发，2021（17）：84-85．

［99］ 牛泽宇．岗位分析在企业人力资源管理中的重要性［J］．企业改革与管理，2019（17）：79-80．

［100］ 蒋晓军，黄桂，付春光．企业人力资本价值评估：组织环境与个体特征［J］．学术研究，2013（12）：90-93．

［101］ 路勤凤．以岗位设计激活企业人力资源潜能［J］．中国管理信息化，2018，21（08）：79-80．

［102］ 姚正新．人员招聘与岗位设计，如何双向赋能［J］．人力资源，2022（10）：60-61．

［103］ GILCH P M，SIEWEKE J．Recruiting digital talent：The strategic role of recruitment in organisations' digital transformation［J］. German Journal of Human Resource Management Zeitschrift für Personalforschung, 2020, 35（1）: 53-82.

［104］马梦娇, 张炳辉. 大数据时代企业数字化转型对员工招聘的影响研究［J］. 黑河学刊, 2022（03）: 1-8.

［105］朱建斌, 蔡文. 人力资源管理数字化运营: 基于 SAP SuccessFactors ［M］. 上海: 复旦大学出版社, 2022.

［106］殷建平, 王雪霏. 浅析大数据时代下企业如何做好绩效考核工作 ［J］. 现代商业, 2020（35）: 58-60.

［107］李文慧. 新时期事业单位员工绩效考评工作的问题与对策［J］. 经济师, 2016（05）: 228-229.

［108］KAUR N, SOOD S K. A game theoretic approach for an IoT-based automated employee performance evaluation［J］. IEEE Systems Journal, 2015, 11（3）: 1385-1394.

［109］郝峰媛. 企业人力资源管理中的薪酬管理探讨［J］. 全国流通经济, 2022（19）: 93-96.

［110］谢小云, 左玉涵, 胡琼晶. 数字化时代的人力资源管理: 基于人与技术交互的视角［J］. 管理世界, 2021, 37（01）: 200-216.

［111］卜云峰, 郭建琴. 基于数字经济背景的企业重构薪酬体系研究［J］. 企业改革与管理, 2020（24）: 70-71.

［112］欧阳倩. 企业员工满意度以及忠诚度提升路径探讨［J］. 中外企业文化, 2022（06）: 208-210.

［113］ANTONCIC B , ANTONCIC J A. Employee satisfaction, intrapreneurship and firm growth: a model［J］. Industrial management & data systems, 2011.

［114］吴敏娜, 周冰. 员工培训需求分析——以某广告公司为例［J］. 人才资源开发, 2017（14）: 185-186.

［115］黄筠斐. 浅析员工培训需求分析［J］. 职业, 2015（24）: 161.

［116］ 李沁如.培训需求分析对于企业员工参训积极性的影响［J］.中国商论, 2020（09）：103-105.

［117］ 叶碧.基于大数据的企业培训需求分析方法探索［J］.企业管理, 2017（1）：14-15.

［118］ 曾颖.个性化培训模式在人才培养中的应用［J］.企业改革与管理, 2017（12）：101.

［119］ 黄波,许雯雯,郜月.大数据智能在员工培训中的应用设想［J］.现代商业, 2020（24）：149-151.

［120］ 刘洪波.人力资源数字化转型：策略、方法、实践［M］.北京：清华大学出版社,2022.

［121］ 田高良,张晓涛.数字经济时代智能财务基本框架与发展模式研究［J］.财会月刊,2022.

［122］ 吴永福.数字时代企业预算管理的优劣势分析及其对策探讨［J］.企业改革与管理,2022（06）：126-128.

［123］ 秦晓静.金融数字化对中小企业融资能力的影响［J］.中国商论, 2022（07）：73-75.

［124］ CHENG H, ZHANG X. Empirical Analysis of Enterprise Financial Management Risk Prediction in View of Associative Memory Neural Network［J］. Security and Communication Networks, 2022, 7825000.

［125］ 金雯.数字化转型下的企业财务风险管理的路径探寻［J］.财经界, 2021（15）：141-142.

［126］ 刘军稳.区块链＋资产数字化：破解实体经济困局［M］.北京：中国经济出版社,2019.

［127］ 王军辉.动态更新资产评估准则及时满足市场和监管需求［J］.中国资产评估,2019（05）：4-9.

［128］ 贾小强,郝宇晓,卢闯.财务共享的智能化升级：业财税一体化的深度融合［M］.北京：人民邮电出版社,2020.

［129］ 傅元略.财务智能理论：智能体与情景情绪计算融合［J］.财务研

究，2018（6）：14-20.

[130] 杨俊玲，张秋实，孙晶.数字经济时代大型企业财务变革与实施路径[J].当代经济，2022，39（03）：26-31.

[131] 张英明.数字经济背景下的财务转型研究[J].会计之友，2021（11）：31-36.

[132] 宋君，林志明.政府数字治理的时代特征与发展趋势[J].中国建设信息化，2022（07）：68-69.

[133] 新玉言，李克.大数据：政府治理新时代[M].北京：北京新业文化有限公司，2016.

[134] KATSONIS M，BOTROS A. Digital Government：A Primer and Professional Perspectives[J]. Maria Katsonis，Andrew Botros. Australian Journal of Public Administration，2015，74（1）：42-52.

[135] 孟庆国，崔萌.数字政府治理的伦理探寻——基于马克思政治哲学的视角[J].中国行政管理.2020（06）.

[136] 陈瑞华.信息经济学[M].天津：南开大学出版社，2003.

[137] 马海群，蒲攀.开放数据的内涵认知及其理论基础探析[J].图书馆理论与实践.2016（11）.

[138] 刘涛雄，尹德才.大数据时代与社会科学研究范式变革[J].理论探索.2017（06）.

[139] 江青.数字中国：大数据与政府管理决策[M].北京：中国人民大学出版社，2018.

[140] 杨汝洪.国家治理现代化呼唤数字政府[J].互联网周刊，2022（11）：32-34.

[141] 李志强，叶好.国家治理现代化视域下大数据赋能政府治理研究[J].西南民族大学学报（人文社会科学版），2022，43（04）：177-184.

[142] 翟云，蒋敏娟，王伟玲.中国数字化转型的理论阐释与运行机制[J].电子政务，2021（06）.

［143］ 李天宇，王晓娟.数字经济赋能中国"双循环"战略：内在逻辑与实现路径［J］.经济学家，2021（05）.

［144］ WANG Y, CHEN I R, WANG D C. A survey of mobile cloud computing applications：Perspectives and challenges［J］. Wireless Personal Communications, 2015, 80（4）：1607-1623.

［145］ EVANS D. The Internet of Things：How the Next Evolution of the Internet Is Changing Everything; White Paper 2011; Cisco Internet Business Solutions Group（IBSG）, Cisco Systems, Inc. San Jose, CA, USA, 2011.

［146］ EVANS D. The Internet of Things：How the Next Evolution of the Internet Is Changing Everything; White Paper 2011; Cisco Internet Business Solutions Group（IBSG）, Cisco Systems, Inc. San Jose, CA, USA, 2011.

［147］ MIRAZ M H, ALI M, EXCELL P S, et al. Internet of nano-things, things and everything：future growth trends［J］. Future Internet, 2018, 10（8）：68.

［148］ CONTI M, PASSARELLA A. The Internet of People：A human and data-centric paradigm for the Next Generation Internet［J］. Computer Communications, 2018, 131：51-65.

［149］ 王毅.物联网与城市建设［M］.北京：电子工业出版社，2012.

［150］ HERNANDEZ-RAMOS J L, MARTINEZ J A, SAVARINO V, et al. Security and privacy in Internet of Things-enabled smart cities：Challenges and future directions［J］. IEEE Security & Privacy, 2020, 19（1）：12-23.

［151］ LV Z, LI X, WANG W, et al. Government affairs service platform for smart city［J］. Future Generation Computer Systems, 2018, 81：443-451.

［152］ 姜传江，马赟.城市物联网发展与关键技术的研究［J］.电子技术

与软件工程，2016（16）：25.

［153］ 苏军．政务云平台建设分析［J］．中国科技信息，2022（09）：128-130.

［154］ 张建锋．数字政府2.0［M］．北京：中信出版社，2019.

［155］ 张成福，谢侃侃．数字化时代的政府转型与数字政府［J］．行政论坛，2020，27（06）：34-41.

［156］ JANOWSKI T. Digital government evolution：From transformation to contextualization［J］．Government information quarterly，2015，32（3）：221-236.

［157］ 陈言榤．基于数字政府建设思路［J］．数字技术与应用，2022，40（10）：33-35+139.

［158］ 何水．协同治理及其在中国的实现：基于社会资本理论的分析［J］．西南大学学报（社会科学版），2008（03）：102-106.

［159］ GROSSE-BLEY J, KOSTKA G. Big Data Dreams and Reality in Shenzhen：An Investigation of Smart City Implementation in China［J］．Big Data & Society，2021，8（2）：20539517211045171.

［160］ NGUYEN D D, ROHÁCS J, ROHÁCS D, et al. Intelligent Total Transportation Management System for Future Smart Cities［J］．Applied sciences，2020，10（24）：8933.

［161］ 郑芳．智慧交通在智慧城市中的应用［J］．交通世界，2022（09）：139-140.

［162］ PI M, YEON H, SON H, et al. Visual cause analytics for traffic congestion［J］．IEEE transactions on visualization and computer graphics，2019，27（3）：2186-2201.

［163］ 詹军．我国城市交通拥堵问题及治理对策［J］．关东学刊，2016（02）：45-53.

［164］ 张莹莹，李盼道．我国城市交通拥堵形成机理与治理机制研究［J］．合作经济与科技，2018（11）：32-33.

［165］ 马壮林，高阳，胡大伟，等.城市群绿色交通水平测度与时空演化特征实证研究［J］.清华大学学报（自然科学版），2022，62（07）：1236-1250.

［166］ SHEN Z, ZHAO Q, FANG Q. Analysis of Green Traffic Development in Zhoushan Based on Entropy Weight TOPSIS［J］. Sustainability, 2021（14）.

［167］ 申晓.绿色交通理念在城市道路设计中的应用探讨［J］.居舍，2022（15）：163-166.

［168］ 何玉宏.城市绿色交通论［D］.南京：南京林业大学，2009.

［169］ 朱惠斌.城市智慧交通策略探索［J］.江南论坛，2022（07）：43-46.

［170］ 段春利.我国智慧交通发展现状及应用技术研究［J］.智能建筑与智慧城市，2021（11）：160-161.

［171］ 何霞.车联网产业融合发展推动产业组织结构创新［J］.人民论坛·学术前沿，2022（18）：30-36.

［172］ 侯宇，郝成龙，靳玉，等.车联网系统概述［J］.汽车实用技术，2021，46（03）：21-23.

［173］ 韦勇凤，黄正薇.车联网产业发展现状及对策［J］.中国国情国力，2019（04）：59-61.

［174］ 刘玮，吴冬升，李凤娜，等.车联网商用技术及其应用探索［J］.建设科技，2022（01）：71-76.

［175］ 王利鹏.信息与通信技术赋能公共交通运营管理的发展方向［J］.城市公共交通，2022（02）：31-38.

［176］ 梁瑜，何世伟，宋瑞，等.智慧城市轨道交通系统架构研究［J］.城市轨道交通研究，2022，25（04）：95-99.

［177］ 刘乐乐.基于新一代信息技术的智慧城市轨道交通运维管理研究［J］.智能建筑与智慧城市，2020（09）：70-71.

［178］ 汪鸣，程世东.城市轨道交通智慧化发展方向及实现途径［J］.现

代城市轨道交通, 2020 (08): 8-11.

［179］ XIONG G, LI Z, WU H, et al. Building Urban Public Traffic Dynamic Network Based on CPSS: An Integrated Approach of Big Data and AI ［J］. Applied Sciences, 2021, 11 (3): 1109.

［180］ 刘信虎. 基于电子信息技术的智能交通信号灯控制系统的设计 ［J］. 光源与照明, 2022 (01): 84-86.

［181］ 谭小平. 多式联运系统对基础设施和装备发展的要求 ［J］. 中国远洋海运, 2017 (12): 40-43.

［182］ 樊一江, 谢雨蓉, 汪鸣. 我国多式联运系统建设的思路与任务 ［J］. 宏观经济研究, 2017 (07): 158-165.

［183］ 王进坤, 孙刚, 张宁. 城市层面多式联运系统的规划探索: 以张家港为例 ［J］. 综合运输, 2021, 43 (12): 127-132.

［184］ 腾讯医疗健康. 医学影像云应用及网络安全能力评估白皮书 ［R］.2021.

［185］ 艾瑞咨询. 2022 年中国在线医疗健康服务消费白皮书 ［R］.2022.

［186］ 艾瑞咨询. 2022 年中国医疗信息化行业研究报告 ［R］.2022.

［187］ 艾瑞咨询. 2021 年中国人工智能医疗与生命科学行业研究报告 ［R］.2021.

［188］ 杨善林, 范先群, 丁帅, 等. 医联网与智慧医疗健康管理 ［J］. 管理科学, 2021, 34 (06): 71-75.

［189］ 杨善林, 丁帅, 顾东晓, 等. 医联网: 新时代医疗健康模式变革与创新发展 ［J］. 管理科学学报, 2021, 24 (10): 1-11.

［190］ 余玉刚, 王耀刚, 江志斌, 等. 智慧健康医疗管理研究热点分析 ［J］. 管理科学学报, 2021, 24 (08): 58-66.

［191］ DAI T, TAYUR S. Om Forum—Healthcare operations management: a snapshot of emerging research ［J］. Manufacturing & Service Operations Management, 2020, 22 (5), 869-887.

［192］ 糜泽花, 钱爱兵. 智慧医疗发展现状及趋势研究文献综述 ［J］. 中国全科医学, 2019, 22 (03): 366-370.